나라즈케를 좋아하시던 아버지께

맛으로 본 일본

맛으로 본 일본

© 박용민, 2014

펴낸날   1판 1쇄 2014년 12월 5일
            1판 5쇄 2023년 3월 24일

지은이   박용민
펴낸이   윤미경

펴낸곳   헤이북스
출판등록   제2014-000031호
주소   경기도 성남시 분당구 황새울로 234, 607호
전화   031-603-6166
팩스   031-624-4284
이메일   heybooksblog@naver.com

책임편집   최유정
디자인   류지혜
찍은곳   한영문화사

ISBN 979-11-953169-1-5 03910

박용민 지음

맛으로 본 일본

348개 맛 속에 숨어 있는
재미있는 일본 문화 이야기

헤이북스

음식으로 보는 일본

2010년 어느 날, 도쿄에서 근무하게 되었다니까 친구가 권했다. 일본의 맛집 소개 같은 걸 써보면 어떻겠냐. 그거 괜찮겠다는 생각이 들었다. 뭐든 메모하는 습관이 있으니 이왕 다니게 될 식당들 중 괜찮은 곳을 소개하면 되는 일이 아닌가. 나중에 오는 동료들에게 도움도 되겠다 싶었다. 그런데 일 년쯤 살다 보니, 웬걸. 그게 만만치 않은 일이라는 사실을 깨달았다.

일본의 맛집을 얘기하자면 좀 어려운 점이 있다. 일본에서는 음식을 파는 식당 치고 맛이 형편없는 곳은 좀처럼 보기 어렵다. 일본의 요식업계는 완전경쟁에 거의 근접한 시장이어서, 가격이 품질을 거의 정확하게 반영하고 있다. 조금이라도 맛이 더 나은 식당을 찾아다니다 보면, 결국 제일 비싼 식당들의 목록이 되어버릴 터였다. 더구나 '가격에 비해 맛있는' 식당이라는 건 개인의 취향에 따라 천차만별이 될 수밖에 없다. 그렇다면 일본에서 맛있는 식당을 고른다는 건 결국 제 입맛에 맞는 집을 고르는 것 이상의 의미가 없는 셈이다. 그래서 맛집 운운하던 얘기는 잊고 지냈다.

어라. 그런데 좀 더 지내다 보니 또 생각이 달라진다. 음식을 통해서 일본의 정체를 들여다볼 수 있지 않을까 하는 생각이 들기 시작했다. 일본인에게 음식은 대단히 중요하다. 너무나 중요해서, 다른 문화의 그 어떤 다른 부분과도 비교하기가 어려울 정도다. TV 프로그램의 상당 부분이 음식을 소개하거나 음식을 주요 소재로 삼는 내용으로 이루어져있다. 예능 프로그램(일본에서는 '버라이어티 프로그램バラエティー番組'이라고 부른다)에서조차 특이한 음식을 소개하고, 패널들이 그것을 맛보며 호들갑스러운 감탄을 연발하는 모습을 언제나 볼 수 있다. 과장을 조금만 보태면 거의 모든 예능 프로그램이 소위 '먹방'이라고 보면 된다.

음식에 집착하는 일본인의 태도는 확실히 남다른 데가 있다. 왜, 어디가, 어떻게 다르냐 물으신다면, 한두 마디로 설명하기는 어렵다. 우선 급한 대로, 허영만의 《식객》보다 디테일에 대한 집착이 강하고, 데라사와 다이스케寺沢大介의 《미스터 초밥왕》이라든지 아기 다다시亜樹直의 《신의 물방울》에서 보듯 즉물적 쾌락주의의 경향이 크다고 말하면 어렴풋이 이해가 되실지도 모르겠다. 그게 대체 무슨 뜻인지를 하나씩 설명하려면 결국 음식과 식당에 관한 이야기를 길게 쓸 수밖에 없다.

식당 안내서 《미슐랭 가이드》는 2008년부터 일본판을 발행하고 있다. 놀라운 사실은, 2014년 기준으로 도쿄가 받은 별의 개수가 총 324개 (243개 업소)로 파리의 125개(92개 업소), 뉴욕의 94개(73개 업소)와는 비교가 안 될 만큼 많다는 점이다. 하늘의 별 따기라는 별 세 개짜리 레스토랑만 해도 도쿄가 13개로, 파리의 9개를 앞지르고 있다. 그런데 정작 일본인들 은 기뻐하기는커녕 시큰둥한 반응을 보인다. 일본 요리의 정수를 모르는 서양 안내서가 어떻게 제대로 된 등급을 매길 수 있었겠냐는 거다. 안내서 를 보고 찾아오는 뜨내기손님으로 북적대면 단골손님들께 폐가 된다고 미슐랭 별점을 사양하는 식당들도 적지 않다고 한다.

돈이 아무리 들어도 상관없으니 최상의 요리를 맛보겠다, 이런 생각 이 아니라면, 미슐랭의 별점을 일본 문화에 대한 탐방 안내서로 삼아서는 곤란하다. 일본 최고의 맛집을 소개하겠다는 야심은 내게 없다. (그럴 돈도 없다.) 나는 단지 도쿄에서 근무하던 2년(2010~2012) 동안 일본의 단면을 잘 보여주는 음식을 만나보려 애썼고, 그런 식당에서 내가 배운 것들을 습관처럼 적어두었을 뿐이다.

글을 쓰면서 가급적 삼가려고 애쓴 것이 두 가지 있었다. 우선, "한 입 먹었더니 봄바람에 교태를 부리는 사쿠라 꽃잎처럼 싱그러운 맛이 침샘을 자극했다."는 식의 음식 포르노그래피는 피하고 싶었다. 내가 자극하고 싶 은 부위는 독자들의 지적 호기심을 관장하는 대뇌 전두엽이지 침샘이 아니었다. 둘째로, 나는 "간사이식 장어구이가 간토식보다 낫다."거나 "우에노 돈가스가 아사쿠사보다 뛰어나다."는 식의 주관적 인상비평은 삼가려 애썼다. 관광 안내서를 쓸 생각은 아니었기 때문이다. 그 때문에 이 책이 제공하는 즐거움이나 쓸모가 적다고 느낄 분들께는 미리 양해를 구한다.

자상하게 나를 데리고 다니며 도쿄의 여러 맛집을 소개해주고 음식 탐험을 격려해주셨던 조세영 선배와 이상덕 선배, 일본 문화에 관해 자세한 가르침을 주신 나카무라 히사코 선생님과 노자키 무네토시 후지TV 국제부장께 이 책은 가장 큰 빚을 졌다. 주일본대사관 정무과의 모든 직원들이 나의 스승이었다. 원고를 마무리한 것은 2012년이었지만 그 후에도 여러 선후배 동료들의 세심한 조언에 큰 도움을 입었다. 유의상 대사님, 심준보 판사, 서명진 교수, 이원경 박사께 특히 감사드린다. 헤이북스 윤미경 대표님은 놀라운 집중력과 추진력으로 편집자의 전범을 보여주셨다. 미리 밝히지만, 고교 시절에 읽으면서 경외심을 느꼈던 이어령 선생의 저서들이 이 책에 근본적인 영감을 제공했다. 오쿠보 히로코의《에도의 패스트푸드》, 오카다 데쓰의《돈가스의 탄생》도 유용한 참고가 되었다.

2014년 12월, 도쿄를 기억하며

박용민

목 차

책머리에 : 음식으로 보는 일본   6

일본 음식의 특징   14

일본을
대표하는
음식은
무엇일까

가이세키요리懷石料理 – 일본다운 세공품의 성찬   38

스시寿司 – 일식의 주전 스트라이커   51

스키야키鋤燒き와 샤부샤부しゃぶしゃぶ – 뒤늦게 탄생한 전통 음식   67

덴푸라天麩羅 – 독특한 풍미의 일본식 튀김   85

벤토弁当 – 밥상을 축소한 상자 속의 우주   89

장어와 미꾸라지 – 보양식의 대명사   97

고래고기 – 세계 최대의 고래 소비국   110

오세치요리御節料理 – 새해 음식의 기호학   117

돈가스와 오므라이스 – 화혼양재和魂洋才, 일본식 진화의 산물   123

가쓰오부시鰹節 – 일본의, 일본에 의한, 일본을 위한 맛   138

빵, 과자, 디저트 – 어찌 식사만 음식이랴   144

조리법으로   일본식 튀김 아게모노揚げ物 - 드넓은 튀김 요리의 세계   160

살펴본   일본식 구이 야키모노燒き物 - 불판이 아닌 화로에서 굽기   178

일본 음식   일본식 건어물 히모노干物 - 덜 말린 건어물의 미학   191

일본식 절임 쓰케모노漬物 - 일본 음식의 핵심   198

일본식 젓갈 시오카라塩辛 - 맵지 않은 젓갈   202

일본식 조림 니모노煮物 - 음식에 깃든 옛이야기   208

일본식 무침 아에모노和え物 - 초된장무침의 이미지메이킹   215

도쿄   도쿄풍 구식 주점 미마스야みます屋   220

주점   홋카이도식 이자카야 기타구라北藏   225

순례기   쇼와昭和 시대로의 시간 여행, 이자카야 도모에登茂恵   229

무뚝뚝한 단골 주점, 슈보이치酒房一   235

일본식	일본 국수의 역사	242
국수의	소바	245
세계로	소바를 먹는 법도	245
	섣달그믐에 먹는 도시코시年越し 소바	251
	우동	266
	작은 식당의 고집스러운 품질관리	269
	구로사와 아키라 감독을 추억하며	272
	공항에서 맛보는 별미	275
	전혀 다른 간사이식 우동	278
	라멘	282
	은어가 어우러진 세타가야구 아유라멘鮎ラーメン	288
	에비스의 유자라멘 아후리阿夫り	291
	태양의 토마토면太陽のトマト麺	295
	쓰키지築地의 전통 라멘 와카바若葉	298
	니시닛포리의 중국 수타라멘 바조쿠馬賊	302
	동일본대지진, 그날의 라멘 주라쿠寿楽	306

내가 만나본	일본 음식의 지방색	314
일본	야마가타현山形県 – 일본 여행의 첫발을 딛다	318
여러 지방의	아키타현秋田県 – 훈제 절임의 고향	321
음식	아오모리현青森県 – 기적의 사과	324
	홋카이도北海道 – 하코다테函館 여행기	329
	이와테현岩手県 – 모리오카의 3대 면 요리	343
	미야기현宮城県 – 센다이, 뜬금없는 소혀구이	350
	니가타현新潟県 – 설국에서의 하룻밤	368
	도치키현栃木県 – 친구와 함께 찾아간 닛코	389
	나라현奈良県 – 술지게미절임, 나라즈케奈良漬	393
	오사카부大阪府 – 천하의 주방	397
	효고현兵庫県 – 고베의 모단야키와 스테이크	403
	교토부京都府 – 일본의 정신적 수도	408
	아이치현愛知県 – 독특한 장어구이 히쓰마부시櫃まぶし	413
	후쿠시마현福島県 – 대지진의 슬픔	415
	오키나와현沖縄県 – 사연 많은 남국의 섬	421
	책을 맺으며 : 저온 숙성 빵을 보면서 일본을 생각한다	428
	추천의 말	434
	책 속에 숨어있는 348개 맛 찾아보기	436

일본 음식의 특징

• 다른 것에 비춰 보기

다른 것은 우리를 매료한다. 그렇지 않다면 아무도 시간과 돈을 들여가며 일부러 여행 따위를 할 필요를 느끼지 않을 것이다. 우리는 다른 것을 보기 위해 기꺼이 떠나고, 가던 길을 멈춘다. 다른 것들을 서로 다르게 만드는 힘을 우리는 문화라고 부른다. 다른 곳에는 우리와 다르게 말하고 입고 먹으며 사는 사람들이 있다는 점에서, 문화는 기본적으로 지리의 산물이다. 공간이 발휘하는 힘인 것이다.

반면에 인류가 생겨난 이래 꾸준히 작용해온 다른 힘도 있다. 그것은 온갖 곳의 사람들을 비슷하게 만드는 힘이다. 한곳에서 생겨난 농업기술은 멀리 떨어진 다른 곳의 삶을 바꾸었고, 나침반과 화약과 종이는 그것들이 없었을 때보다 전 세계 사람들이 좀 더 비슷한 행복과 비극을 경험하게 만들었다. 이제는 어느 나라를 가도 맥도널드와 켄터키프라이드치킨을 볼 수 있다. 세계화의 해일이 들이닥치기 시작한 이래 삶을 획일화하는 힘은 전에 볼 수 없을 정도로 커졌다. 이런 힘을 우리는 문명이라고 부른다. 문명의 지향점은 미래이므로, 그것은 시간적인 관념이라고 할 수 있다.

문화와 문명은 끊임없이 서로 다툰다. 문화는 보존하는 힘이고, 문명은 나아가는 힘이다. 사람은 가까운 사람들과 특별한 것을 나누고 싶어 하기 때문에 지역적 특이성은 우리에게 친숙하고 따뜻한 기억의 보금자리를 제공한다. 그래서 문화는 포근히 감싸는 힘을 가지고 있다. 반면에 문명의 힘은 무자비하다. 그것은 토착적이고 원형질적인 것을 말살한다. 그러나 역설적인 것은, 인류의 삶을 더 낫게 만든 것은 문명이라는 점이다. 과학기술의 발달만을 말하려는 게 아니다. 계급 없는 세상, 기본적 인권이 (항상 보호받지는 못하더라도 최소한) 누구도 부인할 수 없는 가치로 자리 잡게 된 세상은 문화가 아니라 문명이 성취한 것이다. 문화는 따뜻하고 친절한 얼굴을 하고 있지만, 인류의 삶을 문화에만 전적으로 의탁했다면 우리는 지금도 움집이나 동굴 속에서 동물 가죽으로 된 옷을 입고 수렵과 채집으로 살아가야 했을지 모른다.

반면에, 문명이 저만치 너무 앞서 가면 우리는 본능적으로 불안함을 느낀다. 익숙한 관계로 복귀하려는 욕구가 강하게 고개를 든다. 어떤 면에서 우리는 모두 러다이트Luddite인 셈이다. 이 세상 누구와도 접속할 수 있는 정보통신 기술을 손에 쥐게 되었을 때 정작 우리가 한 일은 주변 사람들과의 관계를 복원하고 강화하는 소셜네트워크서비스SNS에 탐닉하는 것이었다. 세계화의 물결이 거세지면서 오히려 도처에서 민족주의의 열기가 뜨겁게 느껴지고, 소수민족이나 이주노동자에 대한 배척과 탄압의 불길이 높아지고 있는 것은 어쩌면 우연이 아닌지도 모른다.

문화는 우리에게 편안함comfort을, 문명은 편리함convenience을 제공한다. 그런데 인간은 그 둘 중 어느 것도 버릴 수는 없다. 인간은 시간과 공간 속에서 살기 때문이다. 이것이야말로 인간 존재의 근원적인 양난dilemma이다. 그렇기 때문에 보수와 진보의 다툼은 지금까지 존재해왔고 앞으로도 사라지지 않을 터이다. 문명과 문화의 길항작용은 내 문화에 대한 집착과 보편 문명에 대한 저항이라는 단순한 도식을 넘어, 내 문화와는 다른 모습을 한 문명의 반정립antithesis 상태, 즉, 다른 나라의 문화에 대한 관심으로 이어진다.

내가 일본에서 2년간 근무하면서 깨달은 사실은, 이웃 나라가 소중한 존재라는 사실이다. 나를 비춰 보고 미처 몰랐던 나를 재발견하기에 가장 좋은 거울이 바로 이웃이기 때문이다. 이웃 나라라는 것은 우리의 평행우주parallel universe다. 이웃 나라에서는 우리도 어쩌면 될 수도 있었을 모습, 하마터면 될 뻔했던 모습, 또는 우리처럼 되는 게 당연한데도 굳이 다르게 사는 사람들의 모습을 만나볼 수 있다. 이웃 나라 사람들과 우리의 삶에서 볼 수 있는 뉘앙스 차이는 어쩌면 문명과 문화가 서로 제 할 일을 하면서 만들어낸 작은 틈새와 같은 것일지도 모른다. 가녀린 별빛이 망망대해를 떠가는 배의 갈 길을 알려주는 것처럼, 그 작은 틈새는 우리가 앞으로 살아갈 모습에 대해서 언뜻 보기보다 많은 것을 시사해준다.

• 일본 음식의 특징은 한국인에게 물어라?

일본 음식의 특징은 무엇인가? 이 물음에 답을 제일 잘할 수 있는 건 한국 사람이다. 한국과 일본의 문화는 비슷하면서도 다르기 때문이다. 무엇이든지 서로 먼 것들끼리 비교하면 차이점들은 이내 눈에 띄지만, 그 차이점은 비교대상의 특징을 정교하게 설명해주지 않는다. 서로 크게 다른 것들끼리 비교해서 얻는 교훈과 지식은 잘해야 피상적이고 잘못하면 부정확하다.

　　난생 처음 이란을 방문한 미국인이 있다 치자. 그는 머리를 가리고 다니는 여자들을 보고, 하루에 다섯 번씩 울려 퍼지는 아잔(기도) 소리를 들으면서 이국에 왔음을 실감할 것이다. 그러나 그가 거기서 보고 느낀 낯선 문화의 많은 부분은 실은 전 세계 모든 무슬림 사회에서 찾아볼 수 있는 특징일 것이다. 국민의 대다수가 수니파 신도인 사우디아라비아 사람이 이란을 여행한다 치자. 그는 이란에서 경험하는 낯선 것들이 "시아파 국가이기 때문"이라고 여길 공산이 크다. 이번에는, 시아파 무슬림인 이웃 나라 이라크 사람이 테헤란을 방문했다. (이라크는 국민의 다수가 시아파다.) 그는 앞서 말한 다른 모든 여행자들보다 아랍 문화와 구별되는 페르시아 문화의 독특한 면을 더 예리하게 추려낼 가능성이 크다. 비슷한 이웃이라는 거울에 비춰볼 때만, 자신의 특징은 또렷이 모습을 드러낸다.

일본은 동아시아에서 서양 문물을 가장 일찍 받아들였다. 탈아입구脫亞入歐라는 개화기의 캐치프레이즈가 상징하듯, 일본인의 안테나는 오랜 세월 동안 먼 바다 건너 서구 사회를 향하고 있었다. 그러다 보니 일본인들과 서구인들은 서로를 비교하면서 그 차이점으로 일본 문화를 설명하려는 오류를 자주 범했다. 롤랑 바르트(《기호의 제국》), 루이스 프로이스(《일구 문화 비교론》), 루스 베네딕트(《국화와 칼》)의 저서들은 일본론의 고전으로 자리를 잡았지만, 공통적으로 동아시아 전체의 문화를 일본 특유의 것으로 설명하는 오류를 많이 담고 있다.

서양인들은 그렇다 치고, 일본론을 쓴 허다한 일본인 저자들도 일본어의 특질을 영어와의 비교에서 찾거나, 일본 음식의 특징을 육식 위주의 문화와 비교하는 우를 범했다. 일본인들 스스로도 이런 사고의 함정으로부터 좀처럼 빠져나오지 못했다는 사실은 기이하다. 인간은 자신과 많이 다른 대상보다 미세하게 다른 대상에 더 민감하게 반응하게끔 진화되어 왔다는 사실을 생각하면 더더욱 그러하다.

정신분석학자 프로이트는 사람이 자기와 가장 닮은 상대에게 가장 큰 적의를 느끼는 현상을 가리켜 "작은 차이의 나르시시즘(der Narzißmus der kleinen Differenzen)"이라고 불렀다. 이것은 영국인에 관한 험담이 가장 화려하게 발달한 곳이 프랑스이고, 아일랜드인에 관한 냉소적 농담이 가장 많은 곳이 영국이라는 사실이라든지, 시아파와 수니파 사이의 다툼이 기독교인과 무슬림 사이의 다툼보다 종종 더 격렬해진다는 사실을 설명하는 데 유용한 개념이다.

다른 모든 이웃 나라들처럼, 한국과 일본의 국민들이 내심 서로를 깎아내리는 심리 속에도 프로이트가 말하는 "작은 차이의 나르시시즘"이 작용하는 것인지도 모른다. 프로이트의 이론과는 무관하게, 불행한 두 나라의 근세사가 서로에 대한 멸시와 적의를 조장한 탓도 있을 것이다. 그러나 한국인이 일본을 자세히 들여다보지 않으려 들거나, 일본인이 한국과의 비교를 등한시한다면 그것은 상대방의 손실이기 이전에 자신들의 손해다. 비교를 통해서만 발견할 수 있는 자기 정체성을 보지 못하게 되

기 때문이다. 내가 하려는 이야기는 간단하다. 일본 음식의 특징을 가장
잘 알아챌 수 있는 외국인은 한국인이라는 것.

• "무엇"이 아닌 "어떻게"의 나라

같은 한자권 나라 중에서도 유독 우리나라에서만 신토불이라는 표현이
애용된다는 사실이 가리키듯, 한국인에게 한국적인 음식이란 한국에서
나는 것들을 가리키는 경향이 짙다. 어떤 요리가 한국 음식으로 인정받기
위해서는 한국적 재료를 사용했는지가 중요하다. 뿐만 아니라, 요리의 결
과물도 전형적인 틀의 범주 속에 있어야 한다. 아마도 이것은 한식이 세계
화되기 위해서 넘어야 할 가장 큰 산일 것이다.
　우리 음식문화는 실험에 그다지 너그럽지 않은 편이라는 것이 나의
생각이다. 알고 있는 전형을 조금이라도 벗어나는 음식을 만나면 한국인
의 뇌는 "이건 진정한 한식이 아니야."라고 소리를 질러댄다. 지나친 일반
화로 무리할 생각은 없지만, 우리는 이단을 배격하고 원형질을 추구하는
강한 성향을 지니고 있는 것인지도 모른다. 무슨 음식이 좀 유명하다 싶
은 동네를 가면 어김없이 늘어선 수많은 상점들이 저마다 '원조'임을 주
장하고 있는 것을 보더라도 그렇다. 알고 보면 우리만 그런 것도 아니다.

아시아에서 파는 것은 맥주가 아니라는 독일인이나, 미국에서 파는 피자는 이탈리아 음식이 아니라는 이탈리아인을 찾기란 그리 어려운 일이 아닐 것이다. 익숙한 것의 원형을 지키려는 것이 문화의 본질이고, 그것은 만국의 공통된 경향이다.

일본도 완전한 예외일 리는 없을 터이다. 하지만 일본의 식문화를 찬찬히 살펴보면 일본인들이 '와쇼쿠和食'라고 인정하는 일식 요리의 범주가 무척 넓다는 사실을 알아차리게 된다. 아니, 일본 음식의 범주는 넓다기보다는 열려있다고 해야 할지도 모른다. 일본인들은 요리의 결과가 "무엇"이냐를 가지고 일본 음식을 정의하는 대신 그것이 "어떻게" 만들어지느냐를 기준으로 일본 음식을 정의하는 것처럼 보인다. 만일 그렇지 않았다면 고로케, 돈가스, 오므라이스, 카레라이스, 라멘 같은 음식이 일식의 범주에 포함되는 일은 벌어지지 않았을 것이다.

일본인이 "무엇"이 아닌 "어떻게"로 요리를 구분한다는 것을 좀 더 뚜렷이 보여주는 다른 예도 있다. 곰곰이 생각해보라. 한식당 중에서 뎃판야키(鉄板焼き: 번철 위에 다양한 재료를 요리하는 것), 로바다야키(炉辺焼き: 손님이 보는 앞에서 화로에 다양한 재료를 구워내는 요리), 구시야키(串焼き: 꼬챙이에 끼운 다양한 재료를 구운 것)처럼 재료나 결과물을 묻지 않고 조리 방식으로만 정체를 규정하는 식당이 과연 있는가. 만일 있다면 그것이 얼마나 일반적인가.

"어떻게"를 중시하는 식문화는 양식화樣式化된 삶을 표준으로 삼는 일본의 관습을 보여주는 하나의 징표에 불과하다. 일본 문화에서 양식화가 큰 의미를 지님을 입증하는 예는 많다. 가레산스이枯山水 정원에서 커다란 돌은 산과 섬과 폭포가 되고 자갈과 모래는 바다가 된다. 이것은 미학적 약속이고, 일본 사회는 그 규약에 따라 정원의 아름다움을 감상한다.

가마쿠라 시대 후기에서 무로마치 시대 초기 사이에 완성된 일본 전통가무극 노能는 양식화된 공연예술의 극치를 보여준다. 노의 연기동작은 고도로 간소화되어 있어서, 무대 위에서 몇 걸음 걷거나 위를 바라보는 것 같은 작은 움직임만으로 서사적인 상황과 심리적인 상태를 표현한다. '사시코미', '히라키' 처럼, 앞으로 나아가며 오른 팔을 든다거나, 양팔을 벌리면서 뒤로 물러서는 따위의 동작에 이름이 붙어있음은 물론이다. 이것은 특정한 동작이 가지는 의미에 관해 배우와 관객 사이에 이미 양해가 이루어져있음을 뜻한다. 연기자만이 아니라 관객도 연극의 양식화에 동참하는 것이다. 무로마치 시대의 노 이론가 제아미世阿弥는 "숨기면 꽃이 되고, 숨기지 않으면 꽃이 될 수 없다.(秘すれば花なり、秘せずば花なるべからず)"고 말했다. 배우와 관객이 은밀한 기호의 의미작용을 주고받는 것이 노의 감상법인 것이다.

에도시대 민중연극으로 발전한 가부키歌舞伎도 관객과의 규약을 전제로 하는 수많은 상징들로 양식화된 연극이다. 가부키에서 배우들이 무대로 등장하는 통로인 하나미치花道는 관람석을 가로질러 중앙 무대까지 연결된 통로 형태로 되어있다. 하나미치는 중심 무대와는 별개로 행해지는 장면을 위해서 사용되기도 하는데, 두 무대 사이에 앉아있게 되는 관객은 주인공들을 갈라놓는 개울의 역할을 맡기도 한다.

　독일의 극작가 브레히트는 소격효과疏隔效果라는 개념을 창안해 연극에 적용했다. 브레히트의 의도는 연극에서 현실의 친숙한 주변을 생소하게 보이게 만들어 극중 등장인물과 관객과의 감정적 교류를 방해하려는 것이었다. 관객이 무대의 사건에 대해 비판적인 태도를 가지게 만들어, 자명하고 고정불변처럼 보이는 사회현상을 새로운 관점에서 바라보게 만들려는 것이 목적이었다. 주석을 단다거나, 관객에게 말을 건다거나, 노래를 삽입하는 기법 같은 것이 동원되었다. 쉽게 말해, 관객들에게 "당신들이 보고 있는 것은 실제 사건이 아니라 연출된 극이다."라는 점을 일깨워서 관객의 극적 환상을 깨뜨리는 것이다.

　일본의 공연예술에도 앞서 말한 대로, 그것이 실제 사건이 아니라 양식화된 연극임을 일깨워주는 장치와 기법들로 가득하다. 노의 주연배우는 관객이 보는 앞에서 옷을 갈아입기도 하고 가면을 바꿔 쓰기도 한다. 배우가 등장·퇴장할 때 무대가 암전되는 법도 없다. 그러나 브레히트의 이론과는 달리, 일본 연극의 양식화의 목적은 관객에게 연극의 작위성을 깨닫게 하려는 데 있는 것이 아니다. 거꾸로, 그것은 관객을 연극의 양식에 참여시켜 행위예술의 공모자로 만들려는 데 있다. 브레히트의 소격효과가 극을 현실로 끌어내리는 장치라면, 일본 연극의 양식화는 관람객을 연출에 동참시키는 장치다. 주객이 하나가 되는 것이다. 여기서도 일본적 미덕인 와和의 맨얼굴을 볼 수 있다.

일상생활에서도 일본인들은 연극 대본처럼 판에 박힌 인사말을 주고받는다. 사회적 화합이라는 작품을 만들기 위해 모든 사람이 출연자인 동시에 연출자가 되는 것이다. 대기업에서 편의점에 이르기까지, 일본의 모든 회사는 정해진 매뉴얼에 따라 상황에 대처한다. 모든 출연자가 연출자가 되려면 미리 정해진 약속이 필수적이기 때문이다. 이것이 바로 일본식 양식화의 핵심이다.

혼네本音와 다테마에建前라는 것이 있다. 혼네는 속마음을, 다테마에는 겉모습을 가리키는 것이지만, 다테마에를 정확히 번역할 수 있는 우리말은 없다. 그것이 일본 특유의 양식화를 전제로 표출되는 행동을 의미하기 때문이다. 그래서 우리나라 사람들은 다테마에를 '거짓된 (그러므로 가증스러운) 행동' 정도로 이해하려는 경향이 있지만, 일본 사회에서 다테마에란 규약을 벗어나지 않는 예측가능한 행동을 의미한다. 예측가능성은 신뢰를 의미하므로, 그것은 일본의 큰 자산인 사회적 신뢰의 바탕을 이룬다. 따지고 보면 그리 이상하달 것도 없다. 우리도 말과 다르게 행동하는 것을 거짓이라고 부르고, 생각과 다르게 행동하는 것을 예의범절이라고 부르지 않던가?

양식화의 목적이 주객일체에 있다는 사실은 다도茶道를 살펴보면 좀 더 뚜렷이 드러난다. 16세기 후반 센노리큐千利休가 완성한 것으로 전해지는 일본의 다도는 주인과 손님이 함께 연출하는 고도로 양식화된 한 편의 연극이다. 다도의 손님들이 쓰쿠바이蹲踞에서 손과 입을 씻는 행위는 흡사 무슬림들이 예배 전에 손발과 입속을 순서대로 닦는 세정 의식인 우두wudū를 연상시킨다. 그렇다. 다도는 종교적 예식의 특질을 지니고 있다. "주인이 건넨 찻잔을 손님은 좌우로 살핀 후 정면은 피하면서 오른쪽으로 살짝 돌려 한 모금 천천히 마시고 주인에게 감사를 표한 다음 천천히 마신다."는 식의 다도 예법은 그 어떤 종교 의식 못지않게 까다롭고 경건하다. 그러나 다다미 넉 장 반의 공간에서 벌어지는 다도의 제의는 절대자를 숭배하는 의식이 아니다. 다도가 규격화된 의식을 통해 만들어내려는 것은 주객이 일체가 되는 다삼매茶三昧의 황홀경이다. 이러한 일본적 엑스터시에 도달하기 위해서는 다도에 참여하는 모든 사람이 서로를 일평생 단 한 번 만나는 귀한 사람인 것처럼 성심껏 예법을 지켜야 한다. 이런 만남을 이치고이치에一期一会라고 표현한다.

　고도로 양식화된 의례에 진정성을 가지고 참여한다면 그 자체로 이미 종교적 행위가 아닐까. 일본 종교문화의 평균치가 일종의 범신론적 다신교에 수렴하는 것은 어쩌면 우연이 아닐지도 모른다. 일본인의 종교적 감성은 집단의 화합에 관한 합의를 지향한다. 다도에서 이치자콘류一座建立라고 부르는 일체감을 형성하기 위해서는 주인이나 손님들 중 어느 한 사람도 시시덕거리지 않고 전원이 '이치고이치에'의 태도로 성심성의껏 임해야만 한다. 일본 사회에서 이치자一座, 또는 자座라고 표현되는 일체감의 중요성은 절대적이다.

　요리도 이치자의 예술이다. 일본에서는 거의 대부분이라고 해도 좋을 만큼 많은 식당의 주방이 손님들에게 노출되는 '오픈 키친'으로 이루어져 있다. 노 무대의 배우들이 관객 앞에서 옷을 갈아입는 것처럼, 또는 가부키 배우들이 객석을 가로지르는 하나미치 위로 등장하는 것처럼, 다회의 주인과 손님들이 차 끓이는 행위를 철저히 공유하는 것처럼, 일본 식당의 오픈 키친은 이치자를 이루기 위한 무대장치다.

　도쿄에 근무하던 사무실 근처에 사카이데咲花善伝라는 맛있는 우동가게가 있어서 자주 이용했다. 부부인지 남매인지 알 수 없는, 서로 꽤 닮은 두 젊은 남녀가 우동을 파는 곳이다. 어느 날 무심코 우동을 기다리고 있는데 함께 갔던 선배가 문득 말했다.

"잘 보세요. 일본에는 주방이 이렇게 노출된 식당들이 대부분인데, 주방에서 일하는 사람들은 잠시도 앉아서 쉬는 법이 없어요. 손님이 뜸할 때도 재료를 정리하거나 조리기구를 닦고, 좌우간 뭘 하는 건지 몰라도 계속 뭔가를 해요. 일본에 오래 근무했지만 주방에서 일하는 사람이 손님 보는 앞에서 쉬는 걸 본 적은 없어요."

정말 그랬다. 일본 식당의 주인과 종업원들은 주방이라는 무대 위에서 공연을 하는 배우들처럼 손님의 시선을 의식한다. 그들은 무방비상태로 앉아 신문을 본다거나 잡담을 하는 법이 없었다. 손님들도 대부분 공손하고 예의 바르게 군다. 식당에서 밥을 사고파는 행위에도 양식화된 의례가 끼어드는 셈이다.

일본 사회의 궁극적 가치인 와和는 사회 구성원들이 함께 자場를 만들어냄으로써 이루어진다. 그것은 긍정적인 의미의 담합과 공모를 통해 이루어진 인위적 일체감이고, 개개인이 솔직한 감정표현을 누르고 자제해야만 누릴 수 있는 공동체적 안온함이다. 그러므로 냉소적 일탈은 멸시받고, 집단에 대한 부적응은 제재받는다. 그러나 일본인의 양식화된 행동규범은 일본 사회 안에서 이루진 합의이기 때문에, 그것을 바깥세상과의 소통에 적용하기는 어렵다. 외국과 교류를 할 때, 일본인은 마치 노 무대의 규칙을 전혀 모르는 관객들 앞에 선 노의 배우들처럼 난처해하는 경우가 많다. 바깥세상과는 사전에 합의된 소통의 지침과 접점이 없기 때문이다.

여담이지만, 나는 일본에 사는 동안 태평양전쟁을 누군가가 "일으켰다"는 표현은 들어본 적이 없다. 일본에서 그 전쟁은 거의 언제나 "일어났다"라는 자동사의 주어가 된다. 마치 전쟁이 저 혼자 저절로 일어났거나, 그냥 '어쩌다 보니' 전쟁이 벌어져있더라는 식의 태도처럼 보인다. 굳이 말하지 않아도 능히 짐작할 수 있는 것을 꼭 집어 말해서 상대를 난처하게 만드는 것은 일본식 예절에 어긋난다. 일본 사회에서 전쟁과 식민지 지배는 "다 알기 때문에 굳이 말할 필요가 없는" 난처한 일이었다가, 이제는 "아무도 말하지 않았기 때문에 잊혀진" 일이 된 것처럼 보인다. 이것은 일본인 자신들에게 가장 큰 비극이다. "무엇"보다 "어떻게"를 중시하는 사회가 겪는 어려움이랄까.

• 일본 음식의 지방색

일본의 간사이関西 지역과 간토関東 지역은 역사적, 정치적으로, 심지어 문화적으로도 일종의 라이벌 관계에 있다. 간토 지방은 도쿄를 중심으로 하는 혼슈의 동부 지역을 가리킨다. 간사이는 긴키近畿 지역이라고도 하는

데, 옛 수도인 교토京都 부근이라는 의미다. 중심 도시인 교토, 오사카大阪, 고베神戸를 묶어 게이한신京阪神이라고 부르기도 한다. 심지어 지금도 간사이에서는 60헤르츠 전기를 사용하는 반면 간토에서는 50헤르츠 전기를 사용하기 때문에 시즈오카 기점을 넘어 이사를 가서도 가전제품을 사용하려면 50~60헤르츠 겸용인지 미리 확인하고 구입해야 한다. 메이지 시대 도쿄전력이 독일식 50헤르츠 발전기를 도입하자 오사카전력에서 미국식 60헤르츠 발전기를 들여와 경쟁을 시작한 것이 지금까지 이어져 이제는 어느 쪽도 도저히 발전 및 송전 인프라를 새로 만들 수 없게 되어버린 탓이다.

이런 사정에 비추어 짐작할 수 있듯이, 같은 이름을 가진 요리라 하더라도 간사이 지방과 간토 지방의 조리법은 크게 다르다. 비단 간사이-간토의 라이벌 관계만이 아니라, 다양한 지방색을 살펴보는 것은 일본 음식의 재미있는 관전 포인트다. 내가 다녀본 여러 지역의 음식에 관해서는 이 책의 뒷부분에 간략하게나마 소개해보려고 한다.

• 일본 음식과 일본 요리

재료 면에서 보자면 일본 음식이 한식과 크게 다르다고 할 수는 없지만,

생선의 비중이 우리보다 크고, 단맛이 강하다. 세계적으로 갈비와 불고기가 유명세를 얻다 보니 한국 음식이 무척 달다고 생각하는 외국인들이 늘고는 있지만, 우리 음식 전반에서 단맛의 비중은 그리 크지 않다. 역설적으로, 어쩌면 갈비와 불고기는 한식 메뉴 중 유난히 달기 때문에 세계적인 인기를 끌게 된 것인지도 모른다. 절임, 조림, 무침, 튀김을 막론하고 일본 음식은 전체적으로 우리보다 달착지근한 맛이 강하다. 그러다 보니, 일본 음식이 너무 달아서 싫다는 한국인을 어렵지 않게 찾아볼 수 있다.

일본 요리의 양념 사용법에는 "사시스세소さしすせそ" 법칙이라는 것이 있다. 양념을 사용할 때 순서를 사-설탕(사토우砂糖), 시-소금(시오塩), 스-식초(스酢), 세-간장(올바른 발음은 쇼유醬油이지만 운을 맞추기 위해 편의상 '세유'라고 침), 소-된장(미소味噌) 순서대로 사용하는 것이다. 뒤로 갈수록 맛과 향이 강한 양념이라서, 이 순서를 바꾸면 간을 볼 때 감각이 둔해져 양념을 과도하게 쓸 우려가 있기 때문이라고 한다. 이 법칙에 따르면 요리 할 때 설탕을 제일 먼저 사용하게 되는 셈인데, 이것이 일본 음식에 단맛을 일종의 기본적인 디폴트로 설정하는 역할을 하지 않나 싶다. 왜간장이 조선간장보다 달고, 미소가 된장보다 달다는 사실도 양국 간의 입맛 차이를 잘 드러낸다.

캡사이신을 듬뿍 함유한 고춧가루나 고추장을 사용하지 않는다는 점도 우리 음식과는 두드러진 차이다. 정작 아메리카 대륙이 원산지인 고추가 임진왜란 무렵 일본으로부터 우리나라에 전래되었다는 사실은 얄궂은 아이러니가 아닐 수 없다. 불과 4세기가 채 걸리지 않아 고추는 한국 음식의 특징을 가장 잘 설명하는 재료의 하나가 되었다. 잘 알려져있듯이, 매운맛은 맛이 아닌 통각痛覺이다. 매운 음식을 먹으면 몸이 느끼는 통증을 완화하기 위해 우리 뇌는 엔돌핀을 더 분비한다. 매운 음식을 즐기는 습관은 이처럼 추가로 분비되는 엔돌핀을 그리워하기 때문에 생겨난다고 한다. 그런데 정작 우리에게 고추를 전해준 일본 사람들은 이런 방식의 식도락을 알지 못한다.

전반적으로 일본 음식은 담백한 편이고, 재료가 지닌 원래의 맛을 살려내는 것을 매우 중시한다. 계절에 맞는 제철 재료를 까다롭게 따지는 것도 재료의 맛을 살리려는 경향과 연관이 깊다. 한 종류의 음식이 다른 음식과 섞이는 것을 대단히 싫어하는 경향도 그와 관련이 있다고 할 수 있다. (그래서 일식을 독주곡에, 한식을 협주곡에 비유하는 평론가도 있다.) 음식과 조리법을 아주 세세하게 분류하는 성향도 일본 요리의 특징 중 한 가지다.

이처럼 일본 음식의 전반적인 개성을 설명하는 것이 가능하긴 해도, 일본 음식이 가지는 근본적인 특징을 묘사하려면 역시 음식을 "어떻게" 만들고 소비하는지를 살펴보는 것이 지름길이다. 예를 들어, 스테이크는

서양 음식이지만 손님들 앞에 널따란 번철을 펼쳐두고 요리사가 재주를 부려가며 구우면 그것은 뎃판야키鐵板燒き라는 일본 음식으로 둔갑하는 것이다. 여기에 일본 음식의 특징을 설명할 수 있는 비밀이 숨어있다. "무엇"보다 "어떻게"가 더 중요하다는 말을 과장해서 표현한다면, "일본 음식 Japanese cuisine은 없지만 일본 요리Japanese culinary art는 있다"고 할 수도 있겠다.

어느 나라든 시대가 바뀌면서 입맛은 달라지기 마련이다. 하지만 오늘날 그 나라의 음식이라고 불리는 식단과 그 나라 사람들이 대대로 먹어오던 음식 사이의 차이가 가장 큰 경우가 일본이 아닐까 싶다. 일본 음식 중에 일본인들이 예로부터 먹어오던 음식은 상대적으로 작은 비중을 차지한다. 우리가 알고 있는 것과 같은 모습의 스시寿司나 뎀푸라天麩羅의 등장은 16세기 이후의 일이다. 일본 대중이 쇠고기·돼지고기를 먹는 일은 19세기에 와서야 일어났다. 돈가스, 오므라이스, 카레라이스 같은 것은 말할 필요도 없이 개항 이후에 생겨난 음식이고, 라멘은 중일전쟁 이후의 발명품이다. 이런 현상도 "무엇"이 아니라 "어떻게"에서 출발하는 정신세계의 소산이라고 설명할 수 있다.

개항 이후 일본 음식이 겪은 변화가 두드러져 보이기 때문에, 일본 음식의 본질을 서양 음식의 토속적 변용과정에서 찾는 견해들이 많다. 이런 사람들은 일본 음식의 특징을 화혼양재和魂洋才, 즉 서양 재료에 일본의 혼을 불어넣으려는 노력에서 찾기 마련이다. 그러나 내가 보기에 일본의 식문화에서 드러나는 일관성은 돈가스나 카레라이스의 일본화 과정보다 훨씬 더 근본적이고 강력하다. 나는 그 특징을 양식화stylization라고 부르고 싶다. 양식화의 양태는 여러 갈래로 나타난다.

일본 음식의 양식화는 음식에 의미를 덧씌우는 상징화symbolism로 발현되기도 한다. 일본의 전통 음식은 거의 언제나 무언가를 상징하고 의미하고 기념한다. 새해 음식인 오세치요리御節料理는 그런 점을 잘 보여준다. 심볼리즘이 집단화, 사회화 과정을 거치면 그것은 하나의 미학적 규약compact으로 자리 잡는다. 가레산스이의 자갈밭이 파도를 표현하듯이 초밥의 신맛이 생선의 발효를 "표현"한다는 규약이 소리 없이 받아들여졌을 때, 스시라는 음식의 표준 레시피는 성립된 것이다.

어떤 음식을 어떤 때 어떤 방식으로 만들어 어떤 방법으로 먹는지까지 사회적 규범으로 정해져야만 비로소 일본 음식이 되었다고 할 수 있다. 돈가스나 오므라이스의 발명과정은 "서양 음식에 일본혼을 불어넣는 과정"이었다기보다는, "새롭게 만난 음식을 소비하는 일본식 규범이 수립되는 과정"이었다고 할 수 있다. 이렇듯 심벌리즘이 일상화되어있기 때문에, 요리에 대한 관념의 정형화stereotyping도 자주 나타난다. 마치 그것은 모두가 비유로 말하는 곳에서 클리셰cliché의 남용이 일상화되는 것처럼 당연한

일이다. 일본인은 초된장무침(누타ぬた)을 먹음으로써 봄을 느끼고, 도시코시소바年越し蕎麦를 먹음으로써 한 해를 보낸다.

양식화는 음식에 신화를 덧씌우는, 이야기 만들기storytelling로 표출되기도 한다. 많은 일본 음식이 스스로의 탄생 설화를 가지고 있다. 그러나 이런 이야기 중 어디부터 어디까지 진실인지를 가려내기는 쉽지 않다. 일본에서 사회적으로 공인된 설화는 역사적으로 증명된 사실에 뒤지지 않는 강력한 지위를 누린다. 이런 습관은 이웃 나라와 역사 문제를 논할 때는 바람직하지 못한 역할을 하지만, 음식에 관해서는 상상력을 자극함으로써 식욕을 돋우는 데 기여한다.

더러 양식화는 특정한 인상이나 관념을 창조image-making하는 작업으로 표출되기도 한다. 일식은 '눈으로 먹는 음식'이라고 할 정도로 시각적 이미지를 중시하기 때문에, 일본 요리사에게는 무언가를 연상시키도록 음식을 만드는 것이 언제나 중요한 임무다. 때로는 좀 다른 방식의 이미지메이킹도 행해진다. 일본에서는 불과 수 년 전부터 유행한 지방 음식이 전통 토속 음식 같은 모양새를 갖춘다거나, 새로 생긴 식당이 감쪽같이 오랜 전통 식당처럼 꾸미고 있는 것을 흔히 볼 수 있다. 이런 이미지메이킹은 거짓된 꾸밈이 아니라 (생산자가) 정성을 담아내고 (소비자가) 그것을 즐기는 식도락의 일부로 받아들여진다.

음식을 잘 들여다보면 그것을 먹는 사람들이 가진 생각의 단면을 엿볼 수 있다. 이제부터 시작될 음식에 관한 이야기는 2년 동안 내가 '맛봄'으로써 '엿본' 이웃 나라 문화의 체험기인 셈이다. 이 체험기의 곳곳에서 독자들은 심볼리즘, 스테레오타이핑, 스토리텔링, 이미지메이킹으로 구현되는 일본 식문화 특유의 현란한 양식화를 목격하게 될 것이다.

일본을 대표하는
음식은 무엇일까

가이세키요리 懷石料理

일본다운 세공품의 성찬

우리나라에 한정식이 있는 것처럼 일본에도 격식을 갖춘 정찬이 있다. 이름하여 가이세키요리. 무릇 일본 음식을 소개한다면 여기서부터 시작하지 않을 수 없다. 가이세키요리라고 하면 으레 가격은 1만 엔 이상이기 마련이고, 위로는 제한이 없다. 그러니 일본에 왔을 때 누군가가 가이세키요리를 제공한다면 극진한 대접을 받았다고 생각하고 고맙게 여기시면 된다.

　시장이 잘 발달된 모든 나라의 모든 물건에 해당하는 말이겠지만, 값이 비싼 데는 비쌀 만한 이유가 있다. 일본인에게 가이세키요리는 최상의 정성을 들여 준비한 식사를 즐기는 도락이므로, 가격대가 높다고 시비를 거는 사람은 없다. '값싼 가이세키요리'라는 말은 이를테면 '젊은 노인'처럼 형용모순에 해당한다. 그렇다고 해서 이것이 일본 음식 중에서 가장 맛있다는 뜻은 아니다.

일본을 대표하는 음식은 무엇일까

서울에서 모처럼 온 손님에게 가이세키요리를 대접하겠다고 했더니 양손을 휘휘 내저으며 "제발 다른 음식을 먹자."고 했다. 2박 3일 일정 동안 일본의 주최측에서 가이세키로 점심, 저녁을 대접해주었는데 "맛이 없어서" 더는 못 먹겠다는 이야기였다. 일본 사람들이 들으면 이만저만 서운해 할 일이 아니지만, 맛이 없다는 그 손님의 항변이 무슨 말인지 나는 잘 알 수 있다. 가이세키요리가 한국인의 입맛에는 너무 싱겁기 때문이다. 맛이 없다는 그분의 불평은 음식 맛이 '나쁘다'는 뜻이라기보다 무미건조하다는 뜻에 가까웠을 거다.

한국 음식도 옛날의 궁중 음식과 서울의 양반 음식은 손도 많이 가고, 맛도 싱거운 편이었다고 한다. 하지만 전쟁 후 한국 음식의 주류를 이루게 된 것은 서민들의 음식이다. 그 이유가 무엇이건, 오늘날 우리 음식을 지배하게 된 특징은 짙고 풍성한 맛이다. 특히 찌개 같은 음식은 맛있어질 때까지 재료와 양념을 더해 넣는 '덧셈 요리'에 가깝다.

거기에 비하면 가이세키요리는 지나칠 만큼 담백하고 싱겁다. 교토 지방의 요리는 가이세키의 본류로 이름이 높아, 특별히 교료리京料理라고 구분 짓기도 한다. 교료리는 두부 등을 많이 사용하고 귀족적인 맛을 낸다고 알려져있는데, 이른바 이 '귀족적인' 맛이란 게 유난히 싱거운 맛을 뜻한다. 요리의 관념이 한국과는 다른 것이다. 일본 음식, 특히 가이세키요리의 궁극적 목표는 재료가 간직한 본래의 맛을 살려내는 데 있다. 요리이기 위해서는 더는 뺄낼 것이 없을 때까지 불필요한 양념과 재료를 제외하는 '뺄셈 요리'랄까.

懷石料理라고 표기하는 가이세키요리의 기원은 다도에 있다. 발음은 똑같더라도 会席料理라고 쓰면 고급 전통 음식보다는 여러 사람이 함께 즐기는 연회 음식이라는 의미가 되어버린다. 원래 가이세키는 선승들이 허기를 달래기 위해 따뜻한 돌을 품에 안고 수양을 했던 데서 비롯된 명칭으로, 다회에서 차와 함께 제공하는 간단한 식사를 가리키던 말이었다. 일본의 다도가 지금과 같은 형태로 자리 잡은 것이 16세기 후반의 일이니까, 가이세키요리의 역사도 그 이후부터 시작되는 셈이다. 이제는 가이세키라고 하면 푸짐한 정찬을 가리키는 이름이 되었기 때문에, 다회에서 제공되는 간소한 식사는 차가이세키茶懷石라고 따로 표기한다.

가이세키요리는 대체로 다음과 같은 구성으로 이루어진다. 전채에 해당하는 조그마한 사키즈케先付, 계절의 테마를 설정하는 핫슨八寸, 주로 생선회가 등장하는 무코우즈케向付, 데치거나 삶은 야채, 고기 및 두부 등으로 이루어진 니모노煮物, 맑은 국물이 나오는 후타모노蓋物, 생선 등의 구이 요리인 야키모노燒物, 초에 절인 야채 등인 스자카나酢肴, 여름에는 찬 야채 히야시바치冷し鉢, 새콤한 입가심 국물인 나카초코中猪口, 전골 등 주요리에 해당하는 시이자카나強肴, 쌀밥 위주의 고항御飯, 야채 절임 반찬인 고노모노香の物, 된장 또는 야채 국물인 도메완止椀, 과일이나 양갱 등 디저트인 미즈모노水物 등이다.

다도라는 금욕적 행사에서 유래했음에도 가이세키요리가 이처럼 화려한 정찬으로 진화한 이유는 거기에 과거 일본의 모든 의식용, 연회용 요리 전통이 영향을 미쳤기 때문이다. 나라 시대(8세기) 중국 당나라에서 유입된 귀족들의 의례용 다이쿄요리大饗料理, 그 영향을 받아 관혼상제용 식단으로 발전한 혼젠요리本膳料理, 식물성 재료를 주로 사용하는 사찰 음식인 쇼진요리精進料理, 중국에서 유래한 사찰 음식 후차요리普茶料理, 중국식으로 식탁 위에 식탁보를 펼쳐두고 먹는 음식이라는 뜻의 싯포쿠요리卓袱料理, 에도시대에 포르투갈, 네덜란드 등과 교류를 하며 생겨난 남방요리南蛮料理 등이 모두 오늘날의 가이세키요리에 그 흔적을 남기고 있다.

일본에서 남만은 본디 남아시아를 가리키는 표현이었는데, 유럽 문명이 바다를 거쳐 남쪽으로부터 일본에 들어갔기 때문에 유럽 음식도 그만 '남방요리'가 되고 말았다. 후차요리, 싯포쿠요리, 남방요리는 모두 외국의 요리였지만 일본에 전래된 후 일본식으로 해석되어 전통 음식으로 자리를 잡았다. 그런 전통에 부끄럽지 않게, 오늘날의 가이세키요리도 해외의 특이한 재료나 일본에 존재하지 않던 외국의 새로운 요리 방식을 도입하기를 조금도 주저하지 않는다. 일본식으로 꾸며서 서빙 하기만 하면 온 갖 재료가 가이세키요리로 소화된다. 서양 치즈나 푸아그라, 사프란 따위 의 외래 식재료도 거리낌 없이 등장한다. 음식을 준비하고 소비하는 양식 이 일본적이기만 하다면 재료의 한계 따위는 존재하지 않는다는 식이다. 이처럼 '무엇'보다 '어떻게'를 중시하는 태도가 오래전부터 일본의 요리사 들을 '일식 세계화'의 첨병으로 만들어주었다.

재료가 가진 본래의 맛에 집착하는 만큼, 가이세키요리는 앞의 음식 과 그 다음 음식의 재료와 조리법과 맛이 중복되지 않도록 만드는 데 몹 시도 신경을 쓴다. 여섯 가지 맛(단맛, 짠맛, 쓴맛, 신맛, 매운맛, 감칠맛), 다섯 가지 색(흰색, 검은색, 녹색, 빨간색, 노란색)과 다섯 종류의 조리법(구이, 조림, 찜, 튀김, 회)이 고루 사용되어야 한다. 재료의 맛을 살리자면 신선한 재료 가 중요하고, 그러자면 당연히 계절에 맞는 식재료를 사용하는 것이 중요 하다. 일본 사람들은 식재료의 제철을 일컬어 '슌旬'이라고 부른다. 그러나 가이세키요리의 계절에 대한 집착은 단지 식재료의 신선도라는 상식적 요건을 넘어선다.

가장 일본적인 문학 장르라고 할 수 있는 하이쿠俳句는 5·7·5자의 짧 은 정형시인데, 글자수만 맞춘다고 하이쿠가 되는 것은 아니다. 하이쿠에 는 반드시 계절을 나타내는 단어인 기고季語가 포함되어야 한다. 개구리,

제비, 진달래, 찻잎, 아침안개 등은 봄을 나타내고 수국, 청개구리, 장마, 소나기, 무지개 등은 여름을 뜻한다. 밤, 포도, 고추잠자리, 기러기, 은하수 등은 가을의 계절어이고, 수선화, 원앙, 토끼, 신사 등은 겨울을 가리킨다. 기고 없는 단가가 하이쿠가 될 수 없듯이, 계절을 표현하지 않으면 제대로 된 가이세키요리가 아닌 셈이다.

요리로 계절을 묘사하는 것은 '양식화'의 또 다른 지향점이다. 식재료만이 아니다. 봄에는 벚꽃 문양, 가을에는 단풍 모양의 그릇을 사용한다든지, 철에 따라 피고 지는 꽃잎과 나뭇잎으로 음식을 장식하는 일도 가이세키의 중요한 부분이다. 요리사가 시인처럼 재주를 부리기도 한다. 김초밥 위에 겨자를 찍어 달밤을 표현하거나, 낙엽 모양으로 튀긴 야채로 가을 풍경을 묘사하고, 녹차로 푸르게 물들인 국수로 솔잎처럼 장식하기도 한다. 소박한 자연미를 건강하게 여기는 한국인에게, 가이세키요리의 이런 예술성은 종종 "과한 손장난"으로 여겨지곤 한다. 한국인이라면 거의 누구나 어린 시절 어른들로부터 "먹을 것 가지고 장난하면 안 된다."는 꾸중을 들어본 기억이 있을 테니.

그러므로 가이세키요리의 예술성은 일본인의 관점에서 바라보아야 비로소 참뜻이 살아난다. 가이세키요리의 작은 접시 위에 담겨 나오는 음식들은 하나같이 정성 들여 손질된 세공품들이다. 가이세키요리는 먼저

전채에 해당하는 성게알무침

무코우즈케인 흰살생선회

눈으로 먹고 그 다음에 입으로 먹는 음식이기 때문에 음식의 배치와 장식에도 많은 신경을 쓰는 것이다.

일본인이 느끼는 아름다움은 압축적 긴장감에 그 본질이 있다. 이어령 선생이 《축소지향의 일본인》에서 예로 들었듯이, 먼 옛날 일본에서는 아름답다는 단어 자체가 없었다고 한다. 고지키古事記에는 미인이 '구와시 메久波志賣'라고 기록되어있다. '구와시이詳しい'라는 말은 세밀하고 상세하다는 뜻이다. 만듦새가 서투르고 모양이 없다는 뜻의 부사이쿠不細工라는 표현은 오늘날에도 '못생겼다'는 뜻으로 사용된다. 일본인에게 세공되어있지 않은 것은 못난 것이다.

이러한 압축적 긴장미를 한마디로 표현하는 것이 '좁은 곳에 꽉 채워 넣는다'는 뜻의 '쓰메루詰める'라는 단어다. 일본은 각종 전문 분야도 세분화되어있는 것으로 유명한데, 일례로 한국이나 중국 학생들이 일본에서 박사학위 논문을 쓸 때 지도교수가 끊임없이 논문 대상 분야를 더 작게 응축시키라고 요구하는 것에 애를 먹는다고 한다. 이렇게 논문 분야를 더 줄이라고 말할 때도 '쓰메루'라는 표현을 쓴다.

일본에서는 그냥 보지 않고 자세히 보는 것을 '미쓰메루見つめる', 집중해서 잘 생각하는 것을 '오모이쓰메루思い詰める'라고 한다. 압축적 긴장미가 일본인들에게는 어찌나 중요한지, '쓰메루'할 수 없는 것은 '쓰마라나이つ

　　　　　　　　　　　일본을 대표하는 음식은 무엇일까

^{まらない}, 즉 시시한 것이 되고 만다. 가이세키요리에도 이와 같은 응축미가 유감없이 구현된다. 입으로 들어가면 그만일 음식을 저토록 꾸미고 치장하는 것은 찰나지간에만 존재하는 아름다움을 추구하는 쾌락주의의 극치일 것이다. 그 음식을 준비하고 먹는 사람들은 어쩌면 일순간에 져버리는 벚꽃을 구경하는 것과도 흡사한 인위적 '하나미^{花見}'에 동참하는 것인지도 모른다.

가이세키요리는 쾌락주의와 금욕주의를 동시에 담고 있는 반어적 행위예술이다. 금방 먹어치울 요리를 치장하는 응축적 미학은 쾌락주의적이지만, 반면에 배가 부를 때까지 질펀하게 한 가지 음식을 먹어치우지 않고 한 접시에 손가락만큼씩 담아냄으로써 더없이 스토익한 분위기를 연출하기도 한다.

가이세키요리가 갖춘 귀족적, 쾌락주의적, 즉물적 미학은 다이쿄요리와 혼젠요리의 영향 탓일 것이다. 반면에 그것이 가진 금욕적인 절제미는 쇼진요리와 후차요리에서 비롯된 측면도 있을 것이다. 사찰 음식인 쇼진요리는 각종 튀김에 중점을 두었기 때문에 덴푸라나 유바의 발전에 특히 큰 영향을 미쳤다고 한다.

그러나 명칭에서 보듯이, 가이세키요리에 가장 결정적인 영향을 미친것은 다도였다. 다도라는 의식에 맞추어 발전하면서 가이세키요리는 서

양 요리처럼 일 인분씩 코스로 제공되는 형태가 되었다. 이 점이 한식과의 가장 결정적인 차이에 해당한다. 다도에서 유래했다는 사실은 가이세키 요리의 본질에 관해 중요한 힌트를 준다. 한정식이 풍성하게 차려놓은 밥상 위로 손님의 손이 자유롭게 오가게 만든 밥상이라면, 가이세키요리를 먹는 손님은 그것을 만든 사람의 의도에 순종한다. 일본의 정원이 자연을 인위적으로 양식화한 것과도 같은 원리이고, 다도의 다실로 가는 길 위에 듬성듬성 깔아놓은 돌로 인해 손님의 보폭이 미리 결정되는 것과도 흡사하다. 가이세키요리를 먹는 것은, 음식을 만든 사람과 먹는 사람 사이에 고도로 양식화된 의사소통을 나누는 일이 된다.

> "차 요리는 프랑스 정식 요리의 코스 방식과 매우 유사하다. 프랑스 요리 역시 형식화하였을 때 러시아식인 시계열時系列 방식을 도입하여 세련미를 갖추었던 것과 마찬가지로, 일본 요리 가운데 혁신적인 요리로서 출현한 가이세키요리 역시 시계열 방식을 취하고 있다." (오쿠보 히로코 저,《에도의 패스트푸드》)

음식을 한 상에 푸짐하게 차려내는 것이 손님 대접이라고 알고 있는 한국인의 눈으로 보면, 가이세키요리는 여럿이 함께 먹으면서도 언제나 혼자 먹는 음식이다. 가이세키요리가 코스 요리라는 사실은 언뜻 보기보다 중요한 문화적 특질을 상징한다. 그것이 가리키는 것은 일본인의 개인주의다. 일본 문화는 겉보기에는 집단주의적이고 동질화를 강요하는 것처럼 보이지만, 그런 특성은 고도로 양식화된 집단생활에만 적용된다. 함께 어울려서 무언가를 도모할 때는 이질적인 행동이 좀처럼 용납되지 않지만, 일본인은 개인의 사생활만큼은 불가침의 영역으로 취급한다. 집단으로 보면 하나같이 똑같은 사람들인데도 개인의 취미생활은 참으로 다양한 곳이 일본이다.

　찌개 국물도 함께 나누어 먹는 우리 음식문화는 끈끈한 유대와 짙은 공동체의식을 상징한다. 한국인에게 누군가와 친해진다는 것은 그 사람과 공유하는 것이 늘어나는 것을 의미하고, 이것은 자연스럽게 둘 사이에 사적 공간privacy이 줄어드는 것을 뜻한다. 처음 만나는 사람에게 아무렇지 않게 나이며 출신 학교를 묻고 심지어 결혼을 했는지, 애인은 있는지 따위를 질문하는 식의 우리 풍습이 우리 식문화에도 배어있는 셈이다. 그런 우리 눈으로 보면 일본 음식은 결벽스러울 만큼 개인별 소비를 지향한다. 일본에서는 어떤 식당에서든 개인별 앞접시에 해당하는 '도리자라取り皿'와 덜어 먹기 위해 따로 쓰는 젓가락인 '도리바시取り箸'를 볼 수 있다. 일본의 꼬치 튀김인 구시아게串揚げ 식당에 갔더니 공용 소스를 담은 통에는 먹던

　　　　　　　　일본을 대표하는 음식은 무엇일까

음식을 두 번 담그는 '니도즈케二度漬け'를 금한다는 안내문을 써 붙여놓았다. 위생상 지당한 일이기는 하지만, 한국에서는 그런 안내문을 본 기억이 없다.

가이세키요리가 지닌 또 하나의 반어적인 특징은 규칙과 양식을 매우 중시하면서도 정작 규격화와 표준화를 한사코 거부한다는 점이다. 대체로 정해진 순서와 규칙은 따르지만, 그 범위 안에서 식재료가 음식으로 변신하는 모습은 천태만상이요 천차만별이다. 가이세키요리의 이러한 다양성은 어쩌면 겉으로 드러나는 개인주의적 성향보다 더 깊은 일본 정신의 심연을 보여주는지도 모른다. 이를테면 일본 제조업계의 다품종 소량 생산 풍조도 가이세키요리사의 집념과 동일한 뿌리를 가진 것처럼 보인다. 물건을 만든다는 의미를 지닌 '모노즈쿠리物作り'라는 단어는 혼신의 힘을 기울여 최고의 제품을 만들겠다는 일본인의 집념을 상징한다. 요리든 전자제품이든 눈에 보이는 물건의 품질을 최고로 끌어올리겠다는 집념, 품질을 위해서라면 다른 모든 것은 희생해도 좋다는 식의 집요함이 거기에는 있다.

일본에 근무하는 동안 가이세키요리를 감상할 기회가 적잖이 있었다. 그중에서도 먼저 떠오르는 식당이 몇 군데 있긴 하다. 긴자에는 치소 숏타쿠馳走咄啄라는 식당이 있다. 가이세키요리, 그것도 긴자에 있는 식당

치고 너무 비싸다고는 할 수 없지만 그래도 저녁은 일인당 15,000엔이다. 한 번 가서 먹은 적이 있는데 분위기도 위압적이지 않고 맛이 썩 좋았다. 치소라는 말은 "고치소사마(잘 먹었습니다)"라는 인사말에서 보듯이, 음식을 대접한다는 뜻이다. 재미난 것은 솟타쿠라는, 자주 쓰지도 않는 한자다. 이 말은 줄탁동기啐啄同機라는 선종의 공안에서 따온 것으로, 병아리가 알에서 나오기 위해서는 새끼와 어미닭이 안팎에서 서로 쪼아야 한다는 뜻이다. 생명을 탄생시키기 위해 병아리와 어미닭이 서로 교감하며 마주보고 쪼듯이 정성을 들여 요리를 하겠다는 뜻이렷다. 만드는 사람과 먹는 사람의 양식화된 의사소통! 가이세키요리를 설명하면서 이 식당의 상호가 먼저 떠오른 것도 이상한 일이 아닐 것이다.

일본을 대표하는 음식은 무엇일까

스시 寿司

일식의 주전 스트라이커

일본을 대표할 음식을 딱 한 가지만 꼽으라면 역시 스시가 아닐까. 언뜻 보면 스시는 순수한 일본의 발명품처럼 보이지만, 알고 보면 젓갈이라는 유서 깊은 아시아 공통의 전통 음식에 뿌리를 두고 있다. 포크커틀릿을 들여와 돈가스豚ヵツ를 만들고, 카세트 플레이어를 들여와 워크맨을 만든 일본식 현지화 과정이 스시의 탄생에도 어김없이 작동한 셈이다. 스시를 寿司라고 쓰는 것은 한자를 이두처럼 음으로 읽는 표기법이다. 뜻으로 쓸 때는 鮨(물고기젓 지), 또는 鮓(생선젓 자)라는 글자를 사용하는데, 두 글자 다 원래 물고기로 만든 젓갈을 의미하는 것이었다. (오사카를 포함한 간사이 지방에서는 鮓를 쓰는 경우가 더 많다.) 흥미로운 사실은, 생선 젓갈의 발상지가 태국 북부 또는 미얀마 평야 지역과 같은 벼농사 지역이라는 점이다.

생선은 중요한 단백질 공급원이지만 빨리 상하기 때문에 어떻게 오래 보관할 것인가가 언제나 큰 골칫거리였다. 냉장 냉동 기술이 개발되기 전까지, 생선을 오래도록 보관하면서 섭취할 수 있는 방법은 두 가지뿐이었다. 말리거나 발효시키거나. 생선은 무턱대고 그냥 놔둔다고 발효되는 게 아니다. 바로 이 대목에서 곡식의 눈부신 역할이 발휘된다. 염장한 어패류를 익힌 곡물과 함께 보관하면 곡물이 발효하면서 분비되는 유산균이 생선의 단백질을 아미노산으로 분해하면서 부패를 막고 발효를 돕는 것이다. 좁쌀을 가자미와 함께 염장하는 우리 전통 음식 가자미식해食醢에도 이런 방식은 그대로 남아있다.

일본 비와호琵琶湖 주변의 오오미 지방에서는 요즘도 붕어를 밥에 절이는 방식으로 후나즈시鮒寿司를 만들고 있다. 내장을 제거하고 소금에 절인 붕어의 속을 밥으로 채워 넣은 다음 커다란 도기 속에 차곡차곡 넣고 그 위에 무거운 돌을 올려놓아 여러 달 동안 발효시킨다. 먹을 때는 생선 속의 밥은 버리고 발효된 생선만 밑반찬으로 먹는데, 오오미 지방 사람들이 아니면 고개를 설레설레 저을 만큼 냄새가 고약하다고 한다. 이 지방 미와진자三輪神社 축제에 등장하는 도조스시泥鰌寿司는 밥 사이에 미꾸라지와 메기를 넣어 삭힌 것이다. 먼 옛날 큰 뱀에게 인신공양을 그만두기 위해 시체 썩는 냄새로 뱀을 속이는 음식을 만들어 바치기 시작했다는 전설이 붙어있는 음식이니 그 냄새는 상상에 맡기겠다. 천년 전통을 자랑하는 이런 식의 발효 스시를 통틀어 나레즈시熟寿司라고 부른다.

일본을 대표하는 음식은 무엇일까

히말라야산맥으로부터 타이, 베트남, 라오스로 이어지는 지역의 주민들, 심지어 보르네오 화전민들까지, 아시아에서는 오늘날에도 수많은 사람들이 곡물로 발효시킨 생선을 직접 먹거나 요리에 사용한다. 중국에서도 남송 시대에는 육류, 어류, 야채, 심지어 곤충을 초밥으로 만들어 먹었다는 기록이 있다. 원시적인 형태의 초밥이 이처럼 널리 전파된 음식이었다면 한 가지 의문이 또 생긴다. 왜 생선 젓갈은 유독 일본에서만 지금의 스시와 같은 모습으로 진화하게 된 걸까?

아마도 두 가지 배경이 작용했으리라고 짐작해볼 수 있다. 첫째, 중국이나 한국과는 달리, 일본에서는 7세기부터 19세기까지 무려 1,200년 동안이나 육식이 공식적으로 금지되어있었다. 일본에서 육식이 금지된 사연은 뒤에 좀 더 자세히 쓰겠지만, 어쨌든 그 때문에 일본에서 생선은 더욱 중요한 식재료가 되었다. 일본인들은 다른 민족보다 생선을 다양한 방식으로 활용해서 음식을 만들 필요성이 있었다는 뜻이다. 둘째, 남아시아 지방의 쌀과는 달리 일본인들이 주식으로 삼는 자포니카는 차진 성질을 띠고 있어서 주먹밥 형태로 빚기가 쉬웠다. 그 두 가지 조건에 일본인 특유의 미각적, 미학적 감각이 더해진 결과가 일본식 스시인 셈이다.

간사이 지방에서 먼저 일반화된 스시는 상자에 밥과 생선을 넣고 돌로 눌러 모양을 만든 다음 네모나게 썰어서 먹는 것이었다. 돌로 누른다

하여 오시즈시押し寿司라고도 부르고, 상자에 넣어 만든다고 하코즈시箱寿司라고도 부르는 스시가 먼저 탄생한 것이다. 우리에게 익숙한 형태의 스시는 손으로 쥐어서 만들기 때문에 니기리즈시握り寿司라고도 하고, 에도의 발명품이라 하여 에도마에즈시江戸前寿司라고도 한다. 에도는 도쿄의 옛 이름이다. 15세기 중반까지만 해도 아는 이가 드문 작은 어촌이던 에도는 도쿠가와 이에야스가 1603년 바쿠후의 근거지로 삼으면서부터 일본 정치의 중심지가 되었고, 18세기 초에는 인구 100만이 넘는 세계적 규모의 도시로 변모했다. 오쿠보 히로코에 따르면, 손으로 쥐어 만드는 니기리즈시는 에도의 저자거리에 즐비하던 포장마차 상인들이 유행시킨 에도의 대표적인 '패스트푸드' 히트상품이었다고 한다.

"에도에 살고 있던 서민들 대부분은 일종의 연립주택과 같은 공동주택에 살면서 먹을거리를 생산하기 위한 토지는 소유하고 있지 않았기 때문에 모든 것을 돈을 주고 구입해야 했다.(생략) 또한 화재로 늘 복구 공사가 끊이지 않았던 에도에는 쇼쿠닌職人(목수, 미장이, 노무자 등)이라는 장인들이 많았는데, 이들에게 손쉽고도 저렴하게 먹을 수 있는 포장마차의 먹을거리는 안성맞춤이었다.(생략) 에도는 도쿠가와 막부가 허허벌판과 같은 상태에서 일본의 중심지로 성장시킨 도시이므로, 그 공사를 위한 노

　　　　　일본을 대표하는 음식은 무엇일까

동력으로서 남성 인구가 애초부터 여성 인구보다 많았다. 산킨고타이參動交代로 자신의 한藩을 잠시 떠나 에도에 머물게 된 한시藩士, 간사이 지방에서 온 대형 상점의 고용인들, 일을 찾아 각지에서 몰려든 사람들로 항상 들끓었는데, 이들 대부분은 가족들과 떨어져 에도에 온 남성들이었다.(생략) '덴푸라', '스시', '소바', '장어구이' 등 모두 포장마차에서 팔기 시작한 음식으로, 소위 에도 서민들의 패스트푸드로서 커다란 역할을 담당하고 있었다.(생략) 에도에서 탄생한 하야즈시早寿司, 니기리즈시는 한 시대를 풍미하면서 지금도 외국에서 큰 인기를 누리고 있다."(오쿠보 히로코 저,《에도의 패스트푸드》)

에도 지방에서만 유행하다가 사라질 수도 있었던 니기리즈시는 관동대지진으로 에도 지방의 수많은 식당들이 폐업하면서 스시 요리사들이 각지로 뿔뿔이 흩어져 전국적 음식으로 승격되었다. 고난과 박해를 통해 성장하고 전파되는 것이 비단 종교만의 특징은 아닌가 보다. 오늘날에는 스시라고 하면 발효된 젓갈의 이미지와는 거리가 멀고, 으레 손으로 쥐어 만드는 니기리즈시握り寿司, 밥 위에 여러 재료를 얹어 먹는 치라시즈시散らし寿司, 김으로 말아 만드는 마키즈시巻き寿司 셋 중 하나를 가리킨다.

앞서 썼듯이 스시의 뿌리는 젓갈에 있다. 일본어로 식초를 '스酢'라고

다양한 니기리즈시들

부르는데, 스시라는 이름도 본디 발효된 생선에서 신맛이 났기 때문에 붙여진 것이었다고 한다. 그런데 무로마치 시대인 16세기 이후 식초의 양조법이 발전하면서, 17세기부터는 맛이 좋은 식초로 생선의 발효 시간을 줄이는 스시가 등장했다. 마치 동치미가 채 익기 전에 사이다와 식초를 타서 가짜 동치미를 만드는 식으로, 익숙한 음식 맛을 좀 더 손쉽게 만들어낼 수 있는 새로운 방법이 등장한 것이다. 에도시대 후반인 1820년경에 이르자 발효되지 않은 생선과 초밥을 조합시키는 조리법이 스시의 표준으로 자리를 잡았다. 스시라는 메뉴가 발효 음식의 범주 바깥으로 뛰쳐나가는 일대 혁신이 일어났던 것이다.

"하야즈시라고 하는 것은 그 당시 빨라야 2~3일이나 걸리던 오시즈시를 어떻게 하면 좀 더 빨리 만들 수 있을까 궁리를 하던 중에 차라리 밥에 아예 식초를 쳐 간을 해서 만들어보기로 한 것이었다. 이 조리법은 아마도 자연발생적으로 우연히 찾은 것으로 여겨지는데, 엔포기(1673~1681년)에 마쓰모토 젠포松本善甫라는 인물이 생각해냈다는 설도 있다.(생략) 나무상자에 채워 넣고 눌러두는 시간조차 기다릴 수가 없어, 그 해결 방법으로 찾은 것이 1820년 전후에 탄생했다고 하는 '니기리즈시'였으며, 이 니기리즈시는 식초로 맛을 낸 밥에 에도만에서 잡아 올린 조미한 생선을 얹어 손으로 살짝 쥐어 뭉쳐서 만든 것이다. 니기리즈시의 출현은 당시까지 어떠한 형태로든 숙성시키는 시간을 필요로 하던 '스시'의 개념을 그 뿌리부터 무너뜨린 것으로 매우 획기적인 것이었다."(오쿠보 히로코 저,《에도의 패스트푸드》)

절임 음식에 뿌리를 둔 슬로우푸드가 패스트푸드로 변신하는 과정에서 독특하고도 중요한 변화가 일어났으니, 절인 생선의 신맛을 초밥의 신맛이 대신하게 된 것이다. 이렇게 주객이 전도되는 순간, 다른 나라에서는 볼 수 없는 일본 특유의 음식 한 가지가 탄생했다. 결과적으로 초밥을 사용한 스시는 사이다와 식초를 넣은 가짜 동치미에 비할 수 없게 되었다. 가짜가 당당하게 진짜를 밀어내버렸기 때문이다. 식초에 버무린 밥의 신맛이 발효된 생선의 신맛을 상징하도록 만드는 방식은, 정원에서 자갈돌밭이 바다와 파도를 상징하도록 만드는 가레산스이枯山水의 발상법과 근본적으로 다르지 않다. 자갈밭이라는 시니피앙signifiant이 일본인의 정신세계에서는 바다라는 시니피에signifié로 자연스럽게 연결되는 것이다. 우리는 이런 것을 속임수라고 부르지 않고 양식화樣式化라고 부른다. 이제 초밥의 신맛은 발효된 산미의 저급한 대용품이 아니다. 오늘날 스시에 사용되는 식초는 인간의 꼬리뼈처럼 스시의 기원을 보여주는 발생학적 증거이자,

양식화가 탄생시킨 메뉴에 새겨진 기호학적 코드인 셈이다.

20세기에 전기를 이용한 냉동 및 냉장기술이 보급되면서 스시는 한 단계 더 비약적 변화를 겪게 된다. 날생선을 신선하게 보관하기가 쉬워지자 스시는 전보다 더 발효나 숙성 과정을 생략한 날생선 위주의 음식이 되었다. 그럼에도 불구하고, 스시는 밥 위에 아무 생선이나 날로 얹어 먹는 음식은 아니다. 전문가들은 지금도 스시를 "만든다(쓰쿠루作る)"고 말하지 않고 "담근다(쓰케루漬ける)"고 말하고, 스시 식당의 주방을 "담그는 장소(쓰케바漬け場)"라고 부른다. 이것은 스시의 뿌리가 젓갈에 있다는 사실을 뚜렷이 증거해주는 흔적이다.

일본인들이 음식의 맛을 묘사하는 표현 중에는 맵고 짜고 달고 신맛 외에 '우마미旨味'라는 것이 있다. 우리말로는 흔히 '감칠맛'이라고 번역되지만, 별로 감칠맛 나는 번역은 못 된다. 1908년 도쿄대학의 이케다 기쿠나에池田菊苗 교수가 다시마 국물 특유의 맛을 우마미라고 부르면서 그 정체가 글루타민산의 맛이라고 주장한 이래, 과학자들은 우마미라는 것이 과연 실존하는 맛인지 오랫동안 논쟁을 벌였다. 그러다가 생화학적 연구를 통해 인간의 혀에 글루타민에 반응하는 미각 수용체가 존재한다는 점이 확인되었고, 1985년 하와이에서 개최된 국제 심포지엄에서 우마미라는 용어는 글루타메이트와 뉴클레오타이드의 맛을 일컫는 과학 용어로

공인되었다. 어쩌면 일본인들은 수 세기 동안 육식과 매운 음식을 즐겨 먹지 않았던 덕분에 다른 나라 사람들이 쉽사리 눈치채지 못하는 글루타민산의 맛에 반응하는 섬세한 미각을 지니게 되었던 것인지도 모른다.

한 가지 재미있는 사실은, 스시鮨라는 글자의 오른쪽 변에 우마미를 뜻하는 '旨'자가 떡하니 들어있다는 점이다. 마치 곡식의 유산균이 생선의 단백질을 아미노산으로 분해시켜 젓갈로 변신할 때 글루타민산이 발생하는 원리를 진작부터 알고 있기라도 했다는 듯이. 그런 의미에서 鮨라는 글자도 스시의 뿌리가 발효 음식에 있었다는 점을 입증해주고 있는 셈이다.

오늘날에도 일본인들이 스시에 사용하는 생선은 '거의' 날것처럼 보이긴 해도 숙성이라는 과정을 거친 것이다. 한국인이 횟감으로 활어를 높이 치는 것과는 사뭇 다른 태도다. 그러고 보면 숙성된 생선의 맛을 즐기는 스시와 사시미에 담백한 간장 양념이 어울리는 것은 당연해 보인다. 생선을 숙성시키지 않은 채 먹는 우리식 활어회에는 초고추장이 더 어울리는 것도 자연스럽다. 한국과 일본의 날생선 음식은 생긴 것은 비슷해도 발상과 접근이 서로 다른 음식이라고 보아야 한다. 고무 대야 속에서 활어들이 꿈틀대는 자갈치시장과, 활어는 보기 드물고 생선의 부위별 판매가 다반사인 쓰키지시장의 분위기가 서로 다른 것처럼.

오늘날의 스시는 비록 젓갈처럼 발효시키는 음식은 아니지만, 생선의

숙성 과정은 여전히 중시된다. 오늘날에도 일본에는 즉석 음식처럼 변해 버린 현대 스시 요리법을 거부하고 전통적인 숙성 과정을 고집하는 식당이 도처에 있다. 신주쿠에 있는 스시쇼すし匠라는 식당도 그런 곳들 중 하나다. 나카자와 게이지中澤圭二씨가 운영하는 스시쇼는 좌석이 11개밖에 없는 작은 가게지만, 세계적으로 유명한 레스토랑 안내서《자가트 서베이》도쿄판에서 1위를 차지하기도 했다.

요쓰야역에서 그리 멀지 않은 이 식당은 예약 손님만 받는다. 저녁 식사비가 일인당 무려 2~3만 엔을 웃도는데도 날마다 만원사례라고 한다. 가격대가 부담스러워 가보기 어려운 곳이었는데, 의외로 주 3일(월수금) 점심 때는 비록 밥그릇 위에 여러 가지 재료를 얹은 바라치라시ばらちらし 한 종류만이지만 1,500엔에 판매한다는 사실을 알게 되었다.

서울에서 온 손님을 모시고 갔다. 정갈한 카운터 너머로 무려 네 명의 조리사가 바삐 움직이고 있었다. 카운터의 유리진열장 속에는 흰 거즈로 덮인 재료가 진열되어 있었는데, 흔히 보는 희거나 선홍빛 생선이 아니라 하나같이 검붉은 갈색을 띠고 있었다. 생선 종류에 따라 다르지만 짧게는 몇 시간에서 길게는 열흘 이상씩 숙성을 시키면 그런 색으로 변한다고 한다.

나중에 조선일보 인터뷰 기사를 찾아보니, 나카자와 씨는 "과거엔 기술이 없어서 생선을 숙성시켰지만, 제가 생선을 숙성시키는 것은 맛을 위

스시쇼 진열대의 숙성된 재료들

일본을 대표하는 음식은 무엇일까

해서"라고 주장하고 있었다.

"나카자와 씨가 생선을 숙성시키는 기간은 짧게는 몇 시간에서 길게는 몇 달까지, 생선에 따라 다르다. 참치는 큰 덩어리로 다듬어 서늘한 곳에서 열흘 정도 숙성시킨다. 고등어, 전어 따위 등 푸른 생선은 소금에 절여 식초로 씻는다. 광어 같은 흰 살 생선은 다시마로 감싸 수분을 제거하고 감칠맛을 증가시킨다. 소금과 쌀을 섞은 용액(시오코지)에 담가두기도 한다. 그는 생선 숙성을 극한으로 밀어붙이고 있다. 나카자와 씨가 냉장고에서 플라스틱 용기를 꺼내 뚜껑을 열었다. 쿰쿰한 냄새가 퍼졌다. '시오코지에 다섯 달 숙성시킨 참치입니다. 3년 숙성시킬 계획입니다.'" (2011.8.31자 조선일보)

맥주 한 잔으로 입맛을 돋우며 기다리고 있자니 점심 메뉴인 바라치라시가 등장했다. 밥그릇 위로 솟아나올 만큼 해산물이 그득히 들어있는 보통의 치라시즈시와는 딴판이었다. 보석상자를 열어본 느낌이랄까. 작은 크기로 썰어놓은 은빛 물고기 절임, 구운 붕장어, 찐 전복, 성게알, 표고버섯, 부친 계란 조각 등의 재료 위로 연어알이 점점이 뿌려져있었다.

이 집의 본격적인 니기리즈시를 맛보지 못한 것은 아쉬웠지만, 바라

스시쇼의 바라치라시

치라시즈시를 장식하고 있는 재료에서도 범상치 않은 깊은 맛을 충분히 느낄 수 있었다. 곁들여 나온 재첩국도 일품이었다. 먹어보고 나니, 스시 쇼의 월수금 점심 메뉴는 장사라기보다는 일종의 팬서비스가 아닐까 하는 생각이 들었다.

일본 이외의 나라에서는 일본에서처럼 뛰어난 품질의 스시를 맛보기가 좀처럼 어렵다. 왜 그런지는, 몇 가지 추측만 해볼 수 있을 따름이다. 스시를 먹는 인구가 많기 때문에 재료가 신선도를 잃기 전에 활발히 소비된다. 수많은 스시 요리사들이 완성도 높은 고품질 스시를 만드는 일에 유난스러울 정도의 집착을 보이면서 비장한 장인정신을 발휘한다. 소비자들의 기준이 높아서 어중간한 맛으로는 장사를 오래 할 수도 없다. 그렇다면 해외에서 일본인이 영업하는 식당에서는 왜 일본에서와 같은 맛이 나지 않는 걸까? 어쩌면 생선의 공급 단계부터 차이가 생기는 것인지도 모르겠다. 다른 어느 나라에서도 생선을 잡고, 보관하고, 판매하는 전 과정에서 그것을 날것으로 먹을 것을 전제로 하는 일본에서만큼 신속하고 조심스레 다루지는 않을 것이다. 확인되지 않은 나의 추측일 뿐이다.

하지만 스시에 대한 일본인의 애착(애정+집착)이 깊다는 사실만큼은 움직일 수 없는 사실이다. 마치 바둑이나 검도에서 사용하는 전문용어가 있는 것처럼, 일본에는 스시집에서만 사용하는 용어들이 있다. 일본 스시

일본을 대표하는 음식은 무엇일까

가게에서 뭘 좀 아는 손님으로 대접받고 싶다면 이 용어들을 알아두는 것이 좋다. 초에 절인 밥은 '샤리'라고 부른다. 윤기 흐르는 모습이 불가의 사리舍利를 연상시킨다고 멋을 부려 갖다 붙인 이름이다. 밥 위에 올리는 생선은 '네타'라고 한다. 원래 재료를 뜻하는 일어는 다네種인데, 뒤집어 사용하던 은어가 정착된 것이다. 참고로 스시를 간장에 찍어 먹을 때는 샤리가 아닌 네타에 찍는 것이 정석이다. 나는 음식을 먹는 방법을 가지고 까다롭게 구는 건 질색이지만, 스시는 네타에 간장을 찍는 편이 밥알이 흩어지지 않아서 편리하다. 참고로 스시는 애초부터 핑거푸드였기 때문에 지금도 카운터에 앉아서 먹을 때는 손가락으로 집어 먹는 것이 정석으로 되어있다. 스시를 뒤집어 네타에 간장을 찍자면 손가락으로 집어 먹는 편이 편하기도 하다. (왠지는 몰라도 종업원이 음식을 날라주는 테이블에서는 젓가락으로 먹는 것이 법도라고 한다.)

절인 생강은 '가리', 녹차는 '아가리'라고 부른다. 아가리上がり는 뭔가를 마무리한다는 뜻이 담겨있는 표현인데 화류계에서 맨 마지막 순서로 녹차를 냈기 때문에 이렇게 불렀다고 한다. 고급 간장은 자주빛을 띤다해서 간장은 '무라사키紫'라고 하고, 초밥 속에 넣는 고추냉이인 와사비는 '나미다'라고 부른다. 나미다는 눈물이라는 뜻. 달걀말이는 '교쿠'라고 하는데, 달걀을 뜻하는 다마고玉子의 옥玉자를 음으로 읽은 것이다. 오이

는 '갓파'라고 부르기 때문에, '갓파마키'라면 오이가 들어있는 조그만 김밥을 말한다. 스시를 세는 단위는 간ᴵ이라고 하니까 한 덩어리는 '잇칸'이 된다. 스시를 다 먹고 값을 치르는 계산서는 '오아이소ʰ愛想'라고 한다. 계산서를 일컬어 애상이라니, 아무리 완곡어법의 천국이라지만 좀 심하다 싶기는 하다.

　　스시를 먹는 순서는 보통 기름기가 적은 것에서 많은 것으로, 담백한 맛에서 진한 맛으로 옮겨가는 것이 가장 맛있게 즐기는 방법이라고 한다. 대체로 광어 같은 흰 살 생선에서 시작해 참치, 전어, 고등어, 장어 순으로 먹는 것이 원칙이라고들 한다. 참고는 되겠지만 원칙은 개뿔. 사람마다 좋아하는 게 다르니까 손이 가는 대로 먹으면 된다. 우리 큰아이는 가장 맛있는 반찬을 제일 먼저 먹지만 둘째는 자기가 제일 좋아하는 걸 제일 마지막에 먹는다. 아이들을 데리고 스시집에 가서 뭘 제일 좋아하는지를 알아내려면 큰 녀석은 뭘 제일 먼저 집어 먹는지, 작은 녀석은 뭘 마지막까지 아꼈다가 먹는지를 보면 알 수 있다. 그 순서가 틀렸다고 말할 권리를 가진 자 과연 그 누구랴.

일본을 대표하는 음식은 무엇일까

스키야키鋤焼き와 샤부샤부しゃぶしゃぶ

뒤늦게 탄생한 전통 음식

• 스키야키

한반도에서 신라가 3국 통일의 위업을 달성한 것은 676년이었다. 그보다 16년 전인 660년에 사비성이 함락되면서 백제는 멸망했다. 그렇다면 3국 통일이 이루어지기 한 해 전인 675년에는 무슨 일이 있었을까. 신라는 매소성 전투에서 당나라의 20만 대군을 격파하고 나당전쟁을 역전시켰다. 이 전투에서 신라군은 당나라군을 거의 전멸시키고 말 3만380필과 3만 명분의 무기를 빼앗았다. 이때로부터 신라가 나당전쟁에서 승리를 거두고 통일을 쟁취하는 데까지는 이듬해 기벌포해전의 승리만을 남겨둔 상태였다.

　한반도 전역이 파란만장한 전쟁을 겪고 있던 675년, 일본에서는 불교의 영향을 받은 덴무天武 덴노가 칙서를 내려, 소, 말, 개, 원숭이, 닭 등 다섯 종류의 가축의 살생과 식육을 금지했다. 놀라운 것은, 이 육식 금지령이 무려 1,200년간이나 유효하게 지속되었다는 사실이다. 일본의 덴노가 육식 금지령을 해제한 것은 메이지유신 이후인 1872년에 와서의 일이다.

정말로 일본 사람들은 1,200년 동안 육류를 먹지 않은 걸까? 궁금해서 이리저리 찾아보았다. 간혹 보양을 위해 기러기나 사슴 같은 야생 짐승을 사냥해서 은밀하게 먹은 사람들은 있었던 모양인데, 그나마 에도시대에 와서의 이야기였다니까, 이 사람들 정말 고기를 안 먹고 지냈던 모양이다. 일본에 곡식과 생선을 이용한 다양한 요리가 발달한 데는 그럴 만한 이유가 있었던 셈이다. 영어 속담 중에 '당신이 먹는 음식이 당신이 어떤 사람이냐를 결정한다.(You are what you eat)'는 말이 있다. 일본 문화가 절제를 크나큰 미덕으로 삼는다는 사실은, 그토록 오랜 세월 동안 대다수의 사람들이 육식을 삼가며 살아왔다는 사실과도 상관이 있지 않을까 생각된다.

그런데 생각할수록 이상하다. 육식 금지의 동기가 불교적 발상이었다지만, 일본은 어떤 종교도 근본주의적 순종을 강요하지는 못했던 땅이다. 덴노의 권력이 언제나 강했던 것도 아니다. 폴리네시아인들이 주로 생선을 먹는 것처럼 섬나라의 자연스러운 관습이었으리라고 치부하기에는 일본의 땅은 너무 넓다. 일본의 면적은 38만km^2로 한반도 전체 면적(22만

km^2)보다 72%나 더 크고, 지금 우리나라 국토의 거의 네 배에 달하기 때문에 단순히 '섬나라'라서 생선을 즐겨 먹었다고 설명해버릴 수는 없는 것이다. 일본의 생태계는 식육을 목적으로 하는 가축의 사육을 충분히 지지할 수 있는 규모다. 아마 다른 문화권에서 음식이 터부시 되는 경우와 마찬가지로, 오랜 세월 동안 육식에 대한 금기가 지속될 수 있었던 것은 짐승의 고기가 '불결하다'는 관념을 일반화시킴으로써 가능했을 터이다.

메이지 덴노가 육식을 해금한 것은 개항으로 서양 문물이 들어오기 시작한 지도 한참이 지난 1872년 초가 되어서였다. 육식을 허용하는 칙령이 발표된 지 한 달 후인 1872년 2월에는 열 명의 자객이 메이지 덴노의 거처에 난입하는 사건도 있었다. 이들의 주장은 "이방인이 들어온 이후 일본인이 육식을 하는 고로 땅이 모두 더러워지고 신이 있을 곳이 없으므로, 이방인을 몰아내고 신불과 제후의 영토를 예전과 같이 지켜내야 한다."는 것이었다.

하지만 저항의 기록은 그런 정도에 불과했다. 1,200년간이나 지속되어오던 금기가 사라지는 장면 치고는 허망할 정도로 싱겁다. 메이지 덴노가 직접 나서서 고기를 시식하고 궁중에서 서양 요리 만찬을 베푸는 등 양식 보급에 앞장섰다거나, 후쿠자와 유키치福澤諭吉 같은 유력인사가 육식을 장려했다는 정도만으로 천년 묵은 금기가 사라졌다는 설명도 석연치가 않다. 뭔가 더 크고 조직적인 반발이 있었어야 앞뒤가 맞을 것 같은 생각이 자꾸 든다. 돌이켜 보면, 이렇게 싱거운 장면은 일본 현대사에서도 찾아볼 수 있다. 1945년 패전 직후 미 점령군이 일본에 진주했을 때에는 전쟁 동안 귀축鬼畜英米이라고 부르며 서구를 악마시하던 분위기를 찾아보기가 어려워 놀랐다고 한다.

예언자의 '헤지라'가 서기 622년이었으니까, 돼지고기를 금지한 이슬람의 공식 규율도 일본보다 50년 정도 앞서 시작되었을 뿐이다. (물론 문화적 관습은 더 오래전에 시작되었겠지만.) 생각해보라, 만일 어떤 이슬람 지도자가 오늘부터 돼지고기를 먹어도 좋다고 하면 과연 어떤 일들이 벌어지겠는지. 덴노가 먹지 말란다고 고기를 안 먹기 시작하고, 1,200년이나 지속되던 금육을 어느 날 덴노가 다시 먹으란다고 먹기 시작하는 국민들의 심성이란 대체 어떤 것인지 나로서는 손에 잘 잡히지 않는다. 어쩌면 여기에 일본 문화의 특이성을 발견하는 데 필요한 열쇠가 들어있는지도 모를 노릇이다.

물론 육식이 해금되자마자 모든 일본 사람들이 고기 요리에 달려든 건 아니었다. 1870년 후쿠자와 유키치가 쓴 글을 보더라도, "수천 수백 년 동안 이어져온 전통과 풍속 때문에 육식을 불결하고 흉측한 것으로 여겨 꺼리는 사람이 많다. 이는 필경 사람의 천성을 모르고 사람 몸의 궁리를 분별하지 못하는 무학문맹의 공론에 지나지 않는다.”고 되어있다. 불과 140여 년 전의 사정이 이랬으니, 세상은 참 빨리 변하는 셈이다.

　19세기 말에야 시작된 일본의 식육 문화는 비교적 짧은 역사를 가지고 있고, 지금도 빠른 속도로 진화하는 중이다. 오랜 기간의 문화적 금기가 개화기에 해체되었으므로, 일본의 고기 요리는 육식의 거부감을 희석시키는 데 중점을 두는 방식으로 발전했고, 외국의 요리 방식을 응용하기를 주저하지 않았다. 서양 음식을 먹기 쉬운 방식으로 개조한 대표적 성공작이 돈가스라면, 스키야키는 전통적 전골의 형태로 육식에 대한 저항감을 줄이는 방식의 요리였다. 이탈리아의 피자가 고기가 아닌 재료로 고기 비슷한 맛과 느낌을 만드는 요리라면, 스키야키는 고기를 가급적 덜 고기처럼 만드는 데 주안점을 둔 음식이랄까.

　그런 연유로, 스키야키는 일본에서 가장 전통이 오랜 쇠고기 요리에 해당한다. 요리명의 어원은 농민들이 농기구인 쟁기, 스키鋤에 고기를 구워 먹은 데서 유래했다. 1643년에 간행된《요리 이야기料理物語》라는 책에 새고기 스키야키의 조리법이 설명되어있는 것으로 미루어 육식이 허락되기 전에는 기러기, 오리 따위의 야생 조류를 간장과 술에 재워 요리했던 것으로 보인다. 물론 쟁기에 생선을 구워 먹는 우오스키도 기록에 등장한다. 하필 왜 쟁기인지는 알 수 없지만 조리 도구로 사용하기에 편리한 면이 있었나 보다. 1832년의 《고래고기 조리법鯨肉調味方》에는 "스키야키란 오랫동안 써서 잘 닳은 깨끗한 쟁기를 장작불 위에 놓고 거기에 자른 고기를 얹어서 굽는 것을 말한다."고 기록되어있다. 나라님의 명을 어기고 몰래 사냥한 고기로 육식을 감행했던 사람들도 있었을지 모른다. 최초의 개항 도시였던 요코하마에서부터 스키야키 요릿집이 생겨났는데, 1877년에 이르러서는 도쿄에만 550개 이상의 쇠고기 전골 요릿집이 성업을 이루었다.

물론 요즘에야 쟁기를 사용해서 스키야키를 요리하는 사람은 없다. 두꺼운 철판 냄비에 파, 쑥갓, 표고버섯, 두부, 떡 따위를 넣고 익히다가 얇게 썬 고기를 굽는다. 아니, 굽는다기보다는 데친다고 해야 옳은 표현일 것이다. 양념 국물로는 간장과 설탕을 기본으로 조미한 어두운 빛깔의 육수가 사용된다. 곤약을 국수처럼 길게 만든 실곤약도 들어간다. 지방에 따라서는 콩나물이나 감자를 넣고 함께 끓이기도 한다. 짭짤하고 달착지근한 육수가 배인 고기를 날계란에 찍어 먹는 것이 스키야키 특유의 매력이라고 할 수 있다. 일설에 의하면 뜨거운 고기를 먹기 좋게 식히기 위해 날계란에 찍어 먹는 방식이 고안되었다고도 하는데, 일본인들은 더러 술에도 날계란을 풀어 먹을 정도로 계란을 좋아하는 것으로 미루어 짐작컨대 역시 기능보다는 맛을 위한 선택이었을 것으로 추정된다.

도쿄에서 스키야키로 가장 유명한 식당을 물어보면 많은 사람들이

날계란에 찍어 먹는 스키야키

일본을 대표하는 음식은 무엇일까

입을 모아 추천하는 곳이 닝교초에 있는 이마한^{수半}이다. 메이지 28년인 1895년에 한타로^{半太郎}라는 사람이 창업한 이래 120년 가까이 영업을 하고 있는 식당이다. 육식이 허용된 직후 메이지 시대에는 수상쩍은 쇠고기도 많이 유통되었다고 한다. 정부가 승인한 쇠고기 식육공장은 지금의 시로가네^{白金} 근처인 이마자토초^{수里町}라는 곳에 있었다. 그래서 당시 개점하는 스키야키 식당들은 이마자토초의 쇠고기를 사용한다는 표시로 너 나 할 것 없이 '이마^수'라는 글자를 포함한 상호를 지었다고 한다. 그 '이마'에다가 창업자인 한타로의 '한'을 더한 것이 이 식당 상호의 정체다.

원래 이마한은 아사쿠사에서 개업했는데, 닝교초 식당은 전 사장의 차남이 독립한 회사의 본점이고, 아사쿠사에는 장남이 맡은 이마한이 영업을 계속하고 있다. 두 식당은 현재 별도의 기업인데, 어찌된 일인지 지금은 차남이 낸 닝교초의 식당 쪽이 더 유명한 것 같다. 닝교초 식당의 분점은 도쿄에만도 긴자, 우에노, 유라쿠초, 신주쿠 등에 다섯 곳이 있다.

닝교초 이마한은 철판구이 요리를 하는 별도의 1층 식당과, 샤부샤부와 스키야키만을 내는 2층과 3층의 식당으로 나뉘어있는데, 차분한 일식 다다미방에 좌식 탁자가 있다. 주문을 하면 몸가짐이 단정한 종업원이 요리 재료를 차례로 가져와서 마치 다도 시범이라도 보이는 것처럼 등을 꼿꼿이 세운 자세로 무릎을 꿇고 앉아 스키야키를 요리해준다.

이마한의 스키야키

일본을 대표하는 음식은 무엇일까

간장 간이 밴 고기와 두부, 밀가루떡, 야채 따위를 계란을 푼 종지에 찍어서 먹는데, 과연 소문처럼 맛이 좋다. 일본인이 상급품으로 치는 쇠고기는 기름지고 부드러운 부위다. 입안에서 살살 녹는 듯한 식감을 즐기는 것이니, 이들은 고기를 씹는 맛으로 먹지는 않는 셈이다. 생각해보면, 그편이 '고기를 고기가 아닌 것처럼 먹는' 스키야키의 본래 취지에 잘 부합하는 것인지도 모르겠다.

• 샤부샤부

13~14세기에 가장 강력한 세계화의 동력은 몽골제국으로부터 나왔다. 몽골인들은 활발한 정복활동을 통해 한곳의 문화를 다른 곳으로 전파하는 매개자가 되었을 뿐 아니라, 스스로의 문화를 여러 곳으로 퍼뜨리기도 했다. 고려 때 우리나라에 전해진 육회의 원형은 몽골족이 말 안장 밑에 깔고 다니며 조금씩 뜯어서 먹던 날고기였다. 유럽인들은 이것을 가리켜 '타타르족의 스테이크Steak Tartare'라고 불렀다. 요즘도 고급 프랑스 식당에 가면 타타르 스테이크를 맛볼 수 있는데, 계란 노른자와 양파가 곁들여지는 것까지 육회와 흡사하다. 이 다진 고기 요리를 불에 익혀 먹을 생각을 한 것이 함부르크의 상인들이었다고 한다. 함부르크식 스테이크는 미국

으로 건너가 빵 사이에 들어가면서 햄버거가 되었다. 그러니 육회와 햄버거는 사촌지간이나 진배없는 셈이다.

　몽골제국이 여러 곳으로 전파해준 요리법 중에는 끓는 국물에 얇게 썬 고기를 익혀 먹는 방식도 있다. 일설에 의하면, 유럽과 아시아를 누비던 몽골의 군인들은 철모에 물을 담고 끓여 동물의 고기를 익혀 먹었다고 한다. 이것이 중국의 훠궈火鍋, 일본의 샤부샤부는 물론, 스위스식 퐁듀의 공통의 기원이라는 이야기다. 퐁듀는 어쩐지 좀 믿음이 덜 가지만, 훠궈와 샤부샤부는 기원이 같다고 보아도 무리가 없을 터이다. 육식의 역사를 감안하건대 일본이 19세기 말경에 스키야키를 응용하는 과정에서 중국 음식을 모방했을 가능성이 큰 것으로 생각된다. 적어도 근대 이후의 몽골에는 이러한 요리법이 없으니 말이다.

　끓는 물에 재료를 데쳐 먹는 조리법을 응용한 요리는 아시아의 다른 나라에서도 널리 이용되고 있으며, 영어로는 전부 싸잡아 'hotpot'이라고 부른다. 제각각 독특한 특징을 가진 태국의 '수키', 베트남의 '라우짠쭈아' 또는 '라우맘', 싱가포르와 말레이시아의 '스팀보트' 등은 중국식 훠궈와 일본의 샤부샤부 양쪽으로부터 영향을 받은 것처럼 보인다.

　종종 혼동을 일으키는 징기스칸은 양고기를 전골로 만들어 먹는 홋카이도식 요리로서, 샤부샤부와는 전혀 다르다. 몽골식 요리와도 별 관련성이 없는데, 중국요리 카오양러우烤羊肉의 영향을 받았다는 설이 유력하다. 국적이 불분명한 이 징기스칸이라는 요리는 일본이 만주를 침략하면서 스스로 기마민족임을 내세우는 선전의 결과 널리 퍼진 것으로 알려져 있다. 최초의 징기스칸 전문점은 1936년 도쿄 스기나미구에 개업한 징기스장成吉思荘이었다.

'샤부샤부'라는 일본어는 원래 '살짝살짝' 또는 '찰랑찰랑'이란 뜻을 지닌 의태어다. 1952년 오사카의 요리 체인점 스에히로ㅈㅍㅌㅂ가 처음으로 이 표현을 요리 이름에 사용했고, 1955년에 상표로 등록했다. 주로 쇠고기나 돼지고기가 사용되지만, 지방에 따라서는 낙지, 게, 닭고기, 양 따위를 이용한 샤부샤부 요리도 있다. 살짝 익힌 고기를 기호에 따라 땅콩 소스나 간장 소스에 찍어서 먹는다. 그 재료가 무엇이건, 샤부샤부 요리를 통해 일본인이 즐기는 것은 주로 '담백한 맛'과 '부드러운 식감'이다. 스키야키와는 달리 양념을 거의 사용하지 않고, 육류의 가장 부드러운 부위를 사용하기 때문이다. 고급 와규和牛 샤부샤부는 거의 입안에서 쇠고기가 녹는다고 느낄 정도다.

일본에서는 고급 쇠고기를 만들기 위해 송아지를 3년쯤 사육하면서 마지막 한 해는 맥주를 먹이고 마사지를 해준다. 이것은 살 속으로 지방이 점점이 배어들게 해서 고기에 마블링을 형성하기 위한 것이다. 이렇게

빨간 고기 속에 지방분이 고르게 들어간 상등품의 육질을 일본어로는 시모후리霜降り라고 부른다. 마치 서리가 내린 것 같은 모양이라는 뜻이다. 시모후리 쇠고기는 부드럽고 고소해서 두꺼운 스테이크나 샤부샤부에 잘 어울린다. 하지만 지방이 많은 쇠고기를 한국식으로 불판에 요리하면, 처음 몇 점은 맛있다고 느낄지 몰라도 느끼한 맛이 심해서 많이 먹을 수가 없다. 일본의 고기 구이집인 야키니쿠焼き肉 식당에 가면 메뉴에는 언제나 상중하 가격의 다양한 고기가 있다. 구이 요리인 경우에는 시모후리를 피하고 차라리 가장 저렴한 가격의 붉은 살코기, 즉 아카미赤身를 주문하는 것이 언제나 더 맛있다는 것이 나의 지론이다.

도쿄에서 가장 분주한 식당가에 해당하는 아카사카에 효키瓢喜라는 샤부샤부 전문점이 있다. 모든 객실이 칸막이 방으로 되어있어서 조용히 이야기를 나누기에 좋고, 음식이나 식당 분위기 모두 얄미울 정도로 깔끔하다. 기름종이에 물을 담아 끓이는 것도 이채롭다.

메뉴는 대략 5,000엔에서 15,000엔 사이의 코스 중에서 적당한 것으로 골라서 주문하면 된다. 크게 보면 돼지고기와 쇠고기 두 종류의 샤부샤부를 제공하는데, 두 가지 다 맛있지만 여기서라면 돼지고기 쪽을 권하고 싶다. 이 가게의 비법으로 만드는 짭짤한 쓰유汁에 찍어 먹는 돼지고기 맛은 일품이다. 값은 당연히 돼지고기쪽이 저렴한데, "저희 집은 돼지고기

일본을 대표하는 음식은 무엇일까

가 맛은 더 좋습니다."라고 미소 지으며 권해주는 점원의 매너에도 만점을 주고 싶다.

효키에서 사용하는 돼지고기는 북동부의 이와테현岩手県 양돈업체가 생산하는 학킨돈白金豚이라는 제품이다. 쇠고기와 돼지고기가 함께 나오는 메뉴도 있다. 효키에서 내는 쇠고기는 고베, 마쓰사카와 더불어 일본의 3대 쇠고기 산지로 알려진 오오미近江 지방의 쇠고기다. 오오미는 시가현滋賀県의 옛 이름으로, 일본 최대의 호수인 비와호琵琶湖 주변이라서 '강 근처'라는 이름이 붙은 지역이다. 오오미라고 하면 자동으로 고급 쇠고기가 떠오를 만큼 쇠고기로 유명하다.

효키라는 식당을 굳이 소개한 이유는 오오미산 쇠고기 이야기를 하기 위해서였다. 일본에서 쇠고기가 유통된 것은 메이지 시대 이후의 일이니까 마쓰사카, 고베, 오오미 지방이 쇠고기 3대 산지로 이름을 떨치게 된 것도 20세기에 들어서 생겨난 일이다. 그런데 그중에서도 오오미 지방은 한 가지 흥미로운 역사적 사실이 관련되어있다. 한반도, 특히 백제로부터의 도래인들이 다수 정착한 곳이 바로 오오미 지방이었던 것이다.

"663년에 벌어진 백마강 전투 이후 멸망한 백제의 망명자들이 속속 바다를 건너왔다. 이들은 오오미의 도읍지에서 우대받으며 갖가지 이문화의

효키의 오오미산 쇠고기

일본을 대표하는 음식은 무엇일까

꽃을 피웠는데, 거기에는 좋은 소를 사육하고 소를 잡아 신에게 바치는 풍습도 들어있었다. 그래서 오늘날 소의 주요 생산지는 이 '도래인'들의 전통을 이어받은 곳이 많다." (오카다 데쓰 저,《돈가스의 탄생》)

역사적 상상력을 조금만 발휘해보면, 7세기경 한반도에서 선진 문화를 가지고 대규모로 이주해온 한국인들이 오오미 지방에 선진 목축 기법을 전수해 주었으리라는 사실을 쉽사리 추론할 수 있다. 그렇게 본다면 오오미산 쇠고기의 명성은 다른 유명 쇠고기 산지들과는 비교할 수 없이 깊은 뿌리를 가지고 있는 셈이다. 패전 후 미군 사령부에서 대량으로 소비한 쇠고기가 지역의 특산물로 자리 잡은 센다이는 물론, 에도 말기 개항 이후로 외국인들에게 쇠고기를 공급하면서 명성을 얻게 된 고베조차 오오미의 역사에 비할 바는 아니다.

앞서 설명한 것처럼 덴무 덴노가 육식 금지령을 내린 675년은 신라가 삼국 통일을 완료하기 바로 한 해 전, 백제 유민들이 대거 일본 땅으로 이주해오던 시기와 겹친다. 그래서 덴무 덴노의 육식 금지 조치가 한반도 도래인들을 정치적으로 견제하고 억압하기 위해서였다는 학설이 꽤 설득력 있게 제기되고 있다. 그것이 사실이라면, 한반도로부터의 문화 침투를 견제하려고 시작했던 식육 금지령은 1,200년이 흐른 후 일본이 서양으로부터의 문화 침투를 어쩔 수 없이 수용하면서 폐지된 것이라고 말할 수 있다.

덴푸라 天麩羅

독특한 풍미의 일본식 튀김

일본을 대표하는 요리가 뭐냐는 물음에 대한 대답에 덴푸라도 빠질 수 없다. 세상 온갖 나라에서 튀김을 먹고 있지만 일본의 튀김은 특이한 개성을 가진 것이 사실이다. 주로 어패류와 야채를 재료로 사용하고 튀김옷을 최대한 얇게 만들어서 바삭한 식감을 살리는 것이 포인트다. 그러나 일본 음식의 대표주자로 꼽히는 덴푸라조차 역사가 그다지 긴 것은 아니다.

덴푸라도 서구인들이 전해준 요리법이다. 덴푸라의 어원은 중국어라는 설, 네덜란드어라는 설도 있지만 양념을 의미하는 포르투갈어 tempero라는 설이 유력해 보인다. 18세기 오사카 출신의 도시스케利介라는 상인 형제가 지은 이름이라는 주장도 있기는 하지만 天麩羅라는 한자의 이두식 조합을 보더라도 외래어에서 유래했다고 보는 것이 타당할 것이다. 덴푸라라는 명칭이 기록에 나타나기 시작하는 시기가 16세기부터인 것을 보더라도 그렇다. 하지만 덴푸라가 서민들의 음식으로 자리 잡은 것은 에도시대의 개항 이후였다. 에도 말기에는 화재의 위험 때문에 집 안에서는 튀김을 만들면 안 된다는 법이 만들어지기도 했단다.

비록 외래의 음식이라고 하지만, 동경 시내에만도 백 년 가까이 전통을 지켜오고 있는 덴푸라 식당이 여럿 있다. 이런 것을 전통 음식이라고 부르지 않는다면 뭐가 전통 음식이겠는가. 이름난 덴푸라 전문 식당에 가면 좌석 수도 그리 많지 않은 카운터 너머로 달인의 풍모를 지닌 주방장이 기다란 젓가락으로 직접 튀긴 음식을 하나씩 앞접시에 담아준다.

내가 가본 곳 중에 아카사카의 라쿠테이樂亭, 교바시의 후카마치深町 같은 곳은 덴푸라가 다다를 수 있는 최고의 경지를 보여주는 식당들이고, 그 두 곳보다는 좀 더 대중적인 분위기지만 가이엔마에 역 근처의 덴세이天青라는 곳도 기억에 남는 정갈한 덴푸라 전문점이었다.

덴푸라 전문점들은 저마다 특색 있는 메뉴(예를 들면 성게알을 두른 굴튀김이라든지 차조기잎에 싼 조갯살 튀김이라든지)를 가지고 있기 마련이고, 먹는 순서는 주방장이 정해주는 대로 따라야 하는 법이다. 튀김 끝에는 튀김덮밥인 덴돈天丼이나 그것을 차에 말아 먹는 덴차즈케天茶づけ 따위가 식사로 제공되는 경우가 많다.

덴푸라 우동 같은 경우도 마찬가지지만, 일껏 바삭하게 튀겨낸 덴푸라를 일부러 국물에 적셔 먹는 덴차즈케는 뭐라 형언키 어려운 부조리한

후카마치의 덴푸라

덴차즈케

일본을 대표하는 음식은 무엇일까

느낌을 준다. 튀김이 국물에 완전히 젖어 눅눅하게 해체되기 전 어떤 시점에 튀김의 바삭함과 국물의 시원한 느낌을 함께 즐기는 것인데, 그것을 즐길 수 있는 시간은 매우 짧기 때문에, 마치 벚꽃이 지는 순간을 만끽하는 일본식 쾌락주의의 단면을 여기서도 보는 것 같은 느낌이다. 그렇다. 일본의 음식은 다른 어느 나라의 음식보다 헤도니즘의 면모를 강하게 지니고 있는 것이다.

일본을 대표하는 음식은 무엇일까

벤토弁当

밥상을 축소한 상자 속의 우주

우리 음식과 일본 음식의 가장 큰 차이는 과연 무엇일까. 한국 음식이 더 맵다? 일본 요리에서 생선이 차지하는 비중이 더 크다? 그것도 틀린 말은 아니다. 하지만 더 근본적이고 중요한 차이가 한 가지 있다. 한식은 국물이 중요한 음식이라는 점이다. 우리에게 국물이 얼마나 중요한지는 "국물도 없다."라는 표현이 잘 보여준다. 그 표현이 의미하듯, 한국인에게 국물은 여유와 인정을 상징한다. 국물이 없다면 그것은 빡빡하고, 여유가 없고, 인정머리가 없는 것이 되는 셈이다.

　우리에게 국물이 중요하다는 것을 증명해주는 다른 증거들도 있다. 동아시아 국가들 중에 밥상에서 커다란 숟가락이 젓가락 못지않은 필수품으로 대접받는 곳은 우리뿐이다. 우리는 그릇을 손에 들고 먹지 말라는 식사예절을 유독 강조한다. 그것도 뜨거운 국물을 들고 설치는 것이 위험하다는 자명한 사실과 무관하지 않아 보인다. 거꾸로 말하면, 일본에서 국물은 숟가락 없이 먹어도 좋을 만큼 내용물도, 양도, 식탁에서의 비중도 작다. 우리 기준으로 보면 일본 음식은 "국물도 없는" 음식이라고 할 수 있다.

개인적으로 경험한 문화 충격 한 가지. 나는 어려서부터 오뎅탕을 좋아했다. 코흘리개 시절 한겨울 동네 논두렁에 물을 가두어 만든 스케이트장에서 맛본 오뎅 국물의 맛은 내 기억에 깊이 아로새겨졌다. 일본에 근무하게 된 뒤 유명한 영화감독의 이름을 딴 구로사와라는 식당에 가게 되었다. 그 집 오뎅이 유명하다는 소개를 받고 기대에 부풀어 오뎅을 주문했다. 그러나 종업원이 내 앞에 놓아준 것은 중국집 간장종지만 한 접시에 손가락만 한 어묵 한 덩이가 놓여있을 뿐이었다. 계란과 무우도 좀 달라고 했더니 삶은 계란을 담은 작은 접시 하나, 무우 조각을 담은 작은 접시 하나를 더 내주었다. 정작 일본에서 오뎅은 국물 위주의 음식이 아니었던 것이다! 국물을 사발 그득 맛볼 생각이 아니었다면 내가 뭐하러 오뎅을 주문했겠나.

이런 차이가 자연스럽게 일본을 도시락 천국으로 만들어주었다. 도시락 문화는 마른 음식이 대부분인 일본에서 꽃필 수밖에 없었다. 도시락이라는 말 자체가 해방 후 벤토라는 이름을 추방한 대신 사용하기 시작한 신조어다. 돌이켜보면, 우리나라에서 농부들이 먹는 새참은 상에서 먹

일본을 대표하는 음식은 무엇일까

는 음식을 아낙들이 광주리에 이고 나른 것이었다. 중고생 시절 우리 교과서는 도시락에서 흘러나온 콩자반이며 김칫국 자국에 얼룩지기 마련이었다. 도시락은 애당초 우리 음식에 맞게 설계된 장치가 아니었던 것이다.

이어령 선생은 일본이 도시락 왕국이 된 보다 근본적인 원인을 일본인의 축소지향적 심성에서 찾는다.

"우리가 주의 깊게 관찰해야 할 것은 거기에 담긴 음식 맛보다도, 밥상을 보다 작은 상자로 축소하여 가동적可動的인 음식으로 만든 일본인의 발상법이며, 그 기능적인 구조일 것이다. 신사神社도 오미코시御神輿로 축소해 어깨에 메고 다니는 일본인들이니 밥상쯤 축소하는 것은 다반사이다. 무엇인가를 쥘부채와 같이 또 이레코 같이 손으로 들고 다니는 것은 원숭이가 나무에 오르고 두더지가 땅을 파는 것같이 일본인에겐 당연한 성품인 것이다.(생략) 도시락통을 '고추行廚'라고도 부른 것을 보면, 번거롭게 어원을 찾을 필요도 없이 일본인은 주방廚房 자체를 축소해 가지고 다니려 한 편의주의자라는 것을 알 수 있다." (이어령 저,《축소지향의 일본인》)

도시락의 기원에 관해서는, 오다 노부나가織田信長가 전쟁터에서 병사들에게 식량을 골고루 나눠주려고 고안했다거나, 에도시대 연극 막간에 먹은 것이 시초라는 설이 있다. 그 계기가 무엇이든, 도시락은 음식을 간편하게 휴대하겠다는 욕구가 만들어낸 물건일 터이다. 하지만 일본에서는 도시락이 워낙 발달하다 보니 간소성이나 휴대성이라는 의미가 역설적으로 사라지기도 한다. 웬만한 고급 요리 뺨치게 비싼 도시락도 있을 뿐 아니라, 식당에 와서 굳이 도시락을 주문해 먹기도 한다. 독자들도 일식집에 가서 '벤토'를 먹어본 경험이 있을 것이다.

역(에키駅)에서 파는 도시락(벤토弁当)이라 해서 에키벤駅弁이라고 부르는 열차 도시락은 일본식 휴대 음식 문화의 총체적 상징물이다. 전통 음식, 지방 특산물은 물론, 전 세계의 음식이 에키벤으로 등장한다. 달이나 바다 같은 자연을 테마로 삼은 것, 인물을 기리는 것도 있다. 용기만 하더라도 다양한 종류의 목재를 사용한 명품이 즐비하다. 관광 안내서에는 일본 전국의 에키벤을 안내하는 지도도 있고, 패널들이 기차를 타고 전국을 순회하며 각 고장의 에키벤을 감상하고 품평하는 인기 TV 프로그램도 있었다.

한국인에게 도시락은 "국물도 없는" 야박한 음식일지 몰라도, 일본에서는 재판에서 집행유예를 받았을 때 속된 말로 "도시락을 받았다."라고 말한다. 도시락은 워낙 좋은 것이라는 뜻이다. 일본에서 판매되고 있는 약 2500여 종류의 에키벤이야말로 작은 나무통 속에 구현된 일본 요리의

에키벤

일본을 대표하는 음식은 무엇일까

우주인 셈이다.

• 홋카이도 오샤만베長万部의 에키벤 가니메시カ二飯

일본 근무가 막바지에 다가가고 있던 2012년 7월초. 나를 싣고 도쿄에서
출발한 밤기차는 홋카이도의 삿포로를 향해 달려가고 있었다. 안보 관련
국제회의가 있어 출장을 가는 길에 기차를 이용하기로 했던 것이다. 도쿄
~삿포로 구간 '카시오페아'라는 특급열차도 있었지만 그보다 가격이 저
렴한 침대차 '호쿠도세이北斗星'를 탔다. 어딘가 소녀 취향의 열차 이름에
슬며시 웃음이 났다. 하지만 누구에게나, 일본열도를 기차로 종단하고 해
저터널을 통과해 홋카이도로 가는 여행은 가슴 설레는 낭만일 것이다.

　침대칸은 좁지만 아기자기하고 편리하게 만들어져있었다. 회의자료
를 읽다가 잠이 들었다. 다음 날 아침, 잠에서 깨보니 해저터널은 벌써 지
나온 것인지 기차는 안개가 자욱한 해변을 따라 달리고 있었다.

　아침에는 잊지 않고 해야 할 일이 있었다. 도쿄에 함께 근무하는 후배
가 "열차가 홋카이도의 오샤만베를 통과하기 전에 차장에게 그곳의 도시
락을 꼭 주문해서 사 먹어 보시라."고 권해주었기 때문이다.

　오샤만베라는 희한한 이름의 도시는 가니메시カ二飯라는 에키벤으로

유명하다. 양념을 가미한 밥 위에 홋카이도 특산물인 게살을 얹은 도시락인데, 전국적으로도 높은 순위를 유지하는 인기상품이다. 잠이 덜 깬 얼굴로 휘적휘적 차장을 찾아가 가니메시 에키벤을 주문하고 싶다고 말했다. 하지만 대답은 실망스러웠다. 열차에서 오샤만베 가니메시를 주문할 수 있는 것은 홋카이도 JR노선뿐이라는 것. 다시 말해 도쿄에서 출발한 침대차에서는 가니메시 주문을 받지 않는다는 것이었다.

그깟 도시락 못 먹어봤대서 큰일 날 것도 없지만, 안 된다니까 도리어 아쉬움은 더 커졌다. 일본에 2년간 살면서 배운 것을 확인해보기로 했다. 첫째, 일본 사람들은 음식을 대단히 중시한다. 둘째, 일본인들은 일본 문화를 경험해보려는 외국인에게 너그럽다. 셋째, 식당을 영업하는 일본인이라면 누구나 장사치보다는 장인에 가깝다. 열차 안에서 휴대폰으로 가니메시 상점을 검색해 전화를 걸었다. 도쿄발 호쿠도세이 열차를 타고 가는 외국인인데 귀사의 에키벤을 꼭 먹어보고 싶었다. 차장의 설명을 들으니 안 된다고 하는데, 몹시 아쉽다. 한 시간 후에 오샤만베 통과 예정인데 무슨 방법이 없겠는가. 공손히 물어보았다.

"무슨 방법이 없겠습니까?"라는 의미의 "난토카 데키마센데쇼우카?(何とかできませんでしょうか)"라는 표현은 일본에서는 큰 소리로 난동을 치는 것보다 종종 확실하게 상대방의 긍정적인 반응을 이끌어내는 마력

을 지닌 문장이다. 수화기 너머로 잠시 망설이는 소리가 들리더니, "11호 차라고 하셨습니까? 오샤만베에 도착하면 열차 승강구까지는 좀 나와 주실 수 있겠습니까? 거스름돈이 필요 없도록 1300엔을 준비해주시면 더욱 감사하겠습니다."라는 대답이 돌아왔다.

열차는 예정보다 5분 일찍 오샤만베에 도착했다. 열차가 플랫폼에 미끌어져 들어가고 있을 때 저만치서 누군가가 비닐봉지를 들고 기차를 향해 전력질주로 달려오고 있었다. 척 봐도 알 수 있었다. 내 밥! 승강구에서 맞이한 그는 숨을 몰아쉬며 나에게 가니메시 도시락을 전해주었다. 정말 진심으로 감사했다. 그것을 받아들고 의기양양하게 아까 그 차장을 찾아가 도시락을 구입했노라고 자랑했다. "잘 되었군요." 무뚝뚝하던 차장이 얼굴에 함박웃음을 띄웠다.

어렵사리 손에 넣은 에키벤이어서 그랬을까? 오샤만베의 가니메시는 상상하던 것보다 더 맛있었다. 이것을 추천해준 후배에게도 자랑할 만한 이야기거리 하나가 생겨난 셈이다.

오샤만베의 가니메시 에키벤

일본을 대표하는 음식은 무엇일까

장어와 미꾸라지

보양식의 대명사

먼저 정리를 좀 할 필요가 있다. 혼동하는 사람들이 많아서다. 장어에는 여러 종류가 있는데, 우리가 주로 먹는 것은 네 종류다. 우선 여름철 스태미나 음식으로 알려진 민물장어. 그냥 뱀장어라고도 부른다. 민물장어 하면, 8년 전 초등학생이던 작은 아들과 둘이서 백마강으로 여행 갔던 때가 떠오른다. 배를 타고 낙화암을 구경한 뒤 강변 식당에서 장어구이를 먹었다. 처음으로 아들에게 소주잔을 권했는데 녀석은 쓴 술을 넙죽 잘도 받아 마시더니 튀긴 장어 뼈를 맛있다며 먹었다. 일본에서는 민물장어를 우나기鰻라고 부른다. 《우나기》는 1997년 야쿠쇼 코지 주연의 영화 제목이기도 하다.

　나머지는 전부 바다에 사는 장어들이다. 먼저 일본 사람들이 아나고穴子라고 부르는 붕장어가 있다. 여름방학마다 부산에 내려가면 할머니께서 자갈치시장에서 잔뜩 사다가 회를 만들어주셨던 바로 그 생선이다. 요즘은 이상스럽게도 붕장어를 길쭉하게 썰어서도 회를 만드는 모양이더라만, 원래 부산에서 먹던 붕장어 회는 살점이 부슬부슬해지도록 잘게 썬 다음 마른 수건으로 꼭 짜서 물기를 없앤 것이었다. 접시 위에 펼쳐놓으면 붕장어 회는 마치 솜뭉치처럼 보였다. 이 추억을 회상하는 것만으로도 내 침샘은 분수처럼 침을 뿜어낸다.

다음은 포장마차의 단골 안주 꼼장어다. 꼼장어는 네 종류 중에서 몸집이 제일 작아서 통발로 여러 마리씩 잡는다. 먹장어라고도 하는데, 일제강점기까지만 해도 일본인도 한국인도 먹지 않았다고 한다. 일본인들은 그때나 지금이나 꼼장어의 가죽으로 나막신의 끈 같은 것을 만든다. 한국에서는 인기가 높지만 일본 사람들이 꼼장어를 먹는다는 얘기는 들어보지 못했다. 꼼장어의 일본식 이름은 아마 '구로아나고'인 모양인데, 그게 뭔지 안다는 일본인도 아직 만나보지 못했다.

마지막으로, 다 자라면 몸집이 2미터까지 커지는 갯장어가 있다. 얼굴이 마치 늑대처럼 사납게 생겼다. 일본 말로는 하모鱧라고 부르고, 샤부샤부처럼 양념한 국물에 익혀 먹는 유비키湯引き 방식의 조리법이 애용된다. 하모 유비키라면, 서울에서는 공덕동 마포경찰서 근처의 '매일매일 실내포차'에서 먹어본 것이 으뜸이었다.

일본에서는 복날을 도요노 우시노 히土用の丑の日라고 부르는데, 이날은

으레 민물장어인 우나기를 먹는 관습이 있다. 우리의 삼계탕쯤으로 생각하면 되겠다. 일본의 가장 오래된 노래책 망요슈万葉集에도 민물장어는 자양강장에 좋은 식품으로 소개되어있다. 일본의 연간 장어 소비량은 15만 톤에 이른다고 한다. 장어 한 마리를 200그램 정도라고 치면 일본 전국민이 1년에 최소한 여섯 마리씩은 먹는다는 계산이 나온다. 그러니 장어구이도 일본 음식의 대표주자가 될 충분한 자격을 가진 셈이다.

복날에 장어를 먹는 일본의 관습은 박물학자 한 사람이 고안한 천재적인 마케팅 전략에서 비롯된 것으로 알려져있다. 때는 에도시대. 여름철 불경기에 장어가 팔리지 않는다는 생선가게 주인의 푸념을 들은 박물학자 히라가 겐나이 씨가 망요슈에서 힌트를 얻어 "복날은 장어의 날, 장어 먹고 여름을 이기자."라는 카피를 고안해냈고, 생선가게 간판에 '장어 먹는 복날'이라고 써 붙인 이후로 장어가 보양식품으로 각광을 받기 시작했다고 한다. 히라가 씨가 요즘 태어났다면 덴쓰電通사 같은 광고회사에서 활약을 했을지도 모를 일이다.

우나기는 갈라서 뼈를 제거한 후 통채로 꼬치에 끼워서 초벌 구이를 하고 양념을 발라 다시 굽는 이른바 가바야키蒲焼き가 가장 인기 있는 요리방법이다. 양념을 바르지 않고 그냥 구운 시라야키白焼き도 담백하고 고소하다. 밥 위에 장어구이를 얹은 우나돈鰻丼도 인기가 높다. 분카 시대

(1804~1818)에 오쿠보 이마스케大久保今助라는 연극연출가가 장어를 무척 좋아했는데, 장어를 구워 극장까지 가져오는 동안 식어버리는 것이 싫어서 따뜻한 장어구이를 먹으려면 어떻게 하면 좋을까 궁리하다가 밥 위에 장어구이를 올리는 아이디어를 생각해냈다. 이것이 우나돈의 기원이라고 한다.

　　장어 요리법도 간토 지방과 간사이 지방이 서로 다르다. 간토에서는 등부터, 간사이에서는 배부터 가르고, 간토에서는 가른 장어를 반으로 자른 후 꼬치를 만들어 살짝 구운 후 쪄서 소스를 바른 후 다시 구워낸다. 간사이에서는 찌지 않고 소스를 발라가면서 구워낸다. 간토 지방의 요리법이 부드럽고 담백한 반면, 간사이 지방의 장어구이는 맛이 진하고 식감이 박력 있다.

• 도쿄 시내의 장어 명가들

인기가 높은 보양식이다 보니, 도쿄 시내 도처에 역사와 전통을 자랑하는 민물장어 명가들이 성업 중이다. 도쿄 토박이라면 저마다 대를 이어 단골 손님 노릇을 하는 장어구이 식당이 있기 마련이다. 같은 장어구이라도 식당에 따라 서민적으로 먹을 수도 있고 귀족적으로 먹을 수도 있다. 몇 군데만 소개할까 싶다.

일본을 대표하는 음식은 무엇일까

도쿄 시내 히에진자日枝神社의 경내에 간토식 장어구이 정식을 판매하는 식당이 있다. 모르고 가면 찾기가 쉽지 않은데, 일단 들어가면 시내 한복판이라는 것이 믿어지지 않을 정도로 고즈넉한 산속의 분위기가 난다. 상호조차 우아하게도 야마노차야山の茶屋, 직역하면 산속의 찻집이라는 뜻이다. 국회의사당에서 멀지 않아 정재계 유명인사들도 많이 찾는 식당이고, 예약을 하지 않고 불쑥 찾아가서는 자리를 잡기가 어렵다.

점심 메뉴가 10,000~17,000엔, 저녁은 15,000~20,000엔이니 꽤나 비싼 식당인 셈인데, 자주 가기는 어렵지만 비싼 만큼 간토식 장어구이의 정수를 체험할 수 있는 곳이다. 메인 코스가 나오기 전에는 장어간구이肝焼き가 나오는데 그 맛이 오묘하다. 소스를 바르지 않은 시라야키와 양념구이인 가바야키를 모두 즐길 수 있다. 간토식으로 초벌 구이를 한 다음에 살짝 쪄서 다시 구운 장어라서, 혀 위에서 살살 녹을 만큼 부드러운데다 양념이 진하지 않아서 고소하고 담백한 장어의 본래 맛이 잘 살아있다.

내가 살던 집 근처에도 유명한 장어집이 있다. 일인당 불과 2,600엔의 가격으로 최고의 장어구이의 맛을 즐길 수 있으니, 야마노차야와는 전혀 다른 소박한 식당이다. 도쿄 메트로 마루노우치선과 JR 추오-소부선이 겹치는 오기쿠보역 남쪽 출구 멀지 않은 곳에 있는 안자이安濟라는 집이다. 조그마한 옛날식 2층 주택에서 주방장인 남편과 홀 담당인 부인 두 사

야마노차야의 장어양념구이

장어간구이

람이 꾸려가고 있다. 이곳은 요시나가 후미よしながふみ의 만화《사랑이 없어도 먹고살 수 있습니다》에 소개되어 더 유명해졌다.

소금 간만 해서 구운 시라야키를 전식처럼 야금야금 나눠 먹다 보면 주문한 장어덮밥이 나온다. 함께 나오는 재첩국도 일품이다. 선대가 돌아가신 후 잠시 휴업을 했다가 다시 영업 중인 집이다. 인터넷 상에서는 선대 때만은 못해졌다고 푸념하는 댓글도 눈에 띄었지만 내 입에는 맛만 있더라.

참고로, 네모난 찬합을 아래위로 겹쳐 담은 장어덮밥을 우나주鰻重라고 하고, 밥공기에 담아 내는 덮밥은 우나돈鰻丼이라고 하는데, 요리 방식이나 맛에서 차이가 있는 건 아니다. 어머니께서 도쿄에 다니러 오셨을 때는 우에노 지역에 있는 이즈에이伊豆榮라는 전문점으로 모시고 갔다. 270년 전통을 자랑한다는 민물장어 명가의 본점이다. 이 집에서는 우나주와 우나돈을 같은 가격으로 팔고 있다. 송, 죽, 매 등급별로 2,600엔, 3,700엔, 4,700엔씩이다. 깔끔한 다다미방 바깥으로 난 자그만 베란다에는 물이 흐르는 간이 정원이 마련되어있다. 당연히, 이즈에이의 장어구이도 간토식이다.

장어집을 찾아 도쿄 구석구석을 누빌 시간이 없다면 시내 중심부 긴자로 가서 치쿠요테이竹葉亭라는 식당에 들러보기를 권하고 싶다. 여기도

안자이의 장어덮밥(우나주)

이즈에이의 장어덮밥(우나주)

에도 말기에 창업한 전통의 명가다. 긴자에는 본점과 긴자점 두 개의 식당이 있는데, 긴자점은 현대식 빌딩 1층과 2층을 차지하고 있지만 조금 떨어진 곳의 본점 건물은 1924년에 지어진 것이라 한다.

• 미꾸라지 요리

인기 높은 보양식으로 장어만 소개하고 그만두면 서운해할 생선이 있으니, 바로 미꾸라지다. "미꾸라지는 금붕어 흉내를 내도 별 수 없다.(どじょうがさ, 金魚 のまねすることねんだよなあ)"라는 말은 일본의 시인 아이다 미쓰오가 쓴 시의 한 구절이었다. 이 구절이 2011년에 다시 화제가 되었던 것은 민주당의 노다 요시히코가 총리직에 오르면서 이 시구를 인용해 자신은 금붕어 흉내를 내지 않고 진흙 속을 누비는 미꾸라지처럼 일하겠다고 밝혔기 때문이다. 이로써 노다 총리는 "미꾸라지 총리"라는 별명을 얻었다. 그의 취임 초기에는 미꾸라지 과자라는 이름의 기다랗고 시커멓게 생긴 튀김 과자조차 "총리 과자"라는 별명을 얻고 절찬리에 판매되었다.

우리말에서는 누군가를 미꾸라지에 비유하면 "뺀질뺀질하게 위기를 모면하는 술책"이라든가, "혼자서 흙탕물을 일으키는 말썽꾸러기"라는 인상이 강하다. 일본에서도 원래 미꾸라지가 대단히 긍정적인 이미지를 가진 것은 아니라서 총리가 스스로를 미꾸라지에 비유한 것이 일종의 파격으로 받아들여졌다고는 하지만, 아무래도 일본의 미꾸라지는 우리나라에서만큼 부정적인 대접을 받고 있는 것 같지는 않다.

일본인들도 미꾸라지를 먹는다. 일본 말로는 미꾸라지를 '도조泥鰌'라고 하는데, 추어탕처럼 형체를 알아볼 수 없게 갈아서 먹지 않고, 길쭉름한 채로 배를 갈라 얇게 깎은 우엉과 함께 냄비에 넣어 삶은 다음, 갖은 양념을 넣고 달걀을 풀어 익힌다. 이것을 '야나가와나베柳川鍋'라고 부른다. 간장, 술, 설탕이 대중에 보급된 19세기 초기에 이 요리를 만들어 팔기 시작한 음식점이 야나가와라는 곳이었기 때문에 이런 이름이 붙었다고 한다. 하지만 결과적으로는 말고기전골을 '벚꽃 냄비'라는 뜻의 사쿠라 나베桜鍋로, 멧돼지전골을 '모란 냄비'라는 뜻의 보탄 나베牡丹鍋라고 부르는 것처럼 멋들어진 완곡어법식 명칭이 만들어진 셈이다. 버들개울 냄비 요리라니.

한국에서나 일본에서나 미꾸라지라고 하면, 으악, 소리를 지르며 징그럽다고 하는 사람들이 있긴 하다. 아마도 비늘이 없는 생선이라 그런 느낌을 받게 되는 모양이지만, 조금만 따져봐도 고등어나 꽁치는 먹으면서 미꾸라지는 징그럽다고 해야 할 아무런 이유가 없음은 자명하다.

미꾸라지를 뜻하는 '도조'를 지금은 히라가나로 どじょう라고 쓰지만 예전에는 どぜう라고 표기했다. (도제우라고 쓰고 도조라고 읽는다.) 아사쿠사 역에서 그리 멀지 않은 고마가타駒形에는 커다랗게 どぜう라는 상호를 내건 미꾸라지 전문점이 있다. 1801년에 창업을 해서 가업을 이어오고 있는 식당인데, 도쿄 시민들에게 미꾸라지 요리 이야기를 하면 누구나 추천해주는 곳이다.

아직도 바람이 차갑던 초봄에 일본인 친구와 함께 이곳을 찾았다. 널따란 홀에는 갈대로 이어붙인 바닥 위로 수많은 사람들이 양반다리를 하고 앉아있었다. 특이한 것은 테이블도 없다는 점이었다. 야트막한 나무판을 길게 깔아두고 탁자 대용으로 쓰고 있었다. 식당은 거의 만석이었는데, 손님들 중에는 젊은 여성들도 제법 많았다.

마침내 도조나베가 나왔다. 야나가와나베와는 달리 달걀도 풀지 않고 전신의 미꾸라지만 얕은 냄비에 가지런히 누워있었다. 나는 어려서부터 추어탕을 즐겨 먹어와도 미꾸라지를 먹으면서 그 자태를 마주할 일은 한 번도 없었다. 가만 보니 우리나라 미꾸라지와는 생김새가 조금 달랐다. 일본 미꾸라지가 조금 더 통통하고 몸통이 짧은 편이었다.

요즘은 자연산 미꾸라지를 구하기 어려워 양식한 것을 쓴다는데, 고마가타의 가게에서는 전량을 규슈 지방 오이타현 양식장에서 조달하고 있다고 한다. 가늘게 채 썰어둔 파를 냄비가 끓기 시작할 때 듬뿍 얹어 넣

도조의 도조나베

107

고, 대나무통 속에 들어있던 초피가루를 뿌렸다. 일본에서는 산쇼山椒라고 부르는 초피가루는 특유의 알싸한 향으로 양념구이의 풍미를 더해줄 뿐 아니라 지방이 많은 장어와 미꾸라지의 소화도 도와준다. 낯선 음식이었지만 맛이나 씹는 느낌은 별다른 위화감이 없었다. 물에 타서, 이른바 미즈와리水割り로 마시는 일본 소주 안주로는 제격이었다.

호기심이 일어 메뉴에 적혀있는 '사키나베'도 주문해보았다. 이번에는 온전한 미꾸라지 대신 배를 갈라 두 쪽으로 열어놓은 미꾸라지 전골이 나왔다. 이런 식으로 생선 배를 갈라 여는 것을 보통은 '히라키開き'라고 부르는데, 미꾸라지의 경우는 '찢는다'는 뜻의 '사키裂き'라는 표현을 쓰는 모양이었다.

그것도 양이 많은 것은 아니어서, 양념구이인 가바야키蒲焼き까지 추가로 주문해서 맛보았다. 과연 장어구이와도 흡사한 느낌이 있었다. 저녁 내내 미꾸라지만 먹은 셈이었다.

식사를 마치고 밖으로 나와 강변을 산책했다. 강둑을 따라 벚꽃이 만개해있었다. 다시 꽃이 피고 질 때까지, 오늘 먹어치운 미꾸라지들이여. 내게 힘을 다오.

도조의 사키나베

미꾸라지 양념구이

고래 고기

세계 최대의 고래 소비국

때는 2286년, 외계로부터 거대한 원통형 물체가 해독할 수 없는 신호를 발신하며 지구로 다가온다. 그 물체의 진로를 방해하려는 우주연합 함대의 우주선들은 정체불명의 신호 때문에 하나둘씩 모두 파괴된다. 마침내 괴물체가 지구 궤도에 접근하자 지구는 전 행성 규모의 폭풍우에 휩싸이고 모든 전자기기는 파괴된다. 지구는 행성 난파 신호를 발신하기에 이른다. 벌칸 행성에서의 임무를 마치고 지구로 귀환 중이던 우주선 엔터프라이즈호의 과학담당 장교는 그 신호가 20세기 지구에 서식하던 고래의 울음과 유사하다는 사실을 발견한다.

긴 줄거리를 짧게 소개하자면, 그 외계의 생명체는 인류가 지구에 출현하기 오래전부터 지능을 갖춘 생명체로서 지구를 누볐던 고래와 교류를 해오고 있었다. 23세기 지구상에는 고래가 멸종되었기 때문에, 외계 생명체는 인류를 적대적인 종족으로 판단하고 공격한 것이다. 엔터프라이

일본을 대표하는 음식은 무엇일까

즈호는 태양의 중력을 이용한 시간 여행을 감행하여 1980년대의 지구에 착륙한다. 그들의 임무는? 고래를 산 채로 포획해 미래로 되돌아가는 것이다.

이것은 1966년 TV 연속극으로 시작해 최근까지 영화로만도 무려 열두 편이 만들어진 《Star Trek》 시리즈의 네 번째 영화 《The Voyage Home》(1986)의 뼈대다. 내가 보기에는 이 영화가 역대 스타트렉 영화들 중 드라마로서도 가장 빼어날 뿐 아니라, 스타트렉 팬들이 열광하는 그들만의 우주, 소위 'Trek Universe'를 완성하는 데도 가장 크게 기여했다. 다른 어떤 SF 작품과 견주더라도 이만한 유머감각과 탄탄한 짜임새를 갖춘 영화를 찾아보기는 어렵다.

이야기가 많이 빗나갔다. 요컨대 고래가 중요한 생명체라는 말씀이다. 위엄과 우아함과 특이함을 고루 갖춘 이 거대한 생명체가 거의 모든 종류에 걸쳐 멸종의 위험 앞에 위태로이 놓여있는 것이 오늘의 현실이다. 고래를 사랑하는 사람들은, 핵무기 비확산 옹호자가 이란이나 북한을 미워하는 것만큼이나 고래를 먹어치우는 일본 사람들을 미워한다. 특히 고래 관광으로 해마다 3,000억 원을 벌어들이는 호주는 일본이 고래의 씨를 말린다며 2010년 국제사법재판소에 일본을 제소했다. 일본은 국제적 비난을 감수하면서도 '조사포경'이라는 이름으로 연구목적을 표방한 고래

잡이를 실시해왔다. 남극과 북서 태평양 일대에서 조사포경을 벌이고 있는 일본고래연구소 등이 2011년 시중에 유통하기 위해 냉동 상태로 보관 중이던 고래고기의 재고량은 5,400톤으로 사상 최대를 기록했다. 재고량으로 10년 전과 비교하면 3배의 규모에 해당하지만, 1962년 포획량이 22만6천 톤에 달했던 것에 비하면 포획량 자체는 크게 줄어들었다.

일본에서 식용 고래고기의 유통은 감소 추세에 있다. 포경 반대 단체의 강력한 반발이 이어지면서 대형 유통업체들이 취급하기를 꺼리고 있기 때문이다. 이토요카도イトーヨーカドー는 수년 전부터 수요 감소를 이유로 판매를 중단했고, 이온イオン은 전국 1,200여 점포 중 고래고기 수요가 많은 20~30개 점포에서만 판매를 하고 있다. 고래고기 통조림을 제조하던 마루하니치로マルハニチロ사도 2008년부터 생산을 중단했다. 비싼 가격과 소비계층의 축소도 수요 감소의 원인이 되고 있다. 언론 보도에 따르면 최근 젊은층은 고래고기를 아예 찾지 않는다고 한다. 그러다 보니 조사포경으로 잡은 고래의 재고량은 늘어만 가고, 연구소 측은 고래 연구에 지장을 초래하지 않으려면 고래고기의 수요를 늘려야 한다고 주장했다.

말하자면 환경보호에 대한 경각심이 커지면서 이제는 고래고기를 먹는 풍습이 멸종 위기에 처한 셈이다. 고래처럼 특이한 음식을 먹자면 '정치적으로 올바른 태도'가 무엇일까를 저절로 생각해보게는 된다. 하지만

일본을 대표하는 음식은 무엇일까

고래고기 재고 현황을 감안하면 한 번쯤 모험 삼아 고래고기를 사 먹는 것이 대단한 범죄는 아니지 싶다. 생명을 지속한다는 것은 본디 잔인한 것이다. 인간을 포함한 모든 생명체는 살아가기 위해, 살아있는 다른 것을 잡아먹지 않으면 안 되는 것이다. 잔인성에 관한 한, 채식주의도 정도의 차이에 불과하다. 식물이 생장과 번식을 위해 여린 싹을 틔우고 묵은 잎을 떨궈가며 얼마나 고생하는지를 생각한다면.

허먼 멜빌의 《백경》에서 보듯이, 북유럽 지역이나 북미 대륙에서도 고래와 돌고래가 식용으로 이용된 역사가 있었다. 하지만 근대 이후로도 꾸준하게 고래고기를 사랑한 점에서는 확실히 일본인이 유별난 구석이 있다. (참고로 우리나라에서는 포경은 금지되었지만 정치망에 혼획되는 고래와 좌초된 고래의 유통은 허용되고 있어서, 울산, 부산, 포항 등지에 몇몇 고래고기 요릿집이 있다.) 앞서 소개한 것처럼, 일본에서는 천 년 이상 육식이 금기시된 적이 있었는데, 그 기간에도 고래는 물고기의 일종으로 간주해서 중요한 단백질 공급원이 되어왔다. 고래는 수염으로 샐러드를 만드는가 하면, 기름은 등불의 연료로도 쓰는 등, 내장에서부터 꼬리까지 버리는 부위가 없다.

한때는 너무 흔해서 '싸구려 고기'라는 인식을 받으면서 학교 급식 재료로 사용되던 고래고기. 쇠고기 공급이 원활하지 못했던 전쟁 직후에는 일본인의 주식 역할까지 했던 고래고기가 이제는 추억 속의 음식이 되어

간소구지라야의 고래녹말튀김

고래꼬치튀김

가고 있다. 도쿄 시내 이자카야에서 '고래베이컨' 정도는 비교적 쉽사리 먹을 수 있지만, 고래고기를 부위별로 골고루 먹어볼 수 있는 식당은 그리 많지 않다. 그중 가장 유명한 곳이 시부야에서 1950년부터 영업을 해오고 있는 간소구지라야元祖くじら屋라는 식당이다. 일어로 고래가 구지라鯨니까, 원조 고래고기 식당이라는 취지의 상호다.

벼르다가 기회를 잡아 동료들과 함께 이곳에서 저녁 식사를 했다. 소문처럼 전골, 튀김, 구이, 꼬치, 회 등 온갖 종류의 고래고기 요리를 팔고 있었다. 우리는 녹말을 입혀 튀긴 가라아게, 꼬치튀김인 구시가쓰串かつ, 꼬치구이인 구시야키串焼き, 소스를 입힌 덴푸라, 스테이크, 베이컨, 그리고 모듬 요리를 주문했다. 점원이 모듬 접시의 각종 부위를 가리키며 설명해주었다. 신조心臟는 염통, 혼가와本皮는 껍질, 햐쿠히로百尋는 소장, 사라시晒し는 꼬리 부분의 흰 살, '지저귐'이라는 뜻의 사에즈리囀ずり는 혀를 가리키는 완곡한 명칭이었다.

혀는 세세리セセリ라고도 하는데, 특히 고급 부위로 친다고 한다. 먹어보니 기름기가 많았다. 얇게 썰어낸 꼬리지느러미는 젤라틴 함유량이 많은 것 같았다. 구이나 튀김은 쇠고기 요리에 비해 검게 보였다. 이날 우리가 먹은 고래는 밍크고래라고 했다. 모듬 요리가 1,980엔, 다른 요리는 각각 1,000엔 안팎이었다. 전체적인 감상은, 별로 특별한 느낌이 들지는 않

고래꼬치구이

소스를 입힌 고래덴푸라

는구나 하는 거였다. 맛과 냄새도 위화감은 없었다. 하지만 왠지 구지라야를 자주 찾아가게 될 것 같은 생각은 들지 않았다. 한 번쯤 모험을 한 것으로 족했다는 느낌. 어쩌면 내가 《Star Trek》의 열성팬이라서 그런지도 모르겠다.

2014년 3월 31일, 국제사법재판소는 호주 정부의 제소를 인정해 일본이 현재 존재하는 일체의 남극해 포경 허가를 취소하고 추가 허가를 자제해야 한다고 판결했다. 일본이 2005년 고래 연구 프로그램을 시작한 이래 고래를 3,600마리나 포획했음에도 주목할 연구결과가 없음을 감안 시 일본의 포경은 식용을 목적으로 한 것이라고 결론을 내린 것으로 보인다. 일본 관방장관은 판결에 대해 실망감을 표하면서도 "국제법 질서 및 법의 지배를 중시하는 국가로서 판결에 따르겠다."는 담화를 발표했다. 언론은 일본 정부가 고래 연구 프로그램을 대폭 수정하는 조치를 취할 것으로 예상된다고 보도했다. 시부야의 구지라야는 결국 문을 닫게 되는 걸까? 신주쿠 뒷골목 이자카야에서 종종 술안주로 먹곤 하던 고래베이컨도 더는 볼 수 없게 될까? 사라지는 고래고기도, 세월이 바꾸어놓는 인간풍습의 한 단면이 될 모양이다.

고래스테이크

고래베이컨

오세치 요리 御節料理

새해 음식의 기호학

한 나라의 문화를 대표하는 음식을 이야기하면서 명절 음식을 빠뜨릴 수야 없는 노릇이다. 일본에서는 섣달그믐날 만들었다가 정월 초하루부터 사흘간 휴일 동안 먹는 음식을 오세치요리라고 부른다. 전통 음식이라고는 하지만 에도 말기부터의 풍습이라니까 길어야 200년 정도의 역사를 지닌 음식이라고 할 수 있다. 그 명칭은 궁중에서 사용하던 오세치쿠御節供에서 유래한 것인데, 원래는 1년 중 다섯 번 신에 공양하던 음식을 가리키는 말이었다고 한다. 1월 7일 진지쓰人日, 3월 3일 조우시上巳, 5월 5일 단고端午, 7월 7일 시치세키七夕, 9월 9일 초우요우重陽 등 다섯 날을 고셋쿠五節句라고 불렀다는데, 단오니 칠석이니 중양이니 하는 이름을 보면 중국에서 유래한 풍습이었음을 짐작할 수 있다.

일본식 집의 내실 한켠에는 으레 벽 안으로 움푹 들어가고 바닥을 제단처럼 살짝 높여둔 도코노마床の間라는 공간이 있다. 꽃꽂이나 붓글씨를 걸어두고 집안의 권위를 연출하는 자리로, 손님이 오면 도코노마를 등지고 앉도록 하는 것이 예의다. 에도시대 이래 일본인들은 새해에 특별한 음식을 만들어 그것으로 도코노마를 장식했다는데, 이런 음식을 간사이 지방에서는 호라이가자리蓬莱飾り, 에도 지방에서는 구이쓰미食積라고 불렀다. 그런데 언제부터인가 서민들도 궁중의 풍습을 모방하기 시작하면서 오세치요리라는 명칭이 일반화되었고, 2차대전 이후로 백화점이 고급스러운 찬합에 담은 오세치요리를 판매하기 시작하면서 이것이 새해 음식의 정형으로 굳어졌다.

형형색색의 음식을 찬합에 담아내는 오세치요리는 모양은 화려하지만 하나같이 식은 음식이라는 특징이 있다. 불의 신 코우진荒神을 노엽게 하지 않으려면 정월 초사흘 동안 부엌에서 불을 쓰면 안 된다는 헤이안 시대부터의 풍습을 따르는 것이라고 한다. 설날 연휴쯤은 여성들도 쉴 수 있도록 배려한 풍습이라는 점이 자명하다. 희한한 일이다. 일본 여성들은 워낙 틀에 박힌 인습에 순종하는 경향이 강한데 어떻게 이런 배려를 쟁취해낸 것일까.

나는 일본의 예능 프로그램을 보면서 여성을 함부로 대하는 장면에 눈살을 찌푸린 적도 많았기 때문에 일본에서 여성이 존중받는다는 느낌을 한 번도 가져본 적이 없었다. 하지만 설날 연휴 사흘 동안 부엌의 불을

일본을 대표하는 음식은 무엇일까

쓰지 않는 건 우리나라의 모든 주부들이 부러워할 풍습이 틀림없다. 명절이면 전 부치고 국 끓이고 고기 굽느라 허리 펼 시간도 없었던 이 땅의 어머니와 며느리들에 비하면 차가운 오세치요리는 얼마나 여성친화적인 세시풍습인가. 사회가 여성을 배려를 하는 방식은 저마다 다 달랐던 모양이라고 말할 수밖에.

우리나라에서 여간해서는 가능할 것 같지 않은 명절의 찬 음식이 일본에서 가능했던 이유는 음식 자체에서도 찾아볼 수 있다. 우리 음식은 대부분의 요리가 국물과 어우러져있기 때문에 식은 상태로 먹기는 어렵다. 요컨대, 벤토를 탄생시킨 일본의 마른 음식 문화가 오세치요리를 가능케 해준 셈이다.

오세치요리는 궁중 제례에 뿌리를 두고 있는 음식답게 양식화된 음식문화의 한 끝을 보여준다. 보통 3단 내지 5단 찬합에 담아서 내는 오세치요리는 5미 5색이라고 해서 단맛, 신맛, 매운맛, 쓴맛, 짠맛이 다 들어가고, 녹, 적, 흑, 황, 백의 5색이 모두 나타나도록 만드는 것이 요령이다. 게다가 의미의 과잉이라고 할 만큼 상징으로 가득 차있어서, 오세치요리는 음식이라는 기호로 표현된 소망이요 기원이다.

기뻐한다는 뜻의 '요로코부喜ぶ'라는 단어의 뒷부분과 발음이 흡사하다 해서 '코부昆布', 즉 다시마가 사용된다. 도미인 타이鯛는 경사스럽다, 즉

'메데타이目出度い'를 나타낸다. 황밤인 '카치구리勝栗'는 '카치'가 이긴다는 뜻을 담고 있어서 오세치에 빠지지 않는다. 대대로 번창하라는 의미로 다이다이代代와 발음이 같은 등자나무도 사용된다. 청어는 일어로 니신鰊이라고 부르는데, 양친을 가리키는 二親과 발음이 같기 때문에 부모의 건강을 기원하는 의미가 있다. 건강과 성실을 의미하는 忠実와 발음이 같은 '마메', 즉 콩도 빠질 수가 없다. 멸치 새끼를 말린 고마메田作도 바지런하다는 의미의 小まめ와 발음이 같아서 사용한다. 토란은 뿌리열매가 줄줄이 달려있는 것처럼 자손을 많이 낳으라는 뜻이고, 청어알도 같은 뜻이다. 새우는 허리가 휠 때까지 장수라는 뜻이고, 연근은 뚫린 구멍으로 멀리까지 다 보이기 때문에 하고자 하는 일이 막힘없이 잘 되라는 뜻이란다. 이런 식으로 끝도 없이 이어진다.

매년 12월이 되면 백화점이나 유명 음식점은 오세치요리의 예약을 받느라 분주하다. 명절 대목 상품이라서 그런지 가격이 무척 비싼 편이다. 요즘 일본 가정에서는 오세치요리를 직접 만들어서 먹는 일이 드물다고 하니, 백화점의 상술이 이룩해낸 여성해방의 쾌거라고 할 수 있겠다. 이야기가 나왔으니 말이지만, 일본 백화점의 지하 식품매장은 비단 오세치요리만이 아니라 일본 식문화 전체의 현주소를 가장 밀도 있게 관찰할 수 있는 장소다.

일본을 대표하는 음식은 무엇일까

2000년대 이후로는 아예 '데파치카デパ地下'라는 신조어가 생겨났다. 백화점을 의미하는 'department'와 '지하'의 합성어다. 맞벌이 부부와 독신 가족이 늘어나면서 변화하는 생활방식에 백화점이 예민하게 반응하고 있기 때문에, 데파치카는 오늘날 일본 식생활의 단면을 잘 보여주는 단어다. 유명 백화점은 저마다 특색 있는 데파치카의 이미지를 구축하고 있다. 이곳에서 파는 음식을 사가지고 집에 와서 먹는 것을 일본에서는 '나카쇼쿠中食'라고 부른다. 음식점에서 사 먹는 '외식外食'과 집에서 요리해 먹는 '내식內食'의 중간 형태라는 의미로 붙여진 이름이다.

"일본 식품안전안심재단과 야노矢野경제연구소에 따르면 1995년 5조엔이던 나카쇼쿠 시장 규모는 2005년에는 6조3,000억 엔으로 10년 사이 25.9% 늘어난 반면, 같은 기간 외식시장 규모는 12.9% 축소됐다. 나카쇼쿠 시장의 증가세는 최근 들어 더욱 뚜렷해져 2008년엔 8조5,000억 엔, 2010년 이후로 10조 엔(145조 원)을 넘어선 것으로 추정된다. 약 60조 원으로 추정되는 국내 외식시장보다도 두 배 이상 큰 규모다." (2012.4.11자 한국일보)

우리나라에서도 만혼 풍조로 요리를 귀찮아하는 1인 가족이 늘어나면서 백화점 식품매장과 편의점, 도시락 체인점의 판매고가 갈수록 높아지고 있다고 하니, 일본의 '나카쇼쿠'는 남의 일만은 아니다. 우리나라 백화점 식당가에서도 명절이 되면 완성품 상태의 명절 음식과 제사 음식 세트를 판매해오고 있다. 하지만 세상 풍조가 아무리 변해도 우리나라에서 명절 밥상이 식은 음식 일색으로 변하지는 말았으면 좋겠다.

참고로 일본에서도 정월 초하루에 우리처럼 떡국을 먹기도 하는데, 이것을 오조니ぉ雜煮라고 부른다. 간토 지방에서는 가다랑어나 다시마, 간장을 이용한 맑은 국물을 사용하고 간사이 지방에서는 일본 된장 국물을 주로 쓴다. 떡도 우리와는 달리 찹쌀로 만들어 끈적끈적한 떡을 쓴다. 찬찬히 먹지 않으면 목에 걸려 곤란할 수도 있는 찰떡이다. 실제로 일본에서는 새해 아침에 오조니를 먹다가 기도에 떡이 걸려 질식사한 어르신의 뉴스가 더러 보도되곤 한다.

돈가스와 오므라이스

화혼양재 和魂洋才, 일본식 진화의 산물

예전에는 경음악이라는 것이 있었다. 자기들의 음악이 그렇게 분류되는
지 알지도 못했을 폴 모리아 악단의 작품들을 위시해서 가사가 없는 이
지 리스닝 계열의 대중음악을 그렇게 불렀다. 음악에 경음악이라는 것이
있듯이, 음식에는 경양식이라는 것도 있었다. 경양식당은 판에 박은 듯이
오므라이스, 돈가스, 비후가스, 모듬정식 등을 팔았다. 주문을 하면 웨이
터가 "수프로 하시겠습니까 샐러드로 하시겠습니까?", 수프를 주문하면
"야채수프인지 크림수프인지", 또 "밥으로 하실 건지 빵으로 하실 건지"
를 물어보고, 끝으로 디저트는 "커피인지 홍차인지"를 물어보는 식이다.
수프에서 커피 맛까지 어쩌면 그렇게 천편일률적일 수가 있나 싶은 생각
이 들던 식당들이었다. 그곳에서 우리는 가슴 설레며 소개팅을 했고, 달콤
한 데이트를 했으며, 쓴 이별도 맛보았다.

경양식이란 가벼운 양식이라는 뜻이다. 본격적인 양식은 비싸고, 어

렵고, 복잡하고, 먹는 방법도 까다롭지만 "이 정도라면" 해낼 수 있겠다는 느낌이 거기에는 배어있었다. 그 명칭 속에는 양식을 서양 사람들처럼 능숙하게 먹지 못하는 식습관에 대한 약간의 부끄러움 같은 것도 담겨있었다. 누군가가 "서양식 습관을 똑같이 따라 하지 못한다고 부끄러워했던 것을 부끄럽게 여길, 그런 시절이 올 것"이라고 말하면 꿈이 크다고 칭찬을 들었을 법한, 그런 시절에 있었던 일이었다. 정확히 말하면, 경양식이라는 이름, 그곳에서 파는 음식, 그것이 담고 있던 정서, 모두 다 일본을 통해 들어온 것이었다. 이타미 주조 감독의 영화 《담포포》에서 묘사하는 장면처럼, 여대생들을 양식당에 모아놓고 '스파게티를 교양 있게 먹는 법'을 강의하던 그런 시절이 있었던 거다.

80년대 후반부터 경양식당들은 두 종류의 운명을 겪었다. 폐업하거나 색다른 개성을 찾아나선 것이다. 돌이켜보면 그게 다 세계화의 여파였다. 이제 서울에서는 추억 속의 경양식은 맛을 볼 수도 없게 자취를 감추어버렸다. 하지만 양식을 경양식으로 개조한 장본인들이 사는 일본에서는 아직도 경양식집을 찾아볼 수 있다. 그중에서 관광 삼아서라도 한 번쯤 가봄 직한 식당이 긴자의 렌가테이煉瓦亭다. 렌가테이는 벽돌집이라는 뜻이다.

렌가테이가 개업한 것은 1895년. 서양으로부터 들어온 빵과 스테이

크를 어떻게 하면 쌀밥과 함께 먹을 것인지를 고심하던 메이지 28년의 일이었다. 삶은 야채 대신 양배추를 얹고, '밥 또는 빵'의 조합을 정형화하는 '양식 개조'의 실험이 바로 이 식당에서 일어났다. 현재 4대째 사장이 영업을 하고 있으며, 지금의 점포는 1964년에 건축된 것이다.

겨울비가 추적추적 뿌리던 어느 날 점심시간. 예전에 함께 일했던 동료와 함께 이곳을 찾아갔다. 소문처럼 문 앞에는 손님들이 길게 줄을 서 있었다. 2층의 소박한 식탁으로 안내를 받았다. 메뉴에는 포크가쓰레쓰, 치킨가쓰레쓰, 라이스오믈렛, 특제모듬가쓰레쓰, 햄버그스테이크, 새우튀김, 굴튀김 등이 각각 1,000엔 안팎의 착한 가격에 판매되고 있었다. 동료와 나는 라이스오믈렛과 포크가쓰레쓰를 주문했다. 점원이 "빵으로 하시겠는지, 밥으로 하시겠는지"를 물어볼 때는 괜한 반가움에 울컥하는 기분이 되었다.

'가쓰레쓰'라는 이름은 어쩐지 위화감이 들어서 '커틀릿'이라고 적고 싶지만, 서양의 커틀릿과는 엄연히 다른 음식이라서 뭐라고 달리 표기할 길이 없다. 렌가테이에서 파는 포크가쓰레쓰라는 것은 일종의 '미싱 링크'라고 할 수 있다. 서구의 커틀릿과 슈니첼이 일본에서 돈가스로 진화하는 과정의 중간단계인 것이다. 먹어보니 과연 오늘날의 돈가스보다는 얇았다. 종잇장처럼 얇던 서울 경양식 집의 돈가스에도 나름대로 다 원류가

렌가테이의 크림수프

포크가쓰레쓰

일본을 대표하는 음식은 무엇일까

있었던 셈이다.

오사카의 홋쿄쿠세이北極星라는 식당과 이곳 렌가테이는 서로 "최초로 오므라이스를 발명한 식당"으로 원조 자리를 다툰다. 렌가테이의 메뉴에는 일어로 원조 오므라이스元祖オムライス라고 쓰고 영어로는 Rice Omelet이라고 표기하고 있었다. 과연 원조라는 주장이 어색하지 않을 만큼 오므라이스는 낯선 모양이었다. 밥을 계란부침으로 덮은 것이 아니라, 계란과 밥을 한데 구워낸 것처럼 보였다. 마치 미국식 오믈렛에 버섯이나 베이컨, 치즈 따위를 첨가하듯이 밥을 집어넣은 형국이었다. 추억 속으로 여행하려다 여행이 내 추억을 지나쳐 너무 먼 과거로 가버린 셈이다.

식사를 마치고 1층으로 내려가니, 카운터에는 줄잡아 나보다 나이가 많을 것처럼 생긴 금전등록기가 조그만 영수증을 찍어주었다.

• 돈가스는 양식인가 일식인가

돈가스와 오므라이스는 서양에 뿌리를 두고 있으니 양식이라고 보아야 할까? 아니면 일본에서 창안된 음식이 분명하니 일본 음식이라고 보아야 할까? 아무도 '일본 음식'의 범위가 어디서부터 어디까지인지 정해주지는 않는다. 일본에서는 일본 사람들의 사랑을 널리 받으면 무엇이든 어느새

렌가테이의 원조 오므라이스

일본 것으로 취급을 받는다. 이런 식의 집단적인 수용미학은 일본의 뚜렷한 특질 중 하나다. 따지고 보면 집단적 수용의 태도라는 것도 양식화의 한 갈래다.

일어에는 시에키使役라고 부르는 사역형 표현과 우케미受け身라고 하는 수동형 표현이 널리 사용된다. 우리말에도 피동형이 있기는 하지만 쓰임새는 전혀 다르다. 일본어의 우케미는 영어의 수동태와도 전혀 다르다. 가장 가까운 우리나라에도 전혀 없는 표현방식이므로, 이것은 단연코 일본만의 특징이라고 해도 무리가 없을 것이다. 일어를 처음 배우는 우리나라 사람들은 자동사를 수동형으로 표현하는 방식에 애를 먹는다. 가령, "아카짱니 나카레테 고마루(赤ちゃんに泣かれて困る。)"라는 문장은 아기가 울어서 애먹었다는 뜻인데, 이것을 I was cried by the baby라는 모양새로 쓰는 것이다. 이렇게 표현하면 아기가 우는 상황을 "당했다"는 어감을 지닌다. "아나타니 시나레타라 가나시이(あなたに死なれたら悲しい。)" 당신이 죽으면 슬프다는 말인데, 이것을 If I am died by you라는 식으로 표현하는 것이다. 이렇게 하면 죽을 사람을 탓하는 듯한 어감이 실리게 된다.

사역수동형으로 가면 더 어지럽다. 일본인들은 "하지메마스(はじめます。시작합니다)"라고 말하면 어쩐지 제멋대로 구는 듯한 난처한 느낌을 받는 모양이다. 그래서 "하지메사세테 이타다키마스(始めさせていただきます。)"

라고 말한다. 상대방이 시작하도록 시키는 것을 받잡겠다는 표현이다. 자기가 휴가를 가기 위해 허락을 받을 때도 "야스마세테 이타다케마스카(休ませていただけますか。)"라고 물어야 정중한 표현이 된다. 쉬라는 명령을 받을 수 있겠냐는 표현이 된다. 누군가의 물건을 사진기로 촬영하고 싶을 때는 주인에게 "샤신오 도라세테 이타다케마센카(写真をとらせていただけませんか。)", 즉 사진 찍도록 시키는 일을 받을 수 없겠냐고 묻는 것이다. 한국인이 한국어로 이런 식으로 말하고 다녔다가는 책임전가 혐의로 온갖 핀잔을 받게 될 것이다. 제가 좋아서 하면서 왜 남한테 책임을 미루냐고.

한 나라에서 책임전가의 혐의를 지니는 표현이 바로 옆 나라에서는 정중한 표현이 되는 것은 사고의 구조가 다르기 때문에 벌어지는 일이다. 일본에서는 주체를 흐리는 것이 교양 있고 예의 바른 표현이 되는 경우가 많기 때문에 다른 나라 사람들이 이해하기 어려운 일이 종종 벌어진다. 어떤 일은 죽기살기로 자세히 분류하고 설명하면서 또 어떤 일은 너무나 어이없이 아무 설명 없이도 그러려니 받아들여진다. 굳이 꼭 말하지 않아도 모두가 받아들이면 그걸로 오케이다. 이런 일에 관해서는 아무리 많은 사람을 붙들고 왜 그러냐고 따져 물어도 소용이 없다. 그냥 다들 그렇게 받아들이기 때문에 그렇다는 답을 듣게 될 뿐이다. 이를테면 돈가스가 어째서 양식이면서 동시에 일본 음식이기도 하냐는 물음 같은 것도 거기에 해당된다.

음식 전문가인 오카다 데쓰는 저서인《돈가스의 탄생》에서 돈가스가
지금의 형태로 되기까지의 험난한 과정을 자세히 설명했다. 그 시작은 포
르투갈과 스페인으로부터 전래된 새로운 음식문화였다. 17세기경이 되면
서 나가사키의 상류사회와 대상인들을 중심으로 고기스튜, 튀김, 빵과 같
은 음식들이 널리 전파되었다.

"정부가 1872년에 육식을 해금하고 서양 요리를 예찬하는 캠페인을 대대
적으로 벌이자 서양 음식은 빠른 속도로 엘리트층으로 파고들었다. 그러
나 민중에게는 여전히 소원한 존재였다. 하지만 몇몇 사람들의 수많은 고
민과 궁리의 결과로 메이지 시대로부터 60년이 지난 쇼와 시대 초기에 돈
가스가 탄생하면서 육식은 서민 생활 깊숙이 스며들었다. 밀가루, 계란, 빵
가루로 입힌 세 겹의 튀김옷이 뜨거운 기름과 고기를 격리시켜 육즙이 유
출되는 것을 막고 육질을 부드럽게 유지한다. 그리고 빵가루에 적당히 스
며든 기름이 풍미를 더해 사각사각 씹히는 맛이 그만이다. 양식의 왕자 돈
가스의 탄생, 그리고 돈가스가 그 발상지 우에노와 아사쿠사에서 전국으
로 급속하게 퍼진 일이야말로 일본 서민이 서양 요리를 소화하고 흡수했
음을 나타내는 기념비적인 사건이었다." (오카다 데쓰 저,《돈가스의 탄생》)

일본을 대표하는 음식은 무엇일까

육식이 해금되고 나서도 돈가스가 탄생하기까지는 무려 60년이라는 세월이 흘러야 했다. 어떤 면에서 돈가스는 메이지유신의 완성을 상징하는 음식이기도 하다. 서양과의 접촉이 가져온 충격파를 일본이 흡수한 과정을 고스란히 담고 있기 때문이다. 돈가스라는 독특한 음식이 완성되기 위해서는 재료와 조리법과 식습관 세 가지가 준비되어야만 했는데, 그것은 얼른 생각하는 것보다 파란만장한 과정이었다. 첫째, 1,200년 넘게 금지되어있던 육식이 허락되어야 했고, 국민들이 고기 맛에 익숙해질 시간이 필요했다. 둘째, 포르투갈 사람들로부터 튀김 조리법을 전수받은 이래, 서양의 커틀릿 요리를 튀김으로 변용시키는 실험이 거부감 없이 받아들여질 만큼 튀김이 일본 음식의 자연스러운 일부분이 되어야 했다. 셋째, 돈가스에는 밀가루 대신 빵가루가 튀김옷으로 사용되기 때문에 빵이 일반화되기 전에는 만들어질 수 없는 음식이었다. 일본 땅에서 빵이 밥의 텃세를 극복하고 정착하는 데도 적잖은 우여곡절이 있었다.

이걸로 끝이 아니다. 외래 음식문화를 토착화하는 일본이라는 거대한 실험실에서 튀김에 사용하는 돼지고기의 두께는 두꺼워졌고, 양배추, 겨자, 우스터소스처럼 궁합이 잘 맞는 '부속품'들이 준비되었다. 재미있는 사실은, 돈가스라는 절충형 양식을 완성하는 데 동원된 것이 일본 전통 채소나 와사비, 간장이 아니라 양배추와 겨자와 우스터소스였다는 사실

이다. 이것은 돈가스가 그 전까지 일본에 존재하지 않던 음식을 만들겠다는 의식적인 실험의 결과물이었음을 증명해준다. 서양에서는 고기 요리에 익힌 채소를 내지만 돈가스의 양배추는 익히지 않는다. 고기의 묵직하고 축축한 식감에 균형을 맞추기 위한 시도였다. 우스터소스라고는 했지만 일본에서 사용하는 돈가스 소스는 영국산 우스터소스와는 판이하다. 간장을 섞어서 가게마다 비법을 발휘한 혁신의 산물이기 때문이다. 돈가스의 성공비결은 그 이름 속에도 숨어있다. 일본어로 '가쓰勝'는 '이긴다'는 동사의 발음이기도 하기 때문에 지금도 돈가스는 수험생이 시험 전날 먹으며 합격을 기원하는 음식이 되어있다.

1929년 도쿄 우에노의 폰치켄ぽんち軒이라는 식당이 최초로 돈가스를 판매했다고 알려져있지만, 지금도 우에노와 아사쿠사가 서로 돈가스의 발상지임을 주장하고 있다. 우리 식구는 맛있는 돈가스를 먹기 위해 집에서 멀리 떨어진 간다神田 오가와마치의 이센井泉이라는 식당까지 가서 돈가스를 먹곤 했다.

그 맛도 잊을 수 없기는 하지만, 정작 내가 가장 좋아하던 돈가스집은 신주쿠의 변두리 아라키초 골목 안에 있는 스즈신鈴新이라는 곳이다. 가게 간판에 주인장이랑 똑같이 생긴 동그란 얼굴을 커다랗게 그려놓은 가게다.

이센의 돈가스

1947년에 개업한 스즈신의 지금 사장님은 2대째 가업을 잇고 있는 분인데, 어찌나 사람 좋고 낙천적인지 한가한 시간이면 식사하는 시간보다 사장님과 잡담하는 시간이 더 길어질 정도다.

한번은 60년대 잡지에 냈던 이 업소의 광고를 보여주셨는데, 요쓰야에서 가장 "맛없는(まずい를 옛날 식으로 まづい로 표기)" 식당이라는 카피가 적혀있고, 맛이 없다는 뜻의 "마즈이"라는 단어는 거꾸로 물구나무서 있었다. 반대로 맛있다는 뜻이리라. 사장님은 자기 오야지(아버지)의 철 지난 쇼와昭和식 개그라며 껄껄 웃었다.

스즈신의 돈가스

덧. 오므라이스와 카레라이스

오기쿠보 역 앞 전문점 블루벨의 오므라이스

렌가테이식의 "라이스 오믈렛"이 오므라이스로 진화한 것은 비교적 최근의 일이다. 지금은 일반적으로 넓게 펼쳐 구운 계란을 토마토 케첩을 섞어 볶은 밥 위에 덮고 데미글라스 소스를 곁들이는 것이 하나의 표준으로 자리 잡았다.

일본에서는 반숙의 오믈렛을 라이스 위에 얹고 한가운데를 칼로 잘라 펼치는 방식의 오므라이스도 자주 접할 수 있다. 겉을 익힌 오믈렛을 칼로 조심스레 가르면 꽃잎처럼 벌어진다고 해서, 이런 오므라이스는 하나사키花咲き 방식이라고 부르기도 하고, 영화 《담포포》에서 소개되었다고 해서 담포포 스타일이라고 부르기도 한다. 식감이 부드럽기는 한데, 축축하게 덜익은 계란으로 덮여있어 나는 썩 좋아하지 않는다.

메이지유신이 일본인의 식탁에 새롭게 선사한 메뉴에는 카레라이스도 포함된다. 카레는 러일전쟁 무렵 일본 도시 중산층 가정을 중심으로 급속히 보급되었다고 한다. 그러더니 기어이 일본은 카레의 본고장 인도에 이어 카레용 향신료 소비량 세계 2위의 나라가 되었다.

참치가 한 가지 생선을 가리키는 이름이 아니라는 사실을 알고 계시는지? 참치란, 참다랑어, 남방다랑어, 눈다랑어, 황다랑어, 가다랑어 등의 다랑어와 황새치, 청새치, 흑새치, 돛새치 등의 새치 종류를 통틀어 일컫는 이름이다. 그처럼, 타밀어로 '카리'는 그저 '국물'이라는 뜻의 단어일 뿐이다. 일본의 카레도 인도의 커리도 어느 한 가지 향신료만으로 만들어지는 게 아니다. 타

일본을 대표하는 음식은 무엇일까

마린드, 코리엔더, 정향, 육두구, 생강, 마늘, 고추, 후추, 계피, 겨자씨, 회향, 아니스 씨앗, 백리향, 심황 뿌리, 커민, 카르다멈, 코코넛, 월계수 등 수십 가지 향신료의 조합이 카레를 이룬다. 당연히 이 재료들을 어떻게 배합하느냐에 따라 다른 맛의 카레가 만들어진다. 인도의 커리가 다양성을 자랑하는 데 반해, 일본인들은 특유의 끈질긴 실험을 거쳐 일본 특유의 카레를 표준화시켰다.

한 가지 재미난 사실은 일본식 카레를 개척한 가장 큰 공로는 일본 해군에 있다는 점이다. 영국의 해군이 함상에서 커리를 부식으로 사용하던 것을 본받은 것이라 하니, 인도의 커리는 엄밀히 말하면 인도를 식민지로 지배하던 영국을 거쳐 일본에 소개되었다고 해야 할 것이다. 일본인 친구의 설명에 따르면, 지금도 일본 해상자위대는 매주 한 번 함상에서 수병들에게 카레를 제공한다고 하는데, 함 내에 퍼지는 냄새만으로도 "아, 오늘이 무슨 요일이구나." 깨닫게 만드는 편리한 효과도 있다고 한다.

메이지유신 직후 일본에서 소비되었던 커리 파우더는 영국산 C&B사의 제품이었다고 한다. 영국 C&B사의 파우더를 모델로 연구 개발을 통해 일본에서 1923년에 창업한 S&B사가 일본식 "카레"의 표준형 파우더를 생산하기 시작했다. (S&B사는 1949년에 에스비식품으로 명칭을 바꾸었다.) 우리에게도 익숙한 일본 특유의 카레라이스는 그렇게 탄생했다. 일본 음식문화에 일단 정착한 카레는 더 깊이 뿌리를 내려, 카레빵, 카레우동, 돈가스카레 등과 같이 다른 나라에서 볼 수 없던 색다른 조합의 메뉴를 만들어냈다. 그러니 이런 메뉴를 일식이라고 부르지 말아야 할 이유는 없을 것이다.

가쓰오부시 鰹節

일본의, 일본에 의한, 일본을 위한 맛

일본을 대표하는 음식이라는 제목으로 장章을 시작했을 때 깊은 고민을
했던 건 아니었다. 그런데 스시며 샤부샤부, 장어구이 같은 음식들을 늘
어놓다 보니 궁금증이 생겼다. 모든 일본 사람들이 사랑하고, 일본 이외
의 다른 곳에서는 찾아볼 수 없는 일본만의 음식을 소개할 필요가 있지
않을까?

일본 특유의 음식을 찾자고 전 세계 방방곡곡과 비교해볼 필요는 없
을지도 모른다. 머리말에도 적었지만, 정황상 한국인에게 매우 낯선 음식
이라면 그것은 일본 특유의 음식일 가능성이 매우 크다. 그런 가설에 바
탕을 두고 내가 나름대로 더듬이를 사용해 일본을 대표하는 식재료로 선
정하려는 것은 다름아닌 가쓰오부시다. 가다랑어를 말려 얇게 포를 뜬 것
이다.

참치가 단일 종의 생선을 가리키는 이름이 아니라는 사실은 앞에 쓴

바와 같다. 참치 중에서도 일본에서 가장 고급 어종으로 대접받는 것은 북방 참다랑어다. 영어로는 블루핀Blue Fin이라고 부르고, 일어로는 혼마구로本鮪라고 한다. 한편, 낚시꾼들은 오히려 황다랑어를 선호하는 경향이 있다. 옐로우핀Yellow Fin, 또는 기하다마구로黃肌鮪라고 부르는 황다랑어는 힘과 지구력이 뛰어나 다른 참치보다 더 짜릿한 손맛을 느낄 수 있기 때문이다. 외모가 화려한 청새치나 돛새치도 전 세계 낚시꾼들의 마음을 설레게 한다. 헤밍웨이의《노인과 바다》에서 산티아고 노인이 잡았던 고기가 바로 청새치였다.

　반면에 지금부터 설명하려는 가다랑어는 참치의 일종이기는 하지만 횟감으로는 다른 참치들보다 저급한 생선으로 취급받는다. 참다랑어, 눈다랑어, 황다랑어 등과는 분류학적으로도 서로 다른 속屬에 속하고, 성어의 크기도 훨씬 작다. 하지만 가다랑어가 횟감으로 이런 푸대접을 받게 된 것은 에도시대 이후의 일이다. 에도시대는 식도락에 거품경제가 존재했던 시절이었다. 한 해의 첫 수확이 시작되는 맏물 음식재료에 집착하는 풍조가 도를 넘어 바쿠후에서는 맏물을 즐기는 식도락 행태에 대한 단속을 실시하기도 했다. 그중에서도 유명한 것은 맏물 가다랑어(하츠가츠오初鰹)를 둘러싼 소동이었다.

"고급 요릿집인 야오젠이나 당대의 최고 인기를 누리던 배우들이 앞을 다투어 2냥, 3냥이라는 고가에도 개의치 않고 가다랑어를 사들이는 한편, 힘겹게 살아가는 공동주택 거주 주민들까지도 혈안이 되어 맏물 가다랑어를 찾아 몰려들었다.(생략) 조닌町人들이 에도 토박이로서의 허영과 고집 때문에 얼마 안 되는 돈까지 다 탕진하면서까지 맏물 가다랑어를 샀다는 이야기가 센류川柳의 소재로 자주 등장하였다.(생략) 먼저 쇼군가에 헌상할 가다랑어를 고르고 난 뒤 경매에 부쳐 요릿집이나 호상들이 구입하고 그 나머지는 위세 좋은 생선 장수들의 도마와 칼을 거쳐 시중으로 날개 돋친 듯 팔려 나갔다.(생략) 그러나 덴포天保기(1830~1844)에 들어오면 가다랑어의 어획량이 증가하여 가격이 떨어졌으며 이에 가다랑어를 향한 광적인 열기는 거짓말처럼 사라졌다."(오쿠보 히로코 저,《에도의 패스트푸드》)

흔해지니까 인기가 없어지는 것은 '사치재'의 전형적인 증상이다. 이렇게 갑작스레 흔한 생선으로 전락한 후, 에도시대 중기부터는 가다랑어를 말려서 건어물로 소비하기 시작했다. 가다랑어의 가공방식은 점점 더 딱딱한 훈제 건조로 발전했고, 마침내 일본 요리에 필수적인 식재료로 정착했다.

가쓰오부시를 만드는 과정은 이렇다. 잡아서 냉동해두었던 가다랑어

일본을 대표하는 음식은 무엇일까

를 해동시켜 배와 등으로 나누고 다시 그 각각을 두 조각으로 자른 다음 끓는 물에 삶는다. 삶은 몸통을 식혀 핀셋으로 일일이 뼈와 가시를 발라낸다. 그 다음 껍질을 개어 만든 반죽으로 살이 패인 곳을 메워준다. 그것을 참나무 가마에 넣고 10~15일 정도 훈제를 한다. 훈제가 끝나면 가다랑어 표면에 묻은 검댕을 제거해준다. 그런 다음 가비黴, 즉 곰팡이를 피우는 작업이 시작된다.

가쓰오부시의 품질은 곰팡이 균을 피웠다 닦아내는 가비 작업을 몇 번이나 반복하느냐에 달려있다. 보통은 2차 가비로 끝내지만 최상품은 6차 가비를 한 것도 있다고 한다. 이런 최상품 가쓰오부시는 대리석보다 단단해져서 일반 가정집에서는 대패질을 해도 사용할 수가 없다고 한다. 곰팡이를 활용해서 음식을 가공하는 방식은 여러 지역의 여러 나라에서 사용되지만, 보통 이렇게 만드는 음식은 발효 음식이 된다. 그러나 가쓰오부시에 피우는 푸른곰팡이의 경우는 발효보다 신속하고 철저하게 수분을 빨아들여 건조 작업을 돕는 역할을 맡는다.

"가쓰오부시를 만든 사람은 기슈紀州 구마노우라熊野浦의 어부인 진타로甚太郎였다고 전해지고 있다. 때는 1674년으로, 도사土佐의 우사宇佐 포구에서 있었던 일이라고 한다. 미생물을 이용한 식품은 자칫 잘못하면 쉽게 부패해버려 아무 소용이 없게 될 위험이 있음에도 불구하고, 예전부터 술을 위시하여 여러 발효 식품이 제조되어왔다. 가쓰오부시에 곰팡이를 슬게 하여 건조시키는 방법은 균사가 중심부까지 퍼져 수분을 흡수하여 지방이 오른 가다랑어의 살에서 지방을 산패酸敗시키는 일 없이 분해시킨다."

(오쿠보 히로코 저,《에도의 패스트푸드》)

일본에서 공부하던 시절 가쓰오부시 공장이 있던 주택가 앞을 지나다녔던 선배에 따르면 매일 그 앞을 지나칠 때마다 퀴퀴한 냄새가 어찌나 심한지 코를 막고 싶을 정도였더란다. 왜 안 그렇겠나? 가다랑어에다 곰팡이라니. 하지만 이렇게 완성된 딱딱한 가쓰오부시의 얇은 조각은 '일본의 맛'을 만드는 데 가장 결정적인 역할을 하는 식재료가 된다. 예전에는 거무튀튀하고 길쭉한 가다랑어 토막을 집집마다 보관하고 있다가 필요할 때 대패로 얇게 깎아 사용했다. 하지만 오늘날 대부분의 일본 가정에서는 얇은 포로 가공된 상태로 포장해 판매하는 제품을 사용한다.

끓는 물에 가쓰오부시를 넣어 우려낸 다음 건더기를 걸러내면 맑은 국물의 '가쓰오부시 다시'가 만들어진다. 이 국물 없이는 우동도, 소바도, 온갖 일본식 전골도 생각할 수 없다. 소바나 우동, 튀김을 찍어 먹거나 각종 조림 요리, 전골 따위에 쓰이는 쓰유汁에도 가쓰오부시가 들어가기 때문에, 쓰유를 우리말로 아예 가다랑어 간장이라고 부르는 사람들도 있다. 카레를 만들 때도 가쓰오부시를 넣으면 맛이 부드러워진다. 덮밥에도, 오코노미야키에도 가쓰오부시는 필수적이다.

일본 가정에서는 아무 반찬 없이 그냥 간장에 비벼 먹는 밥을 '고양이밥', 즉 '네코맘마'라고 부르는데, 여기에도 가쓰오부시는 들어간다. 고양이나 먹을 정도의 조촐한 밥이라는 의미도 있겠고, 실제로 고양이가 이 밥을 좋아한다는 설도 있다. 일본인들에게 좋은 재료로 정성껏 만든 네코맘마는 어린 시절 엄마의 밥을 생각나게 만드는 소울푸드다. 이 또한 가쓰오부시가 얼마나 근본적인 일본 식재료인지를 보여주는 증거다. 우리도 예로부터 멸치나 육고기, 쇠뼈 등을 우려낸 국물을 사용해왔지만 전통 음식 국물에 가다랑어포를 사용하는 법은 없다.

서두에 펼쳤던 주장을 반복하고 싶어진다. 일본 음식의 특징을 가장 잘 알아낼 수 있는 것은 한국인이다. 자연히, 나로서는 그 역도 성립하리라고 믿는다. 그래서 언젠가는 진지한 호기심을 가지고 한국 음식을 논하는 일본인의 이야기도 꼭 한번 들어보고 싶다.

빵, 과자, 디저트

어찌 식사만 음식이랴

빵과 과자가 어째서 일본의 대표 음식이 될 수 있는지 설명하자면 부득이 좀 멀리 돌아가야 한다. 원래 멀리서 들어온 음식이었기 때문이다. 서유럽의 언어는 크게 라틴계와 독일계로 나뉜다. 가령, 영어는 라틴계와 독일계의 합성 언어이기 때문에, 영어 속에는 두 가지 언어의 자취가 다 들어있다. 예를 들어, '이해하다'라는 뜻을 가진 영어 단어 중에서도 understand는 verstehen이라는 독일어 단어와 뿌리가 같다. 한편 comprehend는 프랑스어의 comprendre, 이탈리아어의 comprendere와 라틴어 어원을 공유한다.

독일어로 빵은 브로트brot이므로 독일계 언어인 네덜란드어로는 브로트brood, 영어로는 브레드bread다. 라틴어로는 파니스panis이기 때문에, 라틴계 언어인 이탈리아어로는 파네pane, 프랑스어로는 팽pain, 스페인어로는 판pan, 포르투갈어로는 팡pão이다. 일본과 한국에서 빵이 빵이라고 불리게 된 것은 포르투갈 사람들이 일본에 빵을 전해주었기 때문이다. 1543년 폭풍

우에 표류해 온 포르투갈 선박이 일본인에게 처음으로 빵을 선보였다. 만약 네덜란드 사람이 한 발 더 일찍 빵을 전해주었다면 우리는 학창시절에 "야, 우리 브로트 먹으러 매점 가자." 어쩌구 하며 지냈을지도 모를 일이다.

일본인들은 뭔가 한 가지에 정열을 쏟기 시작하면 (특히 뭔가 손에 잡히는 물건을 만들어내는 일이라면) 놀라운 집착으로 괄목할 결과를 만들어내고야 만다. 16세기에 빵을 처음 구경한 일본은 불과 4세기 만에 세계 최고 수준의 제빵 강국이 되었다. 일본에서 빵이 급속도로 발전한 것은 군사적 목적의 연구개발에 힘입은 바 컸다. 19세기 개항 이후 존왕양이^{尊王攘夷}의 기치를 높이고 국토방위에 전력을 기울이던 조슈^{長州}, 사쓰마^{薩摩} 등의 번들은 군사식량으로서 빵의 가치에 착안해 다양한 형태의 빵을 연구하고 개발했다.

에도 직업훈련소에서 사무직으로 근무하던 기무라 야스헤에^{木村安兵衛}라는 인물은 돌연 빵에 열정을 느껴 1869년에 도쿄에 분에이도^{文英堂}라는 빵 가게를 열었고, 분에이도가 화재로 소실되자 기무라야^{木村屋}라는 가게를 다시 열었다. 기무라야는 1872년 대형 화재 이후 지금의 긴자로 자리를 옮겼는데, 이것이 지금도 다양한 종류의 단팥빵으로 이름이 높은 기무라야의 시작이다. 기무라야의 단팥빵이 일본인의 창작품이라는 사실과, 그것이 상업적으로 대히트했다는 사실은 중요한 함의를 가진다. 군용식량으로 연구되고 개발되었음에도, 일본에서 빵은 밥과의 자리다툼 끝에 주식이 아닌 간식으로 자리 잡게 되었다는 사실이다. 그래서 일본인의 제빵 기술은 새로운 '음식'을 만드는 방향이 아니라 다양한 디저트를 개발하는 쪽으로 발전해 나갔다. 그러므로 일본에서 빵은 과자류와 같은 줄에 선 먹거리가 되었다.

이러한 빵과 과자류의 혈연관계에는 일본의 전통 과자인 와가시和菓子도 영향을 미쳤다. 일본에도 예로부터 쌀, 밀가루, 전분, 팥고물 등을 사용한 전통 과자가 존재했고, 17세기에 차를 마시는 풍습이 일반화되면서 과자에 대한 수요가 폭발적으로 커졌다. 하지만 와가시가 지금처럼 현란하리만치 다양한 종류를 자랑하게 된 것은 에도시대 서양으로부터의 영향을 받은 이후의 일이다. 서양의 과자류에 대응해서 전통식 디저트를 '와가시'라는 이름으로 부르게 된 것 자체가 메이지 시대의 일이다.

와가시는 수분 함량이 20% 이하이면 히가시干菓子, 40% 이상이면 나마가시生菓子라고 부르는데, 글로 설명하는 것이 거의 무의미할 만큼이나 종류와 형태가 다양하다. 와가시 상점에 가보면, 일본인들은 과연 어디까지를 전통 과자라고 부르는지가 궁금해진다. 아주 옛스럽고 전통적인 내용물을 고집하는 경우도 있지만, 온갖 현대적인 재료와 형태를 차용하는 경우도 많기 때문이다. 마치 돈가스가 일본 음식이라는 말을 들었을 때와

일본을 대표하는 음식은 무엇일까

비슷한 물음표가 마음속에 떠오른다.

빵과 케이크와 과자는 일본인에게 간식으로서의 의미도 크지만, 그보다 더 큰 역할을 하기도 한다. 그것은 바로 답례품으로서의 역할이다. 출장이나 여행을 하게 되면 이웃이나 사무실의 동료들에게 여행지의 특산품을 선물하는 것이 일본인의 몸에 밴 습관이다. 이런 선물을 '오미야게 ぉ土産'라고 부른다. 일본인에게 선물을 할 때는 주의해야 한다. 답례를 해야 하는 부담도 함께 선사하는 일이기 때문이다. 도움이나 은혜를 받았으면 감사의 뜻을 갚아야 한다는 것은 어느 문명국에서나 통하는 예절이겠지만, 일본 문화에서 '은혜 갚기(온가에시恩返し)'가 차지하는 중요성은 유별나다. 그리고 보면, 일본 역사와 이야기 속에 등장하는 '원수 갚기'의 관념도 우리보다 훨씬 지독한 데가 있다. 이어령 선생이 한국의 문화는 한恨의 문화이고 '푸는 문화'인데 반해 일본의 문화는 원怨의 문화이고 '갚는 문화'라고 지적한 대목은 정곡을 찌른 것이었다. 일본인은 작은 선물로 마음을 표시하는 일이 그만큼 잦다.

• 도쿄의 프랑스 케이크 가게

선물 얘기가 나왔으니 말이지만, 도쿄에 사는 사람들이 정말 중요한 사람

에게 선물하고 싶을 때 찾는 곳이 니혼바시나 긴자에 있는 미쓰코시三越백화점이다. 비록 지금은 후발주자인 이세탄伊勢丹백화점에 합병되었지만, 미쓰코시라는 상호가 주는 무게는 여전히 크다. 미쓰이三井 가문의 에치고越後포목점(그래서 미쓰코시다)은 1673년에 창업한 이래 세계 최초로 정찰제를 실시하는 등 시대를 앞선 혁신으로 일본의 상업 질서를 선도했다. 1904년에 개업한 미쓰코시백화점은 일본에서 가장 오랜 역사를 가진 백화점이다. 긴 세월 동안 고급스러운 제품을 파는 장소의 아이콘이 되어왔다는 뜻이다. 그래서 같은 물건이라도 '越'자가 선명한 미쓰코시백화점의 포장지로 포장된 물건을 선물하면 받는 사람도 그 성의를 그만큼 더 헤아려 주기 마련이다.

바로 이 긴자 미쓰코시백화점 신관 2층에 가보면 라뒤레Ladurée라는 찻집이 있다. 제빵, 제과 기술은 프랑스와 일본이 전 세계의 수위를 다투는 종목이다. 천연덕스럽게도 파리보다 더 많은 식당이 미슐렝 가이드의 별점을 가지고 있는 곳이 도쿄 아닌가. 과자와 케이크에 대한 일본인들의 열정을 감안하면, 프랑스 최고의 케이크 업체가 미쓰코시백화점에 분점을 가지고 있는 것도 이상한 일이 아니다.

라뒤레는 프랑스의 작가 루이 에르네스트 라뒤레Louis-Ernest Ladurée가 1862년에 파리에 개점한 제과점이다. 1930년대에 마카롱이라는 과자를

라뒤레의 Religieuse

겹쳐 그 사이에 크림을 넣은 제품으로 선풍적 인기를 끌게 된 이후, 요즘도 매일 만오천 개 이상의 마카롱을 판매하고 있다. 케이크와 차도 함께 판매하면서 사세를 확장한 라뒤레는 2005년부터 해외로 진출해, 지금은 미국, 모나코, 스위스, 이탈리아, 레바논, 터키, UAE, 사우디아라비아, 룩셈부르크, 쿠웨이트, 아일랜드에서도 영업 중이고, 아시아 1호점이 바로 도쿄 미쓰코시 2층의 가게다. 대략 짐작이 가겠지만, 긴자의 라뒤레는 백화점 식당가의 여느 커피숍과는 분위기가 사뭇 다르다. 대기석에 앉아 기다리다가 절도 있는 점원의 안내로 자리로 가면 긴자의 길거리가 내려다보이는 통유리창 안쪽으로 고급스러운 탁자와 의자들이 늘어서 있다. 차 한 잔과 함께 마카롱을 즐기는 여성 고객들이 많은데, 정작 압권은 이 집의 케이크이다.

사실 나는 케이크를 싫어하는 편이다. 단맛을 즐기기에는 배가 부르고, 배를 불리기에는 너무 달지 않은가 하는 게 내 불만의 요체다. 그런데 라뒤레의 케이크는 불평하기에는 너무 맛이 있었다. 이곳의 케이크는 생일 케이크처럼 생긴 커다란 것이 아니라, 형형색색의 조그만 일 인분 케이크들이 태연스레 "신심 있는Religieuse", "성스러운 영광Saint-Honoré" 따위의 거창한 이름을 달고 진열되어있다. 개당 대략 1,000엔 안팎이다. 종잇장처럼 얇은 과자를 여러 겹 겹쳐 만든 파이도 무척 맛있었고, 케이크와 함께

Saint-Honoré

　　　　　　　일본을 대표하는 음식은 무엇일까

마신 바닐라 차의 맛도 기억에 남는다.

　나만 맛을 본 게 못내 죄스러워 집에도 몇 개 사 들고 들어갔다. 집에 와서 포장을 열어보니 케이크 하나하나를 움직이지 않게 고정시킨 솜씨는 물론이려니와, 그 사이사이에 드라이아이스를 별도로 싸서 배치해둔 것이, 영락없는 일본인의 솜씨였다. 그걸 펼쳐두고 물끄러미 바라보다가 문득 궁금해졌다. 본점인 파리에서도 과연 이렇게까지 포장을 해주는 것일까?

● 짜서 더 단 떡, 사쿠라모치桜餅

일본에 근무하는 동안 점심시간을 이용해서 동료들과 함께 일본어 공부를 했다. 일본어 수업이 있는 날은 수업 후에 편의점에서 산 삼각 김밥 따위로 점심 식사를 간단히 때우곤 했다. 우리 어머니보다도 연세가 많으신 나카무라 선생님께서는 학생들의 허기진 사정을 짐작하시고 간혹 간단한 간식거리를 가져오시곤 했다. 어느 봄날 수업 시간에 선생님께서 하나씩 맛보라며 우리에게 주신 것은 사쿠라모치였다. 둥글고 얇게 만든 밀가루 반죽을 구워서 팥소를 싸고, 소금에 절인 벚나무 잎을 두른 것이다.

　그날 이후, 나더러 일본의 전통 와가시和菓子 중에서 한 가지만 골라보

사쿠라모치

　　일본을 대표하는 음식은 무엇일까

라면 언제나 사쿠라모치를 제일 먼저 꼽는다. 두 해 동안 일본어를 정성껏 가르쳐주셨던 나카무라 선생님의 수업 시간이 저절로 떠오르기 때문이기도 하지만, 그 이유만은 아니다. 사쿠라모치의 산뜻한 색깔과 향긋한 맛이 봄의 정취를 느끼게 해준다는 이유만도 아니다.

사쿠라모치를 처음 베어 물던 순간 느꼈던 그 이율배반적인 놀라움이 생생하게 떠오르기 때문이다. 어려서부터 떡을 좋아해서 이모들로부터 '떡보'라고 불렸던 나는 떡의 단맛에는 누구보다 익숙했지만, 사쿠라 모치를 감싸고 있던 벚나무 잎사귀가 짠맛을 낼 줄은 미처 예상치 못했다. 단 팥소를 넣은 떡을 굳이 짜게 절인 잎사귀로 감싼 것은 여태껏 경험해 보지 못했던 방식으로 표현된 맛의 역설이었다.

《모던 패밀리》라는 미국 드라마에는 초코 우유에 소금을 조금 넣으면 더 맛있다고, 어른이 그런 것도 모르냐며 핀잔을 주는 꼬마가 등장한다. 약간의 짠맛은 혀가 느끼는 단맛을 더 도드라지게 만들어주는 것이다. 생각하면 할수록, 이런 맛의 역설이 가리키는 진실은 또렷하다. 맑은 날 보기가 어려운 영국 출신의 셰익스피어는 여름철의 화창함을 연인에 비유하며 찬미한 시를 남겼는데, 하와이에 출장 갔을 때 만난 택시 기사는 사시사철 화창한 날씨가 지루하다고 투덜대고 있었다. 혹시 우리는 이런 역설을 너무 자주 잊는 건 아닐까? 우리는 우리 삶을 너무 단맛으로만 채우려 애쓰거나 너무 짜게만 바라보고 비관하는 것은 아닐까?

　나는 한국과 일본 두 나라의 관계도 단맛과 짠맛이라는 역설을 동시에 견뎌낼 수 있는 관계가 되었으면 좋겠다는 생각을 한다. 한일관계는 좋을 때는 달콤한 맛만 부각된다. 양국관계가 어려워질 때는 마치 두 나라의 관계가 쓰고 짜기만 한 것처럼 구는 사람들만 보인다. 우리 삶이 그러하듯, 한일관계도 잘되기 위해 무릅쓰고 감수할 수 있는 짠맛이 어느 정도인지를 알아내는 균형감각이 필요하지 않을까. 반드시 따지고 다투어야 할 부분이 있다면 그렇게 하기를 두려워하지 말아야 할 것이다. 그러나 어떤 것이 다투어야 할 부분이고 어떤 것이 아닌지를 결정하는 것은 가슴이 아닌 머리로 해야 할 일이다. 그것은 마치 사쿠라모치의 벚나무 잎을 얼마나 짜게 절일지 결정하는 일과도 같다. 잘 절여진 잎사귀의 짠맛은 단맛을 더 달게 만들어준다.

• 디저트 식초

양조장은 술을 만드는 곳이다. 그런데 식초를 만드는 곳도 양조장이다. 둘 다 과일이나 곡물을 발효시켜서 만들기 때문에, 술을 만드는 방법과 식초를 만드는 방법 사이에 존재하는 차이는 근본적인 것이 아니라 기술적인 것이다. 놀랍게도, 인간이 먹는 음식의 대략 3분의 1 정도가 발효 음식이라고 한다. 발효란 미생물을 이용해서 당을 분해하는 과정을 의미한다. 그렇다면 식초는 왜 술만큼 다양하지 않은 걸까? 모르시는 말씀. 식초도 무수히 많은 종류가 있다.

식초는 크게 보면 화학식초와 양조식초로 나눌 수 있다. 화학식초는 에틸알코올에 빙초산을 섞고, 맛을 내기 위해 다양한 물질을 첨가해 만들기 때문에 몸에 좋지 않다고 알려져있다. 양조식초는 곡물이나 과일로 술을 빚듯이 만든다. 식초는 초산, 구연산, 각종 아미노산 등 60여 가지 유기산이 들어있어 신진대사를 활발하게 해주고, 체내 노폐물을 없애준다. 소금과 함께 사용하면 음식이 덜 싱겁게 느껴지기 때문에 과다한 염분 섭취를 막는 데도 도움을 주고, 야채와 함께 섭취하면 비타민C가 파괴되는 것을 막아준다. 생선의 비린 맛을 없애주는 데도 식초만 한 재료가 없다.

중세 유럽에서는 동양에서 수입한 후추라는 식재료가 육식을 즐기던 유럽인들의 식탁에 혁명을 가져왔다. 냉장고도 없던 시절, 신선한 고기 맛을 즐기기란 어려운 일이었다. 그러니 고기의 고기다운 맛을 도드라지게 만들어주는 후추가 얼마나 고마웠으랴. 식초의 발달도 인간의 식문화에 큰 변화를 가져왔고, 적어도 일본 음식에 관한 한, 식초가 가져온 혁명은 유럽 음식에 후추가 미친 영향에 비견할 만큼 컸다.

일본어로 식초는 '스酢'라고 한다. 앞에 썼듯이, 오늘날 스시가 발효된 생선을 사용하지 않고 날생선을 사용하게 된 것은 식초의 발달 덕분이었다. 맛이 좋은 식초가 생겨난 덕에 식초에 버무린 밥으로 '발효의 분위기'를 낼 수 있게 되었던 것이다. 날생선의 비린 맛을 상쇄하기 위해서도 식초의 활용은 필수적이었다.

일본 음식은 상대적으로 엷고 섬세한 맛을 특징으로 삼는다. 일본인은 통점을 자극하는 매운맛에 익숙하지 않은 대신, 미묘한 차이가 나는 엷은 맛의 기미들을 알아채는 데는 선수급이다. 맛을 분별하는 일본의 형용사 중에서 '곳테리こってり'라는 표현은 기름기가 많아 짙고 끈끈한 상태를 가리킨다. 그 반대로 담백하고 깔끔한 맛을 '삿파리さっぱり'하다고 하는데, 일본어 '삿파리'에는 초밥이나 초된장, 또는 샐러드드레싱처럼 엷은 산미酸味의 느낌이 포함되어있다. 그럴 정도로, '살짝 신맛'은 일본 음식, 특히 전채 요리 대부분에 해당되는 중요한 특질이다.

그러니까 직접 마시는 감식초가 일본에서 널리 판매되는 것은 당연한 일이다. 도쿄 여러 곳의 백화점이나 전문점에서 직접 마시거나 물에 타 먹는 감식초를 판매하고 있다. 긴자 미쓰코시백화점 옆에 있는 오스야お酢屋도 그중 한곳이다.

오스야는 1876년부터 영업을 하고 있는 우치보리内堀양조원에서 제

작, 공급하는 감식초 전용 카페다. 우치보리양조원은 '스므리에 우치보리 미쓰야스酢ムリエ 内堀光康'라는 상표를 만들었다. '스므리에'란, 물론 포도주 감별사를 일컫는 '소믈리에sommelier'에 식초를 의미하는 '스'를 갖다 붙인 애교 있는 이름이다. 식초를 가미한 소프트아이스크림도 판매하는데, 그 이름도 '스프트酢가' 아이스크림이다. 매장에서는 친절한 점원이 다양한 식초를 물에 타서 조그만 일회용 잔으로 시음을 권해주고 있었다.

상점 안에 앙증맞게 늘어선 병들을 살펴보면, 서양배, 포도, 사과, 유자, 석류, 블루베리, 로즈힙, 히비스커스, 생강, 레몬, 망고, 꿀 등등 온갖 종류의 디저트 식초가 있다.

물에 타서 마시면 건강에 좋을 뿐 아니라 맛도 상쾌한 디저트 음료가 되며, 우유나 아이스크림에 타서 먹으면 과일맛 요거트처럼 즐길 수 있다고 한다. 점원의 친절한 미소에 보답해야 할 것 같아서 맥주에 타 먹는 식초를 한 병 사 들고 왔다. 집에 와서 맥주에 조금 타서 마셔 보았다. 향료를 첨가한 유럽의 맥주처럼 산뜻한 과일향이 풍기는 특이한 맥주가 되었다.

이실직고하면, 나는 신 음식을 무척 싫어한다. 그래서 종류를 불문하고 과일도 그리 즐기지 않는 편이다. 하지만 오스야에서 시음해본 감식초는 식초라기보다는 뭐랄까, 소프트 드링크의 한 종류를 마시는 느낌이었다. 시다는 얘기를 자꾸 반복하자니, 이 글을 쓰는 내내 입안에 침이 고인다.

일본을 대표하는 음식은 무엇일까

조리법으로 살펴본

일본 음식

일본식 튀김 아게모노揚げ物

드넓은 튀김 요리의 세계

일어로 튀김은 아게모노라고 부른다. 덴푸라는 튀김옷을 사용한다 해서 '고로모아게衣揚げ'라는 별명으로 불리기도 한다. 달걀을 넣거나 그냥 물에 밀가루만 섞은 튀김옷에 각종 재료를 버무려서 튀기는 요리다. 덴푸라는 튀김옷이 많은 수분을 함유하고 있는 덕분에 재료가 쉽게 타지 않고 재료의 맛이 잘 보존되는 장점이 있다. 하지만 일본의 튀김 음식에 덴푸라만 있는 것은 아니다.

'스아게素揚げ', 또는 '모노아게もの揚げ'라는 것도 있다. 재료에 아무 옷도 입히지 않고 기름에 바로 튀겨서 바삭하게 만든 요리인데, 바다장어나 학꽁치의 뼈, 연근, 감자, 호박, 새우, 게 등의 재료를 사용한다. 소금을 뿌려서 먹으면 맥주 안주로 그만이다.

서양식 커틀릿 요리를 응용해서 만드는 '가쓰カッ'도 있다. 빵가루 따위를 입혀서 만드는 것이 특징이다. 그 외에도 계란 흰자만을 사용한 '하

고로모아게

스아게

조리법으로 살펴본 일본 음식

쿠센아게白扇揚げ', 노른자만 사용하는 '기미아게黄味揚げ'따위가 있다.

튀김옷을 입히지 않고 밑간을 한 녹말을 얇게 묻혀 기름에 튀기는 '가라아게'도 있다. '空揚げ'라고도 쓰고 '唐揚げ'라고도 쓰는데, 일본신문협회의 방침은 '空揚げ'로 통일한다는 것이지만 막상 식당에 가 보면 '唐揚げ'라고 쓰는 곳이 더 많다. 튀김옷을 입히지 않는다 해서 空자를 쓰는 것이 아닌가 싶다. 쇼와 초기(1920년대 말)에 일반화된 요리 방식이라고 하는 가라아게의 재료로는 닭이 가장 자주 사용되지만 어패류나 채소류 가라아게도 있다.

기름에 넣어 튀긴다고 다 같은 튀김이 아닌 것이다. 내가 체험한 식당 몇 곳을 소개하면서 독자들을 아게모노의 세계로 잠시 안내해보려 한다.

• 가라아게空揚げ

일본에서 맛집을 찾기는 쉽다. 줄이 길게 늘어선 곳이면 틀림없다. 한가한 식당보다는 붐비는 쪽이 맛있다는 정도는 언제 어디서나 통하는 지혜이겠지만, 일본에서는 '많은 사람이 줄 서는 집'이라는 교레츠덴行列店이라는 단어가 일상적으로 사용되고, 줄 서는 가게만 소개하는 TV 프로그램도 있을 정도다. 일본인의 중요한 두 가지 특징, 음식 맛을 매우 중시하는 태도와 줄 서서 기다리는 일을 마다하지 않는 습관이 어우러져, 일본에서 '식당 앞의 줄 길이'는 맛의 정확한 척도가 된다. 바로 옆의 음식점이 텅텅 비어있어도 맛집 앞에는 언제나 긴 줄이 늘어선다. 신주쿠의 맛집을 찾아갔더니 도로를 사이에 두고 길 건너편까지 줄이 이어져, 식당 안으로 한 사람이 들어가면 길 저쪽편 한 사람이 길을 건너와 이쪽편의 줄 끝에 서는 광경을 본 적도 있다.

도쿄 서쪽의 무사시노시에는 기치조지라는 동네가 있다. 도쿄 사람들이 가장 살고 싶어하는 주택가 중 하나다. 도쿄 도심처럼 비싸지는 않으면서도 멋쟁이 가게들이 많고, 주변에는 유서 깊은 이노카시라공원도 있다. 인근에는 애니메이션의 거장 미야자키 하야오의 작품을 전시하는 지브리 미술관도 있다. 아이들을 데리고 간혹 필요한 물건을 사러 가곤 했는데, 어느 날 길게 늘어선 줄을 만났다.

망설임 없이 일단 줄 끝에 섰다. 뭔지도 모르고 줄부터 선 다음 찬찬히 살펴보니 도리노가라아게鳥の空揚げ라는 닭튀김을 파는 가게였다. 간이 매대처럼 창문 밖에 서서 주문을 하고, 안에서 튀겨주는 닭을 봉투에 받아 가는 곳이었다. 점포 안의 좌석도 없었다. '전설의 닭튀김 유카리伝説の 鳥唐揚げ一縁'라는 거창한 상호가 붙어있어 물어보니 도쿄 여러 곳에 점포를 가진 체인점이란다. 이 닭튀김은 그날 저녁 우리 식구 모두가 깜짝 놀랄

조리법으로 살펴본 일본 음식

만큼 맛이 있었다. 큰아이의 주장에 따르면, 이러니 일본에서 KFC의 매상은 높을 턱이 없다는 것이었다.

그날 이후, 우리 식구는 주말의 출출한 오후가 되면 도리노가라아게를 즐겨 먹게 되었다. 식초에 절인 무우를 곁들여 밥과 함께 먹어도 좋고, 맥주와 마셔도 좋다. 우리가 단골로 이용한 '전설의 닭튀김 유카리'는 다양한 메뉴를 선보이고 있었다. 뼈가 없는 닭의 다리부위 고기를 둥글게 만들어 튀긴 주시모모마루ジューシーもも丸, 뼈 없는 다리살을 껍질이 딱딱해지도록 튀겨낸 가릿토모모カリッともも, 닭날개 고기인 데바사키手羽先 등이 가장 인기를 끈다고 한다. 히덴닌니쿠秘伝ニンニク는 '비전秘傳'이라는 애교 있는 뽐냄이 밉지 않을 정도로 독특한 마늘 맛 소스에 적신 튀김이다. 기와미다레極ダレ라는 것은 참깨와 마늘을 사용해 기름지게 튀겨낸 뼈 없는 닭고기, 피리카라치리ピリからチリ는 가슴살을 튀겨 맵싸한 양념을 입힌 것이다. 셋다 나쁘지는 않은데, 양념을 하지 않은 메뉴가 워낙 맛있어서 양념튀김을 자주 찾게 되지는 않았다. 닭의 무릎뼈 연골을 튀겨낸 난코쓰軟骨도 따로 파는데, 별로 내 취향이 아니긴 하지만 씹는 묘미가 있다.

굳이 이 업소의 메뉴를 자세히 소개하는 이유는 신기하다는 생각이 들어서다. 오로지 닭튀김만 판매하는 길거리 매대의 메뉴가 이렇게까지 다양할 필요가 있을까? 이 나라 사람들은 "그냥 반 양념 반 주세요." 정도

로는 성에 차지 않는 것일까? '유카리'의 메뉴에는 껍질만을 과자처럼 튀겨낸 가와센베이皮せんべい라는 것도 있다. 콜레스테롤이 높아서 건강에는 별로 좋지 않다는데, 건강에 안 좋은 음식일수록 맛이 있다는 사실이야말로 우리 인생의 크나큰 아이러니가 아닐 수 없다. 가와센베이는 내가 특히 좋아하던 메뉴다. 아이러니에 마음이 끌려서가 아니라 단순히 맛이 좋아서다. 쓰다 보니 또 맥주 한잔 생각이 간절해진다.

• 구시아게串揚げ

채소나 생선, 고기 따위를 꼬치에 끼워 굽는 요리를 구시야키串焼き라고 부르고, 빵가루 따위를 입혀 튀기는 꼬치 요리는 구시아게 또는 구시가쓰串カツ라고 부른다. 구시아게라는 요리법은 메이지 말기(1910년경)부터 시작되어 쇼와 중반(1930년대)에 널리 대중화되었다. 도쿄 메트로 치요다선의 네즈역 바로 앞에는 한테이はん亭라는 유서 깊은 구시아게 식당이 있다.

척 봐도 지어진 지 100년은 됨 직해 보이는 이 가게의 건물은 메이지 42년, 그러니까 1909년에 건축된 유형문화재다. 건물에 얽힌 사연이 재미있다. 원래 이 건물은 쓰마카와爪皮라고 부르는 나막신 앞의 가죽 부분을 만들어 팔던 상점이었는데, 그 앞으로 길이 뚫리게 되면서 재개발될

운명에 처했다. 하지만 옛 것을 보존하는 데 열심인 일본인들은 건물을 헐어버리는 대신, 도로에 해당하는 건물의 반쪽만 허물고 나머지 부분은 보존했다.

그래서 이 목조건물은 지금도 도로에 면한 쪽은 철제 빔으로 이루어져있다. 관동대지진과 폭격에도 살아남은 이 목조건물은 70년대에는 독신 근로자 기숙사로 쓰였다고 한다. 한편, 광고 회사에 근무하다가 회사 생활을 청산하고 구시아게 가게를 운영하던 사나이가 있었다. 그는 네즈 근처를 오가며 이 건물에 눈독을 들이다가, 마침내 건물을 구입해 1975년부터 튀김 요리 식당 한테이를 운영하기 시작했다.

발음으로만 '한테이'라고 말하면 먼저 연상이 되는 것은 에도 바쿠후 시절에 사쓰마, 조슈, 도사, 아이즈, 미토 등 각 지방 번藩에서 에도나 교토 등 중요 도시의 시내에 지어놓은 저택을 가리키던 한테이藩邸다. 각 지방 번이 중앙과의 연락사무소 겸 한시藩士들의 임시거처로 한테이를 활용했는데, 안세이의 난安政の大獄에서부터 메이지유신에 이르기까지의 격동기에는 바쿠후 타도를 주장하는 근왕지사들이 모여드는 정치적 화약고 같은 장소였다. 튀김집 한테이의 이름은 한자로 표기하지 않고 있는데, 물어보니 이 집의 선대 주인이 다른 튀김집보다 '반보 더 전진하자'는 의미에서 그런 이름을 지었다고 한다. 일어로는 반半을 '한'이라고 읽는다. 도시 개

　　　　　　　　　조리법으로 살펴본 일본 음식

발로 반쪽이 잘려나간 건물이라는 점도 염두에 두었을 것이다.

2대째 한테이를 운영하고 있는 지금의 사장은 원래 경찰이 되는 것이 목표였는데 부친이 병환으로 쓰러진 뒤에 가업을 이어받을 결심을 했다고 한다. 이런 풍토는 부럽다. 일류 대학을 나와서도 부친이 경영하는 식당이나 상점을 이어받는 것이 일본에서는 흔한 일이다. 그래서 동네에서도 걸핏하면 3대째, 4대째 장사하는 상점들을 볼 수 있다. 이런 상점들이 신용과 성실을 저버린다면 그게 더 이상한 일일 것이다. 이러한 프로페셔널들의 신용이 일본 사회가 누리는 신뢰의 바탕을 이룬다.

3층 건물인 한테이의 1층은 테이블 좌석이고, 어질어질할 정도로 가파른 계단을 오르면 2층과 3층은 다다미방이다.

자리에 앉아 주문을 하면 오이와 당근 스틱과 네모나게 자른 양배추가 나온다. 양배추를 화투장 정도의 크기로 네모 반듯하게 잘라놓은 모습이 이채롭다. 된장과 소금, 튀김 소스 세 가지를 작은 그릇에 담아준다.

구시아게 메뉴는 차조기잎에 만 새우, 고기와 생강 말이, 고기로 채운 연근, 가리비 패주, 아스파라거스, 고기로 채운 가지, 송이와 다진 새우, 방울토마토, 물맞이게, 쇠고기 치즈, 닭고기, 붕장어, 돼지 안심, 삶은 문어, 오징어 등등 다양하다.

반찬 2가지와 생야채, 그리고 6가지의 구시아게를 주문하면 가격이

한테이의 구시아게 메뉴

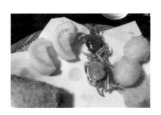

3,000엔이다. 이걸 먹고 나서 구시아게를 다시 6개 추가하면 1,350엔, 3개 추가하면 750엔, 1개 추가하면 210엔씩 추가되는 식이다. 튀김을 먹을 만큼 먹었다 싶으면 밥과 국, 또는 오차즈케お茶漬け를 주문하면 되는데, 해초가 듬뿍 들어간 이 집의 오차즈케는 무척 맛있다.

일본인들은 요리로 다양한 실험을 하는 것을 미덕으로 여긴다. 이런 태도는 일식을 세계화하는 데 크게 기여했다. 실험을 통해서 현대인의 구미에 맞는 새로운 음식의 조합이 탄생하고, 그중에 성공적인 것들은 얄밉게도 오래전부터 있었다는 듯이 '일식 메뉴'의 자리를 차지한다. 라멘, 돈가스, 오므라이스 등등이 전부 다 그런 식으로 개조된 외래의 음식들이다. 한테이의 구시아게도 실험 정신의 정수를 보여준다. 조그만 꼬치를 가지고 주방에서 만지작거리고 있을 사람들의 모습이 상상되어 웃음이 날 만큼, 이 집의 구시아케는 섬세하게 썰고, 다지고, 말고, 채우고, 씌우고, 붙인 재료들로 이루어져있다. 그것이 당신의 미학적 관점에 얼마나 부합하느냐와는 상관없이, 전부 다 맛이 아주 좋다.

한테이는 월요일을 제외한 평일 11:30~15:00, 17:00~23:00간 영업을 한다. 내가 한테이를 두 번째 찾아갔을 때는 식구들과 함께였는데, 꿈지럭거리느라 토요일 오후 2시 반에야 가게에 도착했다. 점원이 미안하다며 점심시간의 마지막 주문 시간이 끝나서 손님을 받을 수 없다고 했다. 내가 울상을 지으며 "아아, 일부러 멀리서 왔는데….'라고 하자, 점원은 식사시간이 30분밖에 없어도 괜찮으시겠느냐고 물었다. 우리 식구들은 빨리 먹기의 달인들인지라, 당연히 아무런 문제가 없다고 얼른 대답했고, 짧은 시간이었지만 즐겁게 후식까지 즐길 수 있었다.

• 덴돈天丼

도쿄 동북부의 구시가지에 요시와라吉原라는 곳이 있다. 낙후된 시타마치下町의 분위기가 물씬 풍기는 요시와라에는 규모가 큰 인력시장이 형성되어있다. 이로하ィロハ시장이라는 재래시장 앞을 지나다 보면 일거리가 없는 일용직 지원자들이 마치 부랑자처럼 길거리에 드러누워 있거나 술로 시름을 달래는 모습을 자주 볼 수 있다. 요즘 가보면 일본의 전반적인 불경기 탓인지, 여러 상점들이 셔터를 닫고 있다.

　요시와라는 특이한 사연을 지닌 곳이다. 에도시대에 만들어진 유곽이 여기 있었기 때문이다. 에도 바쿠후가 수립된 직후인 1617년에 만들어진 요시와라 유곽은 높은 담장과 폭 3m의 해자로 둘러싸여 있었다. 오랜 세월 동안 이곳에서 얼마나 많은 한숨과 눈물과 사연이 차곡차곡 쌓였을 것인가. 1958년 성매매 방지법이 시행되면서 요시와라는 유곽으로서의 오랜 역사를 정리했다. 하지만 아직도 남아있는 과거의 유곽터 안쪽으로는 '소프랜드'라고 부르는 풍속업소들이 다수 자리 잡고 있고, 그 주변을 살펴보면 유곽 지대가 도로면보다 높기 때문에 해자가 흐르던 자리도 금세 알아볼 수 있다.

요시와라 대문 길 건너편에 둘이 먹다 하나가 죽어도 모를 정도로 맛있는 덴돈天丼집이 있다. 덴돈은 덴푸라를 밥 위에 얹어 내는 튀김덮밥을 말한다. 지하철 히비야선을 타고 미노와역에서 내려 아사쿠사 방향으로 20분쯤 걷다 보면 '덴푸라 이세야天麩羅 伊勢屋'라는 옥호가 내걸린 고색창연한 식당을 찾을 수 있다. 지금은 없어진 해자와 관련된 흔적이 남아있어서, 이 가게의 정식 명칭은 지금도 제방 옆 이세야土手の伊勢屋다.

식당을 찾는 일은 간단하다. 영업시간 중이라면 언제나 그 집 앞에만 손님들이 기다란 줄을 이루고 서있기 때문이다. 나는 집이나 사무실에서 가깝지도 않은 이 식당에 일곱 번쯤 찾아갔는데, 음식을 먹은 것은 세 번뿐이었다. 나머지는 식재료가 매진되어 아쉬운 발걸음을 돌려야 했거나, 뙤약볕 아래 줄이 너무 길어서 제 풀에 포기하고 돌아섰던 것이다. 사람들 참 귀신같다. 어쩌면 맛이 있는 집은 그렇게도 잘들 알고 몰려드는지.

후지TV의 국제부장인 노자키 상은 시타마치의 옛날 식당들을 순례하는 것을 취미로 삼고 있는 나의 벗이다. 맨 처음에 내가 좋아하는 선배

와 노자키 상을 따라 이 집을 찾아갔을 때는 솔직히 말해서 조금 짜증이 났다. 사무실에서 너무 먼 데다 지하철에서 내린 다음에도 더운 날씨에 와이셔츠가 다 젖을 만큼 한참을 걸어가야 했기 때문이다. 옛날식 격자 미닫이문을 열고 들어간 식당은 앉은 사람의 어깨가 부딪힐 정도로 좁고 낡았다. 옛날식 불투명 유리창이 실내의 어슴푸레한 백열등 빛을 받아 창밖의 풍경을 가리고 있었다.

주문한 음식을 먹어보고 나서야 내 눈에 비친 이세야의 모든 것이 멋지게 보이기 시작했다. 이 업소가 영업을 시작한 것은 112년 전이고, 쇼와 2년(1927년)에 지어진 상점 건물은 유형문화재로 지정되어있다. 나는 도쿄에서 10년 넘게 살고 있는 사촌동생을 끌고서도 이 가게에 왔다. "형, 무슨 덴돈 같은 걸 먹자고 그렇게 멀리 가요?"라고 묻던 동생이 그 뒤로는 종종 "주말에 시간 나면 요시와라에 덴돈이나 먹으러 가시죠."라며 문자를 보내오곤 했다.

'에도 바쿠후풍'이라는 이세야의 덴돈은 참기름으로 튀겨 고소하고, 특유의 소스로 촉촉하게 젖어있으면서도 신기할 만큼 바삭한 식감을 간직하고 있다. 참기름을 섞어 덴푸라를 만들면 짙은 갈색을 띠기 때문에 구로덴푸라黑天麩羅라고 부르기도 한다. 이세야의 덴돈은 이ʃ, 로ᵐ, 하ʰ 세 종류인데, 각각의 가격은 1,400엔, 1,900엔, 2,300엔이다. 나는 가장 작은

이세야의 덴돈

'이'만 먹어도 배가 부른데, 밥 위에 튀긴 새우와 오징어, 야채가 얹혀 나온다. '로'에는 붕장어 튀김이 추가되고, '하'의 경우에는 패주와 생선 따위가 추가된다. 메뉴에는 그밖에도 붕장어튀김덮밥穴子天丼이나 새우튀김덮밥海老天丼도 있고, 덴푸라만도 중, 상, 모듬 등으로 따로 주문할 수 있다. 이 집에서 따라주는 차는 튀김에 어울리게 짙은 맛이고, 별도로 판매하는 국물도 맛있다.

이세야의 영업시간은 11:30~14:00, 17:00~20:00이고, 수요일은 휴무다. 영업시간 내에 가더라도 줄이 길거나 재료가 다 떨어지면 음식 맛을 볼 수 없으니 마음의 준비를 하고 가는 편이 좋다.

• 이로하 팬그램pangram

이로하ィロハ 이야기가 나왔으니 그게 뭔지 설명해야 할 것 같다. 이로하는 우리말의 '가나다' 또는 영어의 'abc'와 같은 뜻이다. 요리의 기본도 모르는 사람한테 "요리의 '이로하'를 모른다."라고 말하는 식으로도 사용한다. 사지선다형 시험문제나 음식점의 메뉴에도 이로하가 사용되는 경우가 압도적으로 많다. 일본어에는 48개 음이 있기 때문에 이로하라는 표현은 때로는 '50여 개나 되는 많은 수'를 의미하는 표현으로 쓰이기도 한다. 도치

조리법으로 살펴본 일본 음식

키현의 산속에는 주젠지호수라는 커다란 호수가 있는데, 호수까지 가려면 50굽이나 되는 언덕길을 굽이굽이 올라야 한다고 해서 그 길을 이로하 고개라고 부르는 식이다.

일본어를 조금 배워본 사람이라면, 어째서 아이우^{アイウ}도, 아카사^{アカサ}도 아닌 이로하냐는 궁금함을 느낄 것이다. 일어의 가나^{仮名}를 지금과 같은 50음도의 순서로 표기한 것은 메이지유신 후 교육 근대화 정책의 결과였다. 그 이전에도 글자를 외워야 할 필요가 있었기 때문에 영어의 알파벳 송처럼 노래를 만들어 불렀는데, 그것이 이른바 이로하 노래였다.

이로하 노래는 가나에서 'ん'을 제외한 모든 문자를 빠짐없이 한 번씩만 사용해 만든 노래다. 이 노래는 중세부터 근세에 이르기까지 일본 전역에서 널리 불려졌다. 이처럼 모든 문자를 한 번씩만 사용해서 만든 문장을 팬그램^{pangram}이라고 부른다. 예를 들어, "The quick brown fox jumps over the lazy dog"이라는 문장 속에는 모든 알파벳이 사용된다. 하지만 두 번 이상 사용되는 글자도 몇 개 있기 때문에 진정한 팬그램이라고는 할 수 없다. 한자로 만든 천자문도 팬그램에 가깝지만 전체 한자의 수는 1천 개를 훨씬 넘는데다, 천자문 속에도 중복되어 사용된 글자들이 있다. 그러니까, 진정한 의미에서 팬그램은 일본의 가나처럼 자음과 모음이 한 글자를 이루는 소리글자로만 가능하다고 해도 틀린 말이 아니다. 이로하

노래를 히라가나로 적으면 다음과 같다.(괄호 안은 의미상의 발음)

いろはにほへとちりぬるを　　이로하니호헤토치리누루오

　　　　　　　　　　　　　　(이로와 니오에도 치리누루오)

わかよたれそつねならむ　　　와카요타레소쓰네나라무

　　　　　　　　　　　　　　(와가요 다레조 쓰네 나란)

うゐのおくやまけふこえて　　우위노오쿠야마케후코에테

　　　　　　　　　　　　　　(우이노 오쿠야마 쿄오 코에테)

あさきゆめみしゑひもせす　　아사키유메미시예히모세스

　　　　　　　　　　　　　　(아사키 유메미지 에이모 세즈)

이것을 뜻으로 적으면 아래와 같다. 중세의 유산답게 불교적 무상감
이 물씬 풍겨난다.

色は匂へと散りぬるを　　　아름다운 꽃도 언젠가는 져버리거늘

我か世誰そ常ならむ　　　　우리가 사는 이 세상 누군들 영원하리

有為の奥山今日越えて　　　덧없는 인생의 깊은 산을 오늘도 넘어가노니

浅き夢見し酔ひもせず　　　헛된 꿈 꾸지 않으리 취하지도 않을 테요

자모가 한 글자를 이루는 소리글자라는 것이 그리 흔치는 않은데, 지금은 말만 남고 글은 사어가 된 인도네시아의 자바어가 그런 조건을 갖추고 있다. 당연하다는 듯이, 자바어의 알파벳도 한 편의 멋들어진 시를 이룬다.

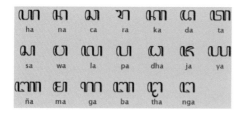

하나짜라카
다타사와라
파다자야나
마가바따냐

용사들이 있었네 (하나 - 있었다, 짜라카 - 용사)

그들은 서로 증오를 품었지 (다타- 가지다, 사와라-다른 생각)

그들의 힘은 비슷해서 (파드하- 같은, 자야나-그들의 힘)

둘 다 죽었네 (마가-둘 다, 바따냐-죽었다)

일본식 구이 야키모노焼き物

불판이 아닌 화로에서 굽기

야키만두(올바른 표현은 아니지만), 로바다야키, 뎃판야키, 데리야키 따위의 단어를 입에 올려본 사람이라면 굳이 일어를 배우지 않았더라도 야키모노焼き物라는 것이 구이를 가리킨다는 사실을 능히 짐작할 수 있을 것이다. 그런데 야키모노는 구워놓은 음식만을 칭하는 단어가 아니다. 일본에서 '야키모노'는 도자기 종류를 싸잡아 부르는 이름이기도 하다. 도자기도 불에 구우니까 그걸 가키려 '구운 것'이라고 부르는 것이다. 도자기 그릇 위에 생선구이를 놓고 먹는다면 야키모노를 야키모노에 담아 먹게 되는 셈이다.

　음식을 가리키는 야키모노는 엄밀히 말하자면 모든 구이 요리에 해당되는 명칭이어야 옳다. 그런데 일본에서 그냥 야키모노라고 말하면 십중팔구 생선구이를 의미하는 것으로 받아들인다. 생선이 일본인의 식단에서 압도적으로 중요성을 지니기 때문이다. 생선이 중요하다는 사실을 증명해주는 다른 표현도 있다. 일본에서 생선은 魚라고 쓰고 '사카나'라고 부른다. 그런데 사카나를 한자로 肴로 표기하기도 한다. 그렇다. 춘향전에서 '옥반가효만성고(玉盤佳肴萬姓膏)' 할 때 등장하는 '안주 효'자다. 이렇게 쓸 때 사카나는 생선이 아닌 안주 종류 전체를 뜻한다. 술안주로 얼마나 줄창 생선만 먹었으면 생선이라는 말이 아예 안주를 가리키는 명사로 자리를 잡았겠는가.

야키모노가 주로 생선 구이를 의미하는 것으로 받아들여지는 또 다른 까닭은 앞서 설명한 것처럼 일본에서 육식이 오래 금기시되다가 근세에 와서야 허락되었다는 데도 있다. 쇠고기나 돼지고기 구이는 '야키니쿠燒肉'라고 부른다. 우리가 짜장면이라고 하면 으레 중국 식당을 연상하는 것처럼 일본에서는 야키니쿠라고 하면 으레 한국식 식당으로 이해한다.

일본식 구이도 있지만 그것은 숯불 위에 불판을 놓고 굽는 게 아니라 화로를 이용해서 굽는, 이른바 로바다야키 방식이고, 거기서는 역시 고기보다는 생선이 주를 이룬다. 아마 도쿄 시내에서 가장 흔히 볼 수 있는 식당이 로바다야키집일 것이다. 대부분의 로바다야키 식당은 저녁 무렵이면 해산물, 가금류, 육류, 야채 등 온갖 것들을 구워 술안주로 삼는 직장인들로 붐빈다. 여기서는 흔한 로바다야키 식당보다는 조금 특이한 곳을 소개해볼까 한다.

• 곰고기, 사슴고기, 멧돼지고기

도쿄의 겨울은 춥다. 겨울이 우리만큼 춥지 않기 때문이다. 무슨 소리냐고? 헷갈리는 말장난처럼 들릴지 몰라도, 도쿄에서 겨울을 나본 사람은 다 알아듣는다. 집 안에서 덜덜 떨면서 지내야 하기 때문이다. 우리나라의 온돌은 겨울마다 대륙에서 불어오는 매서운 북서풍을 견뎌내기 위한 조상들의 지혜에서 나왔다. 기후 온난화 탓으로 요즘 겨울은 예전에 비해 싱거워졌지만, 내 또래보다 나이가 많은 한국인이라면 정말 매서운 추위가 어떤 건지 기억할 것이다. 한강이 얼어붙고, 논밭은 썰매장으로 변하는 계절. 버스를 기다리는 동안 얼어붙은 귀에 감각이 없어지던 그 추위를.

요즘 우리나라 사람들이 기름 한 방울 안 나는 나라에 살면서도 아파트의 실내 온도는 반팔을 입고 다닐 만큼 높여두고 지내는 것은, 역설적이지만, 추운 겨울 때문에 생겨난 온돌 문화에서 연유한 습성이다. 한국에서는 바닥에 보일러를 까는 것을 누구나 당연하게 생각한다. 그런데 일본은 다르다. 홋카이도와 북서부 산간 지역을 제외하면 일본의 여름은 무덥고 습하고 긴 대신, 겨울은 한반도처럼 매섭지 않다. 그래서 일본 중부지방 이남의 가옥은 산간 지역을 제외하면 대체로 보온보다는 통풍에 더 신경을 쓰는 남방형이다. 일본 전통 가옥에서 사용하는 다다미▪ 역시, 더운

조리법으로 살펴본 일본 음식

기후에 끈끈하게 들러붙지 않는 산뜻한 느낌 덕분에 널리 일반화되었다.

그래서 일본인들에게 겨울 날씨는 절제와 인내심을 기르는 훈련 기간이 된다. 소학교 학생들은 한겨울에도 반바지 교복을 입고 등하교를 한다. 집 안에서는 바깥과 크게 다르지 않은 정도의 온도로 양말까지 신고 지낸다. 잠잘 때면 창틈으로 새 들어오는 외풍에 코가 시리다. 일본 가옥은 난방 시설 자체가 부실하다. 현대식 가옥에는 에어컨 겸용 히터가 구비되어있고, 최신식 고급 주택에는 한국의 바닥 보일러를 닮은 가스 또는 전기식 유카단보床暖房가 설치된 곳도 더러 있긴 하다. 그러나 예전에는 탁자 밑에 화로를 놓고 그 위에 이불을 뒤집어 씌운 고타츠炬燵가 거의 유일한 난방설비였다. 식구들이 그 탁자에 둘러앉아 이불 속에 다리를 넣고 몸을 녹였다. 밤에는 유담포湯湯婆라는 물주머니에 끓는 물을 넣고 마개를 꼭 막은 다음 그것을 끌어안고 잤다. 아침이 되면 유담포의 식은 물로는 세수를 했다.

더 예전으로 거슬러 올라가면 일본의 전통 가옥에는 이로리囲炉裏라고 부르는 화로가 설치되어있었다. 거실의 한가운데를 네모로 잘라내고 돌로 마감을 한 다음 나무에 불을 지피는 장치로, 그 생김새와 명칭은 지역에 따라 다양했다. 뭐라고 부르건, 이 실내용 화덕은 겨울에는 난방 설비 역할을 했고, 사시사철 조리 용도로도 쓰였으며, 더 옛날에는 조명의 기능도 했다. 인류가 동굴에서 살던 시절로부터 면면히 전해 내려온, 프로메테우스의 신전이라고나 할까.

옛날에는 이로리의 불을 상시 지펴두는 것이 전통이었는데, 도쿠가와 이에야스 시절부터 이로리의 불을 한 번도 꺼뜨리지 않고 불씨를 지킨다는 집안의 가장이 TV에 나와서 자랑스레 인터뷰를 하는 보습도 보았다. 서양의 벽난로가 그랬듯이, 일본 가정의 이로리 주변은 온 식구가 둘러앉아 동화와 설화를 생산하고 전수하던 장소였다. 아이들은 재 속에 묻어 구운 밤이나 고구마를 먹으며 할머니의 옛날이야기를 들었고, 적잖은 꼬마들이 이로리를 헛디뎌 손발을 데인 추억을 공유했다.

꼭 맞는 말이 없어서 화로라고 쓰기는 했지만, 이로리의 형태는 모닥불에 가깝다. 자연히, 여기서 요리를 하는 방식은 원시적인 조리 형태를 닮는다. 천장에 매단 줄에 냄비를 걸어서 나베요리 같은 것을 만들 수도 있다. 구이를 할 때는 석쇠나 프라이팬을 쓰기보다는 꼬치 형태로 만들어 불 주위로 꽂아둔다. 이렇게 이로리에 생선을 굽는 모습을 보면 강변에서의 야영 장면이 저절로 떠오른다.

식당들 중에는 보통의 로바다야키와는 달리, 멋을 부려 이로리를 만들어두고 이로리야키, 또는 이로리요리를 만드는 식당들도 더러 있다. 식당 한가운데 있는 이로리에서 조리를 하는 곳도 있고, 테이블마다 소형 이

조리법으로 살펴본 일본 음식

로리를 설치해둔 곳도 있다. 가격이 크게 부담스럽지 않은 이로리 요리 체인점으로 하코부네方舟라는 식당이 있다. 몇 군데 지점을 두고 있는데, 신주쿠 요쓰야의 식당은 서민적인 분위기가 강하고, 시내 중심부인 신바시의 식당은 테이블마다 소형 이로리를 설치해둔 것이 이채롭다.

하코부네에서는 곰(구마熊), 사슴(시카鹿), 멧돼지(이노시시猪), 꿩(기지雉) 고기도 판다. 강변의 야영 이미지와도 어울리게, 이로리야키에 쓰이는 생선은 산천어(야마메山女魚)나 무지개송어(니지마스虹鱒)따위의 민물 생선이 주를 이루는데, 하코부네에서는 곤들매기(이와나岩魚)구이를 판매하고 있다. 느지막한 어느 저녁 야근을 하다가 늦은 저녁을 먹으러 사무실 근처 요쓰야의 가게에 들렀다. 메뉴를 보다가 호기심이 동해 곰고기구이, 멧돼지꼬치, 곤들매기구이와 꿩술을 주문했다. 사진을 찍어도 좋겠냐고 물었더니 친절한 주방장이 자세히 설명해주면서 굽고 있던 물고기의 포즈까지 여러 각도로 고쳐주었다.

곰고기는 실망스러웠다. 어쩌나 질긴지 이가 아플 지경이었고, 한참 씹고 나서도 간신히 삼켰다. 역시나. 만약 곰고기가 맛있었다면 인간은 곰을 사육했을 테고, 공급 초과로 곰값이 떨어지기라도 하면 곰농가들이 FTA에 분통을 터뜨리면서 한숨 짓곤 했을 테지.

일본에서는 개화기에 육식이 보급되면서 온갖 괴상한 음식이 등장한

하코부네의 곰고기

멧돼지고기

　　　　　　　　　　　　조리법으로 살펴본 일본 음식

적이 있었다고 한다. 두꺼비꼬챙이구이, 토끼고기덮밥, 말고기스테이크, 개고기소시지 등등. 하긴 19세기 말에 와서야 쇠고기를 먹기 시작한 사람들에게는 쇠고기가 이런 요리들보다 더 정상적으로 보였을 리도 없었을 것 같긴 하다. 그래서인지, 오늘날의 일본에서는 식용 고기에 대한 터부가 다른 어느 나라에서보다 적어 보인다. 역설적인 현상이다. 쇠고기나 말고기나 곰고기나 어차피 누린내 나고 이상한 식재료이기는 마찬가지라는 식의 시각으로 온갖 육고기를 평등하게(?) 바라보게 된 것이 아니었을까. 《노다메 칸타빌레》라는 드라마에 곰고기, 사슴고기 통조림이 등장하기에 정말인가 싶었는데, 일본에서 마트를 가보니 정말 그런 것들을 판매하고 있어 놀랐다.

하코부네에서 맛본 멧돼지는 돼지고기랑 크게 다른 점을 못 느꼈고, 꿩고기구이도 닭고기와 씹는 감촉은 달랐지만 맛이 크게 다르다는 느낌은 없었다. 데친 꿩고기를 넣어 데운 술은 맛이 썩 괜찮았다. 기대했던 대로, 압권은 곤들매기구이였다. 꼬치를 찔러 넣어 S라인을 자랑하는 자세로 굽힌 생선은 굵은 소금으로 간을 해 껍질도 맛있었고, 담백한 살도 맛있었다.

"원래 이로리에서 구운 생선은 통째로 다 드시는 겁니다."라는 점원의 설명에도 불구하고, 뼈째 먹기에는 뼈가 너무 굵었기 때문에 나는 살만

곤들매기구이

발라 먹었다. 옆 좌석에서는 한 무리의 샐러리맨들이 왁자지껄 꿩고기 냄비 요리를 안주 삼아 술을 마시고 있었다.

몇 주 후, 하코부네의 신바시 지점에도 갈 기회가 생겼다. 쇼핑몰 2층에 딸린 식당이다. 메뉴는 대동소이한데, 종업원은 두 곳을 돌아가며 근무를 하는 모양이다. 서빙을 해주는 여종업원에게 "어, 지난 번에 요쓰야에서 만났었는데."라고 했더니, 무표정하던 얼굴에 금세 환한 웃음을 띄우더니 커다란 목소리로 "기구데스네^{奇遇ですね}"라고 화답했다. 반가운 우연이라는 얘기다.

• 노구치 히데요^{野口英世} 이야기

이왕 말이 나온 김에 이로리 이야기를 좀 더 해보자. 일본에서는 2004년에 새 지폐가 발행되었다. 그때부터 1,000엔 지폐의 초상화 주인공이 된 사람은 노구치 히데요(1876~1928)였다. 그는 매독 병원체인 스피로헤타를 발견한 일본의 세균학자다. 하지만 이렇게만 이야기해서는 그의 진면목이 느껴지지 않는다.

노구치는 1876년 후쿠시마현에서 태어났다. 생후 1년 6개월 되었을 때, 그는 어머니가 시냇가로 빨래하러 나간 사이 이로리에 떨어지는 바람에 왼손에 심한 화상을 입어 손가락들이 다 달라붙어 문드러지고 말았다. 그는 놀림과 멸시를 받으며 자랐지만, 초등학교 때 선생님의 도움을 받아, 붙어있던 손가락을 하나씩 떨어뜨리는 서양식 수술을 받았다. 그것을 계기로 그는 장차 의사가 되어 사람들을 돕겠다고 결심했다. 그는 자기 손을 수술해준 와타나베 카나에渡部鼎박사의 도제가 되었고, 의과 대학인 제생학사濟生學舍에 입학하여 스무 살의 나이로 의사 자격 시험에 합격했다. 그러나 의사로 취직하기는 어려웠다. 아무래도 부자유스러운 왼손 때문이었다.

1900년에 노구치는 미국으로 건너가 록펠러의학연구소에서 뱀독을 연구했다. 그는 독한 사람이었다. 어려서는 왼손의 장애로 육체노동에 종사하기는 어렵겠다는 생각을 하면서 공부에 전념했다. 의과대학에서는 영어, 프랑스어, 독일어 공부에도 열을 올려 자신의 가치를 계발했다. 스무 살 때는 집의 기둥에 "의사 시험에 합격하기 전까지는 돌아오지 않겠다."고 칼로 새긴 후 집을 떠났다. 미국 연구소에 간 것도 수월하게 이루어진 일이 아니었다. 일본 전염병 연구소에서 우연히 알게 된 펜실베니아 대학교 사이먼 플렉스너 교수를 끈덕지게 찾아가 도움을 받은 결과였다. 뱀독을 연구하는 동안에 그는 연구소에 독이 떨어지면 밖에 나가서 몸소 독사를 잡으러 다닐 만큼 독종 연구원이었다.

록펠러연구소에서 근무하는 동안 그는 진행성 마비 환자의 뇌에서 매독을 일으키는 트레포네마 팔리디움이라는 스피로헤타균을 발견해 이것이 마비증상의 원인이라는 것을 밝혀냈다. 그는 황열병, 소아마비, 트라코마 등의 백신을 연구하기 위해 중남미를 돌아다녔고, 아프리카로 갔다가 가나에서 그만 황열병에 걸려 1928년에 사망했다.

재력가의 딸과 결혼한 뒤 장인에게 돈을 얻어 미국으로 갔지만 그 뒤로 일본의 처에게 한 번도 연락을 준 적이 없었다는 사연이라든지, 연구원으로 활동하는 동안 인체실험을 했다는 사실 등, 노구치 히데오는 인간적인 흠도 적지 않은 인물이다. 그러나 그는 일본이라는 나라가 예전과는 다른 규모로 커지고 있던 순간에, 발전하는 나라의 기운을 상징하는 인물이 되었다. 좌절을 거부한 청년. 신체의 장애를 극복하고 세계적인 과학자가 된 사나이. 이런 그를 빚어내는 고난의 드라마는 이로리에서 시작된 셈이다.

2012년 초봄에 서울에서 손님이 오셨다. 그 손님을 모실 특색 있는 식당을 찾아보라는 임무가 나에게 떨어졌다. 문제는 그 손님이 일본을 속속들이 잘 아는 일본통이라는 사실이었다. 나는 일본에 온 지 갓 한 해를 넘긴 처지였지만, 웬만한 가이세키 식당이나 스시집으로는 특색 있는 대접을 하기 어렵다는 정도는 알 수 있었다. 내가 추천한 식당은 도라노몬에 있는

이나호의 해산물구이

조리법으로 살펴본 일본 음식

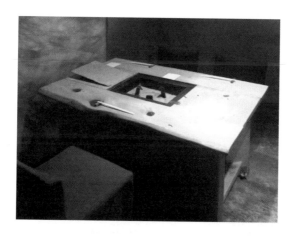

'이로리갑포 이나호いろり割烹 稲穂'였다. 갑포란 보통의 이자카야보다는 고급 요리점을 표방하는 업소에서 쓰는 용어다. 이나호는 벼이삭을 뜻한다.

홀이 아닌 별실로 이루어져있고, 테이블 한가운데의 이로리도 깔끔하고 격조가 있다.

일인당 1만 엔짜리 코스를 주문하면 쇠고기와 해산물구이가 나온다. 여기도 압권은 생선구이인데, 곤들매기보다 훨씬 고급 생선인 산천어가 나온다.

그날 저녁 손님은 "일본에서 식당을 그렇게 많이 다녔어도 이로리야키 집은 처음"이라고 하셨다. 됐다. 임무를 완수한 것이었다. 조금 흥분한 나머지, 나는 결국 지갑에서 천 엔짜리 지폐를 꺼내 들고 노구치 히데오의 왼손 이야기까지 떠들고 말았다. "박 참사관, 일 년 만에 그만하면 일본 공부 꽤 많이 했구먼." 얄팍하게도, 나는 칭찬을 듣고 싶었던 거다.

이로리갑포 이나호의 산천어구이

조리법으로 살펴본 일본 음식

일본식 건어물 히모노干物

덜 말린 건어물의 미학

신기한 물건이나 장소에 관한 한, 나는 비교적 착실한 학생이다. 누군가가 어디에 신기한 뭐가 있더라 그러면 가서 봐야 직성이 풀린다. 호기심이 많다고 말해주면 고맙겠고, 귀가 얇다고 흉을 봐도 어쩔 도리는 없다. 도쿄에서 주로 내 선생님이 되어준 이는 일본 근무 경력이 긴 조 선배였다. 비록 일 년밖에 함께 근무하지 못했지만, 내가 일본에 관해 알고 있는 것은 거반 그를 통해 배웠다. 그러고 보니 썩 길지도 않은 시간 동안 참 많은 이야기를 나눈 셈이다. 안부 메일을 보내면서, 요즘 일본 음식에 재미가 붙었다고 했더니 다음 날 이런 답장이 돌아왔다.

"일본에서 생선을 배를 갈라서 하루 정도 살짝 말린 것을 '이치야보시一夜干し'라고 하는데, 이걸 구워서 밥반찬으로 먹으면 아주 맛있어요. 일본 생활 초기에는 별로 먹을 기회가 많지 않았는데 지난번 근무 때 맛을 들여

서 자주 사다가 집에서 구워 먹었지요. 우리식 자반은 맛이 짜고 고기 살도 날것보다 굳어있는데, 일본의 이치야보시는 말린 생선이라는데도 구우면 아주 부드럽고 물기가 많아서 맛이 그만이에요. 왜 말린 것이 구워 놓으면 날생선보다도 더 물기가 많고 부드러울까 늘 궁금했습니다. 한번 연구해보세요.

이치야보시도 천차만별이어서, 슈퍼마켓에서 파는 싼 것에서부터 전문점에서 파는 비싼 것까지 다양합니다. 맛도 정말 천차만별이라 맛있는 이치야보시를 찾기가 의외로 쉽지 않을지도 모릅니다. 맛이 없다는 뜻이 아니라, '아, 이치야보시라는게 이렇게나 맛있구나.'라고 할 정도의 물건을 취급하는 상점을 찾기는 어렵다는 얘기지요. 시행착오를 겪으면서 여러 군데서 사 먹어보고 비교해봐야 할 겁니다. 나도 일본 생활 초기에는 주로 동네 슈퍼마켓에서 싸게 나온 것 위주로 사다 먹었는데, 그러다 보니 그 맛이 그리 인상적이지도 않았고, 그래서 자주 찾게 되지도 않았습니다.

그러던 중 긴자에 산보를 나갔다가 아주 맛있는 이치야보시를 파는 수산물 전문점을 발견한 것이 계기가 되어 이이치야보시에 대한 이미지가 바뀌었습니다. 긴자 미쓰코시백화점 신관 길 건너편에 가면 스즈키수산鈴木水産이라는 가게가 보일 겁니다. 거기서 이치야보시를 비롯한 각종 수산물을 팔고, 윗층에는 작은 식당도 있어서 싱싱한 생선으로 만든 초밥도 내

줍니다. 스즈키수산에서 파는 임연수이치야보시는 정말 맛이 있어요. 고등어도 맛있고. 가격이 터무니없이 비싼 것도 아니고, 가격에 비해 맛은 정말 만족도가 높아서 단골로 사다 먹었답니다."

돈 주고도 배우기 어려운 이런 가르침을 듣고 그냥 지나칠 내가 아니다. 이튿날 퇴근길에 집과는 반대 방향인 긴자까지 부랴부랴 나가서 두어가지 생선을 사 들고 왔고, 아내에게 성화를 부려서 구운 이치야보시의 맛을 보았다. 과연, 선배의 장담처럼 좀처럼 맛보기 어려운 생선구이 작품이 나왔다. 활어보다 낫다고 할 만큼 부드럽고 간도 적당히 잘 배어있었다.

이리하여 나는 일본 음식의 한 장르를 차지하고 있는 히모노의 세계를 접하게 되었다. 사전을 찾아보면 '건어물'이라고 나와 있는 히모노는, 미안하지만, 우리 건어물의 개념과는 다른 음식이다. 우리는 건어물이라고 하면 대개 명태나 멸치, 마른 오징어처럼 딱딱해질 때까지 완전 건조된 어패류를 가리킨다. 간고등어가 있긴 하지만 건조가 아닌 염장의 개념이고, 코다리나 과메기 같은 반건조 생선도 두드러져 보이는 예외에 해당한다. 청어나 꽁치의 눈을 꿰어 겨울 바닷바람에 말렸다 해서 관목어貫目魚라 부르던 이름이 변형되었다는, 내가 사랑하는 과메기도 일본의 일반적인 히모노보다는 훨씬 완전 건조에 가깝다.

임연수 이치야보시

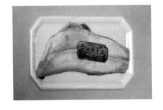

꽁치 이치야보시

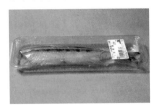

조리법으로 살펴본 일본 음식

요즘은 우리나라 내륙 도회지에서도 생선을 즐기는 방식이 다양해져 반건조 생선이 인기를 끌고 있다고 한다. 바닷가인 내 고향 부산에서는 예전부터 가자미(서대)나 넙치 같은 생선은 각자 집에서 딱딱해지지 않을 정도로만 적당히 말려서 반찬으로 쓰곤 했다. 그러나 여전히, 우리는 생선을 날생선-반건조-건어물 정도로만 분류하는 것이 일반적이다.

　　일본의 히모노는 그와는 좀 다른 분류의 개념 위에 서있다. 우리의 건어물에 상응하는 완전 건조 식품은 히모노라고 부르지 않고 간부쓰乾物라고 부르는데, 여기에는 어물이 아닌 말린 곡식이나 과일도 포함되니까 역시 개념상 차이가 있다. 히모노의 종류 중 스보시素干し라고 부르는 것이 우리식 건어물에 가깝다. 일본인이 많이 먹는 완전 건조 어물은 오징어 정도인데, 날오징어를 이카烏賊라고 부르는 반면, 말린 것에는 스루메鰑라는 별칭이 붙는다.

　　히모노에는 생선의 등이나 배를 갈라 펼쳐놓고 말려 히라키보시開き干し라고 부르는 형태가 애용된다. 그러나 멸치 따위는 내장을 따로 제거하지 않고 통채로 말려서 마루보시丸干し라고 부른다. 태양의 직사광선 아래서 말린 어물은 덴피보시天日干し라고 부른다. 하지만 일본의 소매시장에서 유통되는 히모노 중에는 이렇게까지는 말리지 않은 이치야보시一夜干し가 오히려 가장 일반적이다. 하룻밤 정도 살짝 말렸다는 뜻으로, 날생선 못지않게 부드럽기 때문에 나마보시生干し 또는 와카보시若干し라고도 부른다.

고등어 따위를 조미액에 절여서 말리는 것은 조미보시調味干し, 그중에서도 미림을 섞은 액에 담그면 미림보시味醂干し가 된다. 과메기나 황태처럼 겨울바람에 건조시키면 간푸보시寒風干し가 되는데, 주로 연어를 이렇게 말린다. 그밖에도 소금간을 해서 말린 것을 시오보시塩干し, 살짝 구워서 수분을 없앤 다음 말린 것을 야키보시焼き干し, 동태처럼 얼려서 말린 것을 도보시凍干し, 종이에 싼 다음 재로 수분을 흡수한 것을 하이보시灰干し, 삶은 다음 말린 것을 니보시煮干し 등으로 부른다. 종류가 참 많기도 하다.

이치야보시가 말린 생선인데도 부드럽고 물기가 많은 이유는 간단하다. 아주 살짝만 말렸기 때문이다. 이렇게 하면 맛은 좋지만 여전히 상할 위험이 있기 때문에 굳이 말리는 보람이 크지는 않다. 가정에서도 냉장고가 아닌 냉동고에 보관해야 한다. 왜 일본에서는 이렇게 '덜 말린 생선'이 너르게 유통되는 것일까? 일본이 섬나라이다 보니 생선이 늘 풍부했을 뿐 아니라 오랜 세월 육식을 삼가느라 생선을 가장 맛있는 상태로 '잘' 먹는 일이 그만큼 중요했기 때문이 아닐까 싶다.

이치야보시 같은 물건이 큰 시장을 형성하기 위해서는 믿을 수 있는 냉장·냉동 유통 기술과 뛰어난 포장 기술, 맛에 예민한 소비자, 소비자의 욕구를 충족시켜주기 위해 애쓰면서 그것이 장사의 정도라고 생각하는

　　　　　　　　조리법으로 살펴본 일본 음식

도소매업자 등 삼박자가 맞아야 할 것 같다. 냉장 기술이야 요즘 세상에 어느 나라건 엇비슷한 수준이겠지만, 포장의 섬세함, 예민한 소비자, 투철한 서비스 정신 등은 일본이 자랑스러워하는 장기에 해당한다. 아마 나도 일본을 떠나고 나면 우리 선배처럼 스즈키수산의 이치야보시를 그리워하게 될 듯하다.

일본식 절임 쓰케모노漬物

일본 음식의 핵심

단무지가 일본에서 유래되었다는 걸 모르는 사람은 아무도 없지만 다쿠앙이 사람 이름이라는 사실을 아는 사람은 그리 많지 않다. 에도시대 지금의 시나가와구에 도카이지東海寺라는 절을 창건한 임제종 승려 이름이 바로 다쿠앙 소오호沢庵宗彭, 우리식으로 읽으면 택암 스님이었다. 에도 바쿠후 3대 쇼군이던 도쿠가와 이에미쓰가 맛을 보고는 이런 훌륭한 절임에 이름이 없어서는 안 된다며 이 절임을 창안한 승려의 이름을 붙여주었다고 한다. 지금도 도카이지에서는 선사의 이름을 경칭 없이 부르는 것은 무례하다고 여겨 다쿠앙을 햣폰百本이라고 부르고 있다고 한다.

단무지는 이미 우리 생활 속에도 너무 깊게 뿌리를 내리고 있어서 그것이 일본 음식이라는 사실을 새삼 강조하는 것이 어색할 정도다. 단무지는 반세기 동안 한국인에게 최고의 외식 메뉴였던 짜장면과 불가분의 일체를 이루고 있고, 소풍을 저절로 연상시키는 김밥과도 떼놓을 수 없는 음식이다. 단무지가 한국인에게 제공해준 행복의 총량을 헤아릴 수 있다면, 어쩌면 그것은 일본인이 다쿠앙에서 얻은 만족감의 합계보다 결코 작지 않을지도 모른다. 문화의 힘이란 그런 것이다. 전쟁이 벌어지고 사람이 죽고 땅을 빼앗기고 되찾고 하는 일이 벌어지더라도 섞일 것은 섞이고 전파될 것은 기어코 전파되고야 만다.

문화의 파급력을 말하고 보니 떠오르는 일화가 있다. 나카무라 선생님은 수십 년째 재일 한국인들에게 일본어를 가르쳐오다가 최근에는 몇몇 개인 강습만 맡고 계신 노익장 여성이다. 함께 식사를 하던 중에 나카무라 선생님은 조심스럽게 말했다. "80년대까지만 해도 한국인들이 여러 명 모인 곳에 가면 마늘 냄새가 심하게 나서 심호흡을 하고 참아야 했는데, 요즘은 그런 냄새를 느낄 수 없는 것을 보면 한국인의 식생활이 많이 바뀐 모양"이라고. 나는 나카무라 선생께, 한국인의 식단이 예전에 비해 더 서구화된 탓도 있겠지만 일본인들도 요즘은 마늘을 많이 섭취하기 때문에 못 느끼시는 게 아니겠냐고 말씀드렸다. 원래 간토 지방의 라면은 간장으로 간을 한 맑은 국물을 사용하는 이른바 '쇼유라멘'이 기본이었다. 그런데 요즘은 옛날식 쇼유라멘을 찾기가 쉽지 않다. 도쿄 전역의 라면 가게들이 대부분 짙은 돼지뼈 국물을 사용하는 '돈코쓰라멘'을 팔고 있기 때문이다. 개중에는 내가 먹기에도 어려울 만큼 역한 냄새를 풍기는 라면을 파는 곳들도 많은데, 이런 곳에서는 다진 마늘을 무제한으로 제공한다. 진한 돼지뼈 국물에 다진 마늘을 듬뿍 넣어 먹는 일본인이 한국인에게서 마늘 냄새를 느끼지 못하는 것은 당연지사. 이것도 역시 섞이고 닮아가는 문화의 힘이랄까.

일제강점기 시절을 경험한 우리 할머니께서는 생전에 일본인이 한국인의 마늘 냄새를 불평한다는 말에 "아이구, 말도 마라. 일본 사람 집에 가면 짠내가 진동을 해서 앉아있을 수가 없다."라며 흥분하셨다. 우리가 김치를 집에서 담가 먹듯, 예전의 일본인들은 너나 할 것 없이 집에서 쓰케모노를 만들어 먹었다. 염장한 쌀겨 속에 채소를 담가놓고 발효가 잘 되도록 하루에 한두 번씩 잘 저어주는 것이 일본 주부들의 중요한 일과였다. 우리 할머니께서 말씀하시는 '짠내'라는 것은 짐작컨대 다쿠앙 공장에서 날 법한 냄새와 흡사한 것이 아니었을까.

일본인들도 요즘은 집에서 쓰케모노를 만들지 않는 탓인지, 내가 방문한 일본인의 집에서 '짠내'라고 할 만한 냄새를 느낄 수는 없었다. 워낙 깔끔하고 예민해서 서울에 올라오시면 "서울 생선은 죄다 상했다."며 생선은 일체 드시지 않던 우리 할머니(부산 분이시다)라면 요즘도 일본인의 집에서 '짠내'를 맡고 찌푸리실지도 모를 일이긴 하다. 좌우간, 그만큼 일본인의 식생활에서 쓰케모노가 차지하는 비중은 크다. 우리 밥상에 김치가 빠지지 않는 것처럼 일본에서는 아무리 궁색한 식탁에도 쓰케모노는 빠지지 않는다.

쓰케모노에는 오이, 무우, 당근, 우엉, 매실, 파꼭지 등 온갖 재료가 사용되는데, 재료나 절임 방식은 지방에 따라 특색이 있다. 소금에 절이기도 하지만, 된장, 간장, 식초, 누룩도 사용된다. 에도시대가 되면서 발효된 쌀겨에 채소를 절이는 누카즈케糠漬け가 널리 전파되었다. (다쿠앙도 누카즈케에 해당한다.) 우리 김치가 그러하듯 쓰케모노도 지방마다 독특한 특색을 지니고 있다. 나가노현의 노자와나즈케野沢菜漬け, 교토의 시바즈케柴漬け, 이와테현의 긴콘즈케金婚漬け, 후쿠시마현의 사고하치즈케三五八漬け, 나라현의 나라즈케奈良漬 등이 유명하다.

일본식 젓갈 시오카라塩辛

맵지 않은 젓갈

가끔씩, 뜬금없이 못 견디게 먹고 싶어지는 것들이 있다. 나를 그렇게 괴롭히는 음식들 중에는 젓갈류를 빼놓을 수가 없다. 사람마다 취향은 다르겠지만 젓갈의 곰삭은 맛은 처음 사귀기는 힘들어도 한번 익숙해지고 나면 세월이 흐를수록 애착도 함께 커지는 법. 무슨 이유에서인지, 나는 이른 봄이 되면 삭기 직전의 어리굴젓을 꿈에서도 볼 정도다.

일본에서는 젓갈을 '시오카라'라고 부른다. 매울 신辛자가 들어있기는 하지만 일본어로 '시오카라이塩辛い'라고 말하면 맵다는 뜻이 아니라 단순이 짜다는 뜻이다. 새우젓 말고는 거의 모든 젓갈이 매운맛인 우리와는 달리, 일본의 젓갈은 맵지도 않고, 많이 곰삭이지도 않는다. 그렇다고 해서 시오카라가 일본인들에게 발휘하는 중독성이 꼭 우리 젓갈만 못한 것은 아니다. 일본의 어느 식품점에서건 오징어 시오카라를 가장 흔히 볼 수 있는데, 꼴뚜기, 새우, 굴, 게 따위 해산물은 물론이고 연어, 가다랑어

같은 생선도 시오카라의 재료가 된다.

나는 일본식 시오카라 중에서는 해삼창자와 성게알젓을 유난히 좋아한다. 일본에서는 해삼창자를 고노와다^{海鼠腸}라고 부르고, 성게알은 우니라고 부른다. '우니'는 날것을 가리킬 때는 海胆 또는 海栗로 표기하지만, 젓갈처럼 가공음식이 되면 발음은 똑같아도 표기는 雲丹으로 한다. 성게알젓도 넓은 의미에서 시오카라에 해당하지만 어째서인지 소금에 절여 병에 담아놓은 성게알젓은 시오카라라고 부르지 않고 그냥 빙즈메^{瓶詰め}라고 부른다.

빙즈메는 번역할 우리말이 없다. 억지로 붙이자면 '병절임'이라고 할 수밖에 없지만, 빙즈메는 병을 꽉 채워 넣었다는 뜻이다. 앞에도 썼지만, 일본인들은 좁은 곳에다 뭔가를 빼곡하게 채워넣는 것을 좋아하기 때문에 '쓰메루^{詰める}'라는 말을 즐겨쓴다. 넉넉하게 풀어주는 것을 좋아하는 우리 민족은 '쓰메루'에 해당하는 단어 자체를 가지고 있지 않다. 그래서 통을 꽉 채워 넣었다는 의미의 '간즈메^{缶詰め}'를 우리는 '통조림'이라고 부른다. 한일간의 음식문화의 본질적인 차이가 거기서 나오는 건지도 모른다. 아니, 어쩌면 양국간 서로 다른 정신세계의 비밀이 거기 있는 건지도 모른다.

그걸 뭐라고 부르건 간에 나는 성게알젓을 좋아한다. 예전에 인도네시아에 살고 있을 때 어머니가 다니러 오신 적이 있었다. 뭐 먹고 싶은 게

없냐고 하시기에 해삼창자와 성게알젓이 혹시 보이거든 조금만 사 와주십사 말씀드렸다. 자카르타에 도착한 어머니께서 바리바리 싸 오신 짐 속에는 해삼창자 한 상자와 날것 상태의 성게알 두 박스가 있었다. 요즘은 슈퍼를 가도 성게알을 젓갈로 팔지는 않더라면서….

알다시피, 해삼창자는 집에서 상자 단위로 먹는 음식은 아니다. 일식집에서 감칠나게 작은 종지에 갈아놓은 마 위에 살짝 뿌려 먹거나, 광어회에 비벼 먹거나, 멍게와 함께 비빔밥으로, 그것도 아주 가끔씩 먹는 음식이다. 며칠 먹다가 질려서 젓가락이 더 가게 되지 않았을 때, 아내는 "먹지도 않을 걸 어머니만 힘드시게 했다."며 나무랐다. 성게알은 그보다도 더 못 먹고 결국 버리고 말았다. 하지만 아무리 아까워도 해삼창자나 성게알을 삼시 세끼 밥처럼 먹을 수야 없는 노릇이다.

성게알젓은 작은 유리병 속에 든 걸 눈곱만큼씩 떠서 맛을 보는 음식이라서, 신선한 성게알 덩어리와는 전혀 다른 음식이다. 서울의 식료품점에서 성게알젓을 구하기 어려워졌다면 나로선 아쉬운 일이다. 아스피린만큼의 분량만으로도 누릴 수 있는 '바다를 먹는' 즐거움을 빼앗겼으니 말이다. 내 친구 C는 내 식성을 잘 알 뿐 아니라, 그 자신도 성게알젓의 품절 현상을 원통히 여기는 오랜 벗이다. 서울에서 지내던 2010년의 어느 봄날, 그에게서 문자 메시지가 왔다.

"퇴근하다 장 보는 중인데 성게알젓이 있다. 100그램에 만육천 원."

"한 병 사주라."

"사는 건 하겠는데 이걸 어떻게 전해주냐?"

"내가 지금 받으러 갈까. 너희 집이 지하철역 어디더라?"

"거기서 오려면 여러 번 갈아타야 할걸. 길이 너무 밀려서 갖다 주지 도 못하겠다."

"그래. 사지 마라 그럼."

"벌써 샀다. 걱정 마라. 내가 맛있게 먹을게."

두 시간쯤 후에 다시 염장 지르는 문자가 왔다.

"야 이거 정말 맛있다. 근데 이건 무슨 술이랑 먹어야 되냐?"

"정종이 좋을걸."

"술이 달아서 괜찮으려나."

"소주도 좋다."

"그래 소주가 잘 어울리겠다. 고맙다. 냉장고에 넣어놨다가 나중에 같이 소주 마실 때 들고 나갈게."

"고맙다. 많이 먹어라."

기억을 더듬어봤다. 처음 성게알젓 맛을 본 건 어린 시절 부산의 큰댁에서였던 것 같다. 뭔지 몰랐지만 희한무쌍한 맛이었다. 사람은 음식으로 자라지만, 음식도 사람 위에 자란다. 당신이 만일 어느 음식을 사무치게 그리워한다면, 당신 속에 어느 지방색, 또는 누군가의 솜씨에 대한 익숙함이 치유불가능한 정도로 자라나 있다는 뜻이다. 세계화가 제아무리 더 진전되더라도, 이 세상 누군가는 그 어떤 희귀한 음식을 원통할 만치 그리워하며 지낼 것이다.

2010년 여름부터 일본에 근무하게 되었다. 동네 식품점에 갔다가 즐비하게 늘어선 성게알젓을 보면서 내가 얼마나 흐뭇했을지는 상상에 맡기겠다.

일본에서 성게알은 초밥의 재료나 젓갈로만 쓰이는 것이 아니라, 덮밥과 케이크를 포함한 온갖 음식에 응용된다. 일본의 프랑스 식당에 가면 코스 중에 성게알을 사용하는 요리가 거의 언제나 포함되어있을 정도다.

편의상 성게알이라고 부르고는 있지만 실상 우리가 먹는 것은 성게의 정소精巢 또는 난소卵巢다. 난소보다는 정소의 색과 맛이 더 진하다고 알려져있어서 고급 스시집에서는 정소로만 요리를 한다. 성게알젓의 발상지는 혼슈 서남단의 시모노세키라고 알려져 있다. 오늘날에도 성게알젓의 40%는 시모노세키가 있는 야마구치현에서 생산된다.

2012년 봄. 도쿄에 근무하며 어리굴젓 타령을 했더니 이번에는 다니

다양한 종류의 성게알젓

　　　　　　　　　조리법으로 살펴본 일본 음식

러 오신 어머니께서 어리굴젓을 큰 통으로 가져다주셨고, 여름이 되자 채반도 먹기 전에 너무 곰삭아버린 어리굴젓을 나는 또 눈물을 머금고 버려야 했다. 지금 당장 갖지 못한 것을 끊임없이 그리워하도록 인간은 원래부터 설계된 것인지도 모르겠다.

일본식 조림 니모노煮物

음식에 깃든 옛이야기

나이토 고지內藤浩二는 나와는 10년 지기인 일본 외무성 직원이다. 우리는 2001년 오만에서 처음 만났고, 나는 그에게 업무상 여러 번 도움을 받았다. 중동 전문가인 그는 아랍어 실력은 물론이고 피아노 솜씨도 뛰어나다. 오만의 한적한 밤이면 종종 서로의 집을 방문해 함께 술잔을 기울이기도 했다. 이번에 내가 도쿄에 근무하게 되어 9년 만에 재회했다. 도쿄 시내의 이자카야에서 밀린 이야기를 나누기도 했다. 우리는 둘 다 떠돌이 세계에 사는 사람들. 그는 올여름 갑작스레 사우디아라비아로 발령을 받아 도쿄를 떠났다. 식구들이 함께 모여 송별을 했다. 일본에서 내가 일본 친구를 송별하는 상황이 벌어진 것이다. 그날 나이토의 아내 마사코가 우리에게 답례라며 쇼핑백 하나를 건네주었다.

집에 와서 열어보니 예의 깔끔무쌍한 포장 속에 네 종류의 밑반찬이 들어있었다. 며칠 뒤 저녁 식사 시간에 맛을 보았다. 쇠고기와 어패류의 조림 반찬이었는데, 깜짝 놀랄 만큼 맛있었다. 이걸 뭐라고 부르는지 알수가 없어 사우디아라비아로 이메일을 보냈다. 나이토의 답신에 따르면, "쓰쿠다니佃煮라는 것으로, 웬만한 백화점 지하 식품상가에 가면 어렵지 않게 구입할 수 있다."는 것이었다. 중동에 근무하던 시절에는 현지에 관한 해박한 지식으로 나를 도와주더니, 이번에는 나를 새로운 음식의 세계로 안내한 셈이다.

조림도 일본 가정에서 빼놓을 수 없는 중요한 식단이다. 조림 음식을 통틀어 니모노煮物라고 부르는데, 요리를 가리킬 때는 니쓰케煮つけ 또는 니쓰메煮つめ라고도 부르고, 생선의 경우에는 니시메煮しめ라고도 한다. 전반적으로 우리나라 조림 요리에 비해서 매운맛은 거의 없고 단맛이 강한 편이다. 우리식 조림에 비하면 상대적으로 미림, 술, 설탕, 식초 등이 더 많이 사용된다. 조림과 조미 방법에 따라 여러 종류로 나눌 수 있는데, 튀긴 다음에 조린 것은 아게니揚げ煮, 된장에 조린 것을 미소니味噌煮 등으로 부르는 식이다. 그중에서도 쓰쿠다니라는 것은 우리식 장조림이나 콩자반에 비하면 짠맛은 덜하고 달달하기 때문에, 밥반찬만이 아니라 술안주나 그냥 심심풀이로 간식 삼아 먹어도 무리가 없다. 주로 작은 생선과 새우 등을 사용하는데, 이런 조림으로 일본 밑반찬의 세계에 큰 획을 그은 것은 한 작은 마을이었다. 당연하게도, 거기에는 사연이 있다.

전국시대를 마무리하고 통일의 기틀을 마련한 세 명의 풍운아가 있다. 오다 노부나가, 도요토미 히데요시, 도쿠가와 이에야스가 그들이다. "오다가 쌀을 찧고, 하시바(도요토미의 옛 이름)가 반죽한 천하라는 떡을 힘 안 들이고 먹은 것은 도쿠가와"라는 말이 전해온다. 불같은 성미와 천재적인 지략을 가진 오다 노부나가는 235년간 지속되어오던 무로마치 바쿠후를 종식시키고 1582년 교토의 혼노지本能寺라는 절에 주둔하고 있었다. 일본의 통일을 눈앞에 두고 방심하던 그를 기습한 것은 바깥의 적이 아니라 아케치 미쓰히데라는 부하장수였다. 예상치 못한 기습을 당한 오다는 스스로 목숨을 끊었다. 이런 사정으로, 일본인은 요즘도 적이 내부에 있다는 의미로 "적은 혼노지에 있다."는 표현을 사용한다.

주군이던 오다가 습격을 받아 자결하던 무렵, 그의 가신이던 도쿠가와는 소규모의 인원을 대동하고 사카이堺라는 곳을 향해 여행 중이었다. 오다의 사망 소식을 접한 도쿠가와는 분노에 치를 떨며 복수를 하겠다고 길길이 뛰었다. 그의 부하 장수들은 그를 달래서 고향인 이가伊賀로 피신하기로 했다. 졸지에 쫓기는 신세가 된 도쿠가와 일행에게 친절하게 도시락을 싸주면서 피신을 도운 사람들은 오사카 근처의 쓰쿠다佃라는 마을 사람들이었다. 이때의 일이 무척이나 고마웠던지, 도쿠가와 이에야스는 훗날 에도 바쿠후를 수립한 뒤 쓰쿠다 사람들을 에도(지금의 도쿄) 근처의 섬에 와서 살게 해주고, 그들에게 전국 어디서나 면세로 고기잡이를 할 수 있는 권리를 주었다.

도쿠가와가 쓰쿠다 어민들에게 후한 대접을 한 것은 고마움의 순수한 표현이었을 수도 있고, "내게 충성하면 반드시 보답해준다."는 정치적 선전술이었을 수도 있다. 어쨌든, 쓰쿠다 사람들은 도쿠가와의 은혜에 보답코자 매년 바쿠후에 생선조림 요리를 헌상했다. 이들이 에도시대에 이주해 와서 살게 된 도쿄만 앞의 작은 섬이 '쓰쿠다지마佃島'이고, 이들이 제후에게 헌상하기 위해 만든 반찬을 쓰쿠다의 조림, 즉 '쓰쿠다니'라고 부르게 되었다는 이야기다.

도쿠가와의 특혜를 받으면서 다이묘들의 선물용 밑반찬을 만들다 보니, 쓰쿠다니는 도쿄 지역 조림 음식의 대명사가 되었다. 쓰쿠다 어민들은 나름대로 연구를 거듭하여 맛과 향기와 광택은 물론 씹히는 느낌도 뛰어난 고급 조림을 만들어냄으로써 다이묘의 성원에 보답한 셈이다. 당연한 이야기지만, 시중에 '쓰쿠다니'라는 이름으로 판매된다고 전부 맛이 뛰어난 것은 아니다. 어느날 퇴근길에 쓰쿠다니 가게가 눈에 띄기에 충동적으로 들어가서 몇 가지를 사보았다. 기대에 부풀어 집에 돌아와 저녁 식사 때 먹어보았는데, 이건 또 충격적일 만큼 맛이 없었다.

그러니까 쓰쿠다니의 경지를 제대로 느끼려면, 뛰어난 제품을 괜찮은 가격에 팔고 있는 좋은 가게를 만나는 것이 중요하다. 아무래도 좀 비싸지만, 긴자의 미쓰코시나 이세탄 같은 유명 백화점 지하의 매장을 이용하는 데서부터 시작해보는 것도 괜찮은 방법이다. 어느 정도면 고급 쓰쿠다니에 해당하는지 맛의 기준점을 설정할 수 있기 때문이다. 지금도 도쿄만 근처 쓰쿠다지마에 가면 백 년이 넘는 역사를 자랑하는 몇 군데 점포가 영업을 계속하고 있다. 도쿄 시내의 가게 중 가장 유명한 곳은 신바시역 근처에 있는 다마키야玉木屋라는 업소다. 평일 저녁 5시 반 정도까지만 영업을 하는 곳이다.

다마키야는 1782년부터 무려 9대째 쓰쿠다니 장사를 하고 있다. 9대째나 같은 장사를 하는 가게라면 관광 삼아서라도 가볼 만한 곳이 아닐까. 다마키야에서 파는 상품은 일일이 소개하기 어려울 만큼 다채로운데, 밥에 뿌려 먹는 계절별 후리카케振り掛け는 물론, 꽁치, 다시마, 조개, 새우, 가지, 잡어, 육류, 야채, 콩, 김 등등 여러 가지의 어패류의 쓰쿠다니를 여기서 구입할 수 있다.

일본식 무침 아에모노和え物

초된장무침의 이미지메이킹

일본에도 당연히 무침 요리가 있다. 아에모노라고 부르는데, 어패류나 육류를 섞기도 하지만 채소를 주로 사용한다. 재료에 따라 가이세키의 전채 요리가 되기도 하고 술안주나 반찬으로 사용되기도 한다. 거기까지만 보면 우리나라 무침 요리와 특별히 다를 것이 없는 셈이다. 그러나 사용되는 양념이 아무래도 다르기 때문에 맛도 다르다.

일본의 무침 요리에는 주로 일본 된장, 깨, 두부 세 가지 소스가 가장 많이 사용된다. 일본 된장으로 양념을 한 것은 미소아에味噌和え, 깨로 양념한 것은 고마아에胡麻和え, 으깬 두부로 무친 것은 시라아에白和え라고 부른다. 젓갈로 버무려 무치면 그것은 시오카라아에塩辛和え가 되는 식이다. 양념을 섞어 쓸 수도 있으니, 깨와 된장을 섞어 무치면 그건 고마미소아에胡麻味噌和え가 된다. 자, 그럼 퀴즈 한 가지. 식초와 된장을 섞어서 무친 요리는 뭐라고 할까? 스미소아에酢味噌和え라고 답하면 틀린 것은 아니다.

그러나 스미소아에, 즉 초된장무침 요리에는 누타膾라는 별명이 붙어있다. 어떤 요리에 짧고 강렬한 별명이 붙어있다는 것은 그 요리가 널리 사랑을 받는다는 증거라고 보면 된다. 그만큼 초된장무침은 일본식 무침 요리의 세계에서 큰 자리를 차지하고 있다. 바꾸어 말하면, 일본식 무침과 우리 무침의 두드러지는 차이점 중 한 가지는 새콤한 맛의 비중이 일본식 무침에서 훨씬 더 큰 것이라고 말할 수도 있겠다.

고백하자면, 나는 채소를 별로 좋아하는 편이 아니다. 이 책을 백과사전식으로 만들 생각은 없었기 때문에, 당초 무침 요리 정도는 따로 설명하지 않고 넘어가려 했었다. 그러니까 여기에 아에모노에 관한 이야기를 시작한 건 순전히 '누타'라는 요리의 이름 때문이다. 잘 모르는 일본인들도 많지만, 누타라는 명칭은 '누마치沼地의 도로타泥田', 그러니까 늪지대의 진흙밭이라는 말에서 나왔다고 한다. 얼어붙었던 습지가 봄이 되면서 녹아 진흙이 눅눅해지는 형국을 말한다. 이름의 유래부터가 영락없이 봄 음식인 셈이다. 초된장무침은 그 생김새도 눈 녹은 진흙을 뚫고 나오는 새싹들을 닮아있다. 이 얼마나 시적인 요리 이름인가.

볕은 제법 따사로워도 아직은 찬바람에 코트 깃을 세우게 되는 이른 봄. 이자카야의 미닫이 문을 드르륵 열고 들어가 자리를 청하고 메뉴를 살펴보면 누타가 눈에 띄기 마련이다. 재료가 자세히 쓰여있지 않고 그냥

초된장무침

조리법으로 살펴본 일본 음식

'누타'라고만 되어있는 경우도 많은데, 주문해보면 잘게 썬 오징어라든지, 조개 같은 어패류를 야채와 초된장으로 무친 요리가 나온다. 성찬으로 배를 채우기 전에, 누타 정도만 시켜놓고 그 새콤한 맛을 안주 삼아 미지근하게 누루칸溫燗으로 데운 일본 술을 마시다 보면 어쩐지 간소하고 경건하달까, 스토익하달까 하는 느낌이 든다. 일본 소주를 더운 물에 타서 마시는 오유와리お湯割り와도 잘 어울린다. 초된장의 맛 자체도 봄의 미각으로서 손색이 없지만, 습지의 진흙밭이라니. 그 시각적인 비유가 통렬해서 나도 모르게 미소짓곤 했다.

도쿄 주점 순례기

도쿄풍 구식 주점 미마스야みます屋

야나가와나베柳川鍋란 야트막한 질그릇에 미꾸라지를 통채로 넣고 달걀과 양념을 풀어 익힌 요리를 말한다.

도쿄 시내 간다에 야나가와나베를 잘하는 주점이 있다. 지하철 마루노우치선의 아와지초역에서 도보로 5분 거리에 있는 미마스야라는 이자카야다. 오랜 기간 변치 않는 맛과 신용으로 고객들을 맞는 가게를 일본에서는 노포老舖라고 쓰고 '시니세'라고 읽는다. 그러니까 1905년에 개점한 이 가게는 '시니세 이자카야 미마스야'인 셈이다.

유난히 고단한 격동의 현대사를 겪은 우리나라에는 '노포'라고 부를 만한 식당이 별로 없다. 그런데 정작 남의 주권을 침탈하고 전쟁을 일으켰던 일본에는 얄밉게도 이런 가게들을 숱하게 많이 찾아볼 수 있다. 하긴 찢어지는 가난과, 피비린내 나는 내전과, 대공습을 포함하는 전쟁은 일본에도 있었다는 점을 생각하면, '세월의 격동'만을 탓할 일은 아닌지

미마스야의 야나가와나베

도 모르겠다. 일본 사람들은 옛것을 좀처럼 버리지 않는다. 만일 자기가 가지고 있는 물건이나 습관을 쉽사리 바꾸느냐 여부를 가지고 보수와 진보를 가릴 수 있다면, 내가 아는 한 일본은 지구상에서 가장 보수적인 나라고, 한국은 가장 진보적인 나라가 아닐까 싶다.

소설가 최인호 선생의 소개로 알게 된 번역가 아오키靑木씨와 KBS 김형석 PD를 2012년 어느 날 미마스야에서 만났다. 만년 청년이시던 최인호 선생은 서울에서 2년째 침샘암으로 투병 중이셨다. 우리 세 사람은 약속을 잡고 미마스야로 예약을 했다. 최인호 선생의 팬들이 모여 술잔을 나누는 자리이니만큼, 최 선생을 모시고 와도 좋아하실 법한 운치가 있는 술집이면 좋겠다 싶었기 때문이다.

약속 날인 금요일 저녁. 술자리를 청한 내가 제일 먼저 도착했다. 아와지초역에서 내려 골목길로 들어섰다. 메이지 시대에 지어진 그대로의 건물. 낮게 드리운 포렴을 젖히고 들어서니 떠들썩한 실내는 이미 손님이 한가득이었다. 여러 개의 탁자가 다닥다닥 붙어있는 평상 위로 신발을 벗고 올라 예약한 자리에 좌정했다. 옆 테이블 손님에게 꾸벅 양해를 구하니 화들짝 미안하다며 우리 자리에 벗어둔 자기 옷을 치워주었다. 미마스야의 주인이 3대째라니, 이곳을 찾는 손님도 3대째일 터였다.

두 손님이 함께 도착했고, 우리는 맥주를 먼저 주문했다. 내가 말사시

미(바사시馬刺身)를 먹자고 하니까 아오키 상은 말고기를 먹을 줄 아느냐고 했다. 나는 오랜 친구 나이토와 일전에 술을 마시면서 이미 바사시가 맛있다는 사실을 깨우친 터였다.

일본 사람들은 말고기를 '사쿠라고기桜肉'라고 부른다. 벚꽃처럼 붉어서 그렇게 부른다고 한다. 여담이지만, 사전에서 사쿠라라는 단어를 찾아보면 손님을 가장해서 물건을 사는 체하면서 구경꾼을 충동하는 야바위꾼, 극장이나 연설장에서 미리 짜고 박수를 치는 바람잡이 따위를 가리키는 뜻도 있다. 메이지 시대 식육 해금 직후에는 말고기를 쇠고기로 속여 파는 악덕업자가 횡행했기 때문에, 쇠고기 소비자들은 "이거 혹시 사쿠라고기 아니냐?"고 확인하곤 했단다. 사이비나 가짜를 일컬어 '사쿠라'라고 부르는 습관이 거기에서 유래되었다는 얘기도 있다. 믿거나 말거나.

미마스야가 미꾸라지나 말고기처럼 낯선 음식만 내는 곳은 물론 아니다. 이곳에는 스키야키풍의 각종 전골, 전갱이나 복어튀김, 닭고기구이 등 다양한 안주를 저렴한 가격에 판다. 술을 적잖이 마셨는데, 우리가 안주로 삼은 것은 미꾸라지나 말고기만이 아니었다. 한국 소설과 일본 소설, 한국 영화와 일본 영화 따위도 우리 안주가 되었다. 집에 돌아와 최인호 선생께 안부 인사를 적어 보냈다.

"금요일 저녁, 아우들이 상석을 비워두고 한 자리에 모여 만형을 그리

미마스야의 말고기육회

위하였습니다. 메이지 시대에 창업한 고색창연한 주점에 셋이서 모여 앉아, 말고기육회와 미꾸라지찜을 안주 삼아 술을 한잔 마셨습니다. 선생님의 건필을 기원하며 잔을 마주쳤고, 영화와 시와 소설에 대해 떠들었는데 마지막 부분은 취해서 기억이 또렷하지는 않습니다. 좋은 분들을 소개해주셔서 감사합니다. 이곳에 머무는 동안 좋은 가르침을 받게 될 것으로 생각합니다."

며칠 후, 선생께서는 함께 자리를 못했지만 흐뭇했다는 답신을 보내주셨다. 신작 소설《낯익은 타인들의 도시》에 동봉해 보내주신 편지 속에는 나더러 당신과 "같은 별자리에서 온 외계인"이 분명하다시면서 다큐멘타리식 소설을 써보라고 권하는 과분한 격려 말씀도 있었다. 도쿄를 떠나 뉴욕에서 지내며, 선생의 병세를 마음으로만 안타까워하다가 결국 그의 부음을 들었다. 약속한 술잔도 받지 못했는데.

홋카이도식 이자카야 기타구라北蔵

홋카이도는 요리에 신선한 해산물을 풍성하게 사용하는 지방으로 널리 알려져있다. 산에 가야 범을 잡는다는 말이 있긴 하지만, 홋카이도식 음식을 즐기기 위해서 꼭 홋카이도로 가야만 하는 건 아니다. '홋카이도'라는 이름의 체인점만 해도 도쿄 여러 곳에서 성업 중이다. 퇴근한 회사원들이 떠들썩하게 상에 붙어 앉아 술과 저녁을 즐기는 식당인데, 일일이 소개하기 어려울 만큼 메뉴도 다양하다.

나는 개인적으로는 홋카이도보다는 기타구라라는 식당을 더 좋아한다. 이 두 식당의 분위기는 술에 취한 상태에서 들어가면 얼른 구분이 안 될 만큼 비슷하다. 두 곳 다 해산물 요리를 장기로 삼고 있으며, 사시미, 구이, 튀김, 나베 등 다양한 메뉴를 선보이고 있다. 음식 이름을 일일이 몰라도 주문할 수 있도록 메뉴판에는 음식 사진이 붙어있다. 술안주로 꼬치구이나 찐 감자, 소바 종류 따위를 주문해도 좋고, 홋카이도 분위기를 만끽하려면 해산물 위주로 주문을 해도 좋다. 생선구이 중에서는 홋케라고 부르는 임연수구이가 맛있고, 찌거나 구운 대게도 맛있다.

　게 요리 위주로 홋카이도 음식을 맛보고 싶다면 게 뷔페를 제공하는 '마루고토 홋카이도'라는 체인점도 좋다. '다베호다이食べ放題'라고 부르는 일본식 뷔페는 정해진 시간 동안 양껏 음식을 주문해서 먹는 방식이다. 노미호다이飲み放題는 음료를 그런 방식으로 마시는 것을 말한다. 노미호다이의 가격은 대개 한 시간에 일인당 1천 엔 안팎인데, 몇 가지 한정된 종류의 음료 및 주류가 한 시간 동안 무제한으로 제공된다. 작년에 아이들을 데리고 '마루고토 홋카이도'에서 게 다베호다이를 먹었다. 제한된 시간 동안 온 식구가 양껏 먹었더니, 일 년이 지났는데도 아이들은 게를 먹으러 가자면 고개를 절레절레 흔든다. 뭐든지 살짝 모자라야 욕심이 남는 법이다. 아니, 설마 게 맛에 일 년 내내 질릴 수야. 철이 든 아이들이 아비의 주머니를 생각해서 사양해주는 건지도 모르겠다. '마루고토 홋카이도'의 게 다베호다이는 90분간 일인당 7,000엔 정도다.

　앞서 소개한 기타구라는 시내 아카사카 한복판에 있다. 이 집에서 먹을 수 있는 가장 특색 있는 요리 중에는 '마구로 가부토야키鮪兜焼き'라고 부르는 참치머리구이가 있다. 원래 '가부토兜'란 전쟁 때 사용하는 투구를 가리킨다. 일본에는 전국시대 이래 사무라이 문화가 융성했기 때문인지,

투구의 종류도 다양하고 장식도 화려하다. 일본의 남자아이들은 어렸을 때 총이나 칼 못지않게 각종 투구에도 곧잘 매료된다고 한다. 일본 에니메이션에 등장하는 로봇이나 슈퍼 히어로들도 거의 한결같이 투구를 뒤집어쓴 모습들이다. 투구를 닮았다고 해서, 잘라놓은 생선 머리도 가부토라고 부른다.

어느 이자카야에서든 흔히 도미나 방어 등 여러 가지 생선의 머리를 굽거나(가부토야키), 찌거나(가부토무시), 조리거나(가부토니), 튀긴(가부토아게) 요리를 만날 수 있다. 어두육미라는 말은 허언이 아니어서, 생선의 가장 맛있는 살은 뺨에 한 점 붙어있는 살이다. 산소 공급이 원활한 아가미 옆 지느러미 부분과 혈액순환이 활발한 꼬리 부분의 살도 맛있다. 머리에 맞닿은 옆지느러미 위쪽의 부위를 기다랗게 잘라놓은 것은 '가마鎌'라고 부른다. 농기구인 낫과 모양새가 비슷하다고 해서 붙은 이름이다.

기타구라의 참치머리구이(마구로 가부토야키)는 처음 보는 사람이라면 탄성이 절로 나올 만큼 압도적인 크기다. 굽는 데 한 시간 정도 걸리기 때문에 꼭 맛을 볼 요량이라면 미리 주문해두는 편이 좋다. 커다란 참치 머리가 나오면 여종업원이 비닐 장갑을 끼고 머리의 살을 꼼꼼히 해체해준다. 배고픈 어른 두 사람이 그것만 먹어도 완전히 배가 불러질 정도의 분량이다. 바닷속을 연상시키는 푸른색 접시에 얹힌 채 식탁의 중앙을 장악

기타구라의 참치머리구이

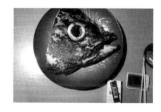

한 참치의 거대한 머리를 들여다보노라면, 낚싯대를 걸머지고 파도가 넘실대는 바다로 나가서 이만한 생선과 씨름해보고 싶다는 욕심이 마음속에서 꿈틀댄다.

도쿄 주점 순례기

쇼와(昭和) 시대로의 시간 여행, 이자카야 도모에(登茂恵)

후지TV 국제부장 노자키 씨와는 술친구 사이가 되었다. 그는 내게 도쿄에 있는 다양한 형태의 주점을 소개해주는 것을 즐거워했다. 2011년에는 이치가야에 있는 닭 요리 전문점에 나를 데려가, 난생 처음 접하는 닭고기 육회 도리자시(鳥刺し)를 앞에 두고 난감해하는 나를 보며 재미있어하기도 했다. 나는 웬만한 낯선 음식에도 놀라는 법은 없었지만 생닭이라니 그건 차마 먹을 수가 없었다. 인도네시아에서 2년간 생활하는 동안에는 자카르타에서 유행하는 조류독감을 경계하느라 덜 익힌 닭고기는 물론이려니와 계란조차도 조심스레 먹었었다. 하물며 생닭이라니! 한 번 생긴 경계심은 좀처럼 사라지지 않는 법인가 보다.

이듬해 어느 날에는 도쿄 시내 도라노몬 인근의 주점 도모에(登茂恵)라는 곳으로 안내를 받았다. 생닭고기만은 곤란하다고 다짐을 받고 따라간 곳이었다. 니시신바시 뒷골목, 주점 같은 것이 있을 법하지 않은 건물의 지하에 50년대 풍의 분위기가 물씬 나는 술집이 있었다.

　나를 살아보지도 않은 일본의 쇼와 시대를 그리워하는 이상한 사람으로 매도할 독자는 없겠지만, 이런 식당에서 내가 느끼는 감정의 실체를 좀 친절히 설명하는 것도 나쁘지는 않겠다. 비록 이문동 철길 옆 골목길과 녹번동 개천 앞을 뛰놀며 유년시절을 지내긴 했어도, 나는 철이 든 이후로는 줄곧 도시의 겉자락에서 비대해지던 아파트 단지의 주민이었다. 술집이든 식당이든, 낯이 좀 익을라 치면 사라지는 것이 우리 동네의 공식이었다. 따지고 보면 서울 전체가 그렇다. 며칠만 한눈을 팔아도 낯선 것이 낯익은 것을 몰아내는 것이 내가 익혀온 시속時俗이고 삶의 법칙이었다. 입사하던 날 동기들과 함께 차를 마시던 내자호텔은 이미 간 곳이 없고, 퇴근 후에 들러 선배의 소주잔을 받던 경찰청 뒷골목과 피맛골의 식당도 이미 여럿 자취를 감췄다.

　도모에는 100년 된 건물에 자리 잡은 50년 된 술집이라고 했다. 유리문을 밀고 들어가 계단으로 내려가 보니, 거기 보이는 모든 사물은 처음 들른 외국인에게도 기시감旣視感의 강렬한 착각을 불러올 만큼 오래되고, 숙련되고, 낡고, 닳은 것이었다. 소박하고 건실한 구식 인테리어와 탁자들은 몹시 그립고 낯익은 기운을 뿜어내고 있었다. 마치 세월을 거슬러 올라간 어느 영화 세트장 속으로 뛰어든 것 같았다고 할까.

몇 해 전 멤피스를 여행하다가 엘비스 프레슬리의 생가인 그래이스랜드 앞에서 햄버거를 먹으러 50년대 풍 식당에 들렀을 때도 나는 연고 없는 그리움을 느끼고 당혹했었다.

사사로이 흘려보낸 세월에 그리움을 생전 처음 방문하는 외국의 식당에서 느끼는 모순이 어째서 가능한가? 오래된 것들은 오래된 감정을 불러내는 힘을 지니고 있기 때문이 아닐까? 나이가 지긋해 보이는 도모에의 웨이터는 흰 와이셔츠에 검은 나비넥타이를 매고 있었다. 지방 주류조합에서 공급받는 특이한 술을 구비해놓은 것이 특징이라고 했다. 권해주는 소주를 마셨는데, 과연 독특한 풍미였다. 알고 보니 이 건물이 일본주조회관이라고 했다. 그러니까 도모에는 전국 양조장 조합 건물의 지하 식당인 것이다.

벽에 붙은 메뉴판에는 700~800엔 대의 각종 안주들이 적혀있었는데, 노자키 씨는 메뉴를 직접 고르는 대신 술에 어울리는 안주를 골라달라고 주인에게 부탁했다. 주인은 활력이 넘치는 아주머니였는데, "숙녀 나이를 자세히 알려 들지는 말라."고 말씀하시면서도 짐짓 "환갑 때만 같아도 함께 한잔했을 텐데 여든이 넘은 뒤로는 술을 삼가고 있다."고 하셨다. 도저히 여든까지는 되어 보이지 않으셔서 깜짝 놀랐다. 노자키 씨의 설명에 따르면 이 여장부 히노 테라코日野照子 사장님은 자기 어머니와 같은 연배라

고 한다. 히노 사장님은 왕년에 세계 여러 곳을 다니셨다는데, 프랑스어를 잘하신단다. 객기가 일어 불어로 몇 마디 건넸더니 호호 웃으시면서 손을 내저으신다. 블로그에 올릴 거라고 양해를 구하고 노자키 상과 함께 사진을 한 장 찍어드렸다.

생선회와 구이, 튀김 종류가 전채처럼 나왔고, 사장님의 권유로 기름진 생선조림도 안주 삼아 먹었다.

우엉조림도 먹었던 것 같다. 그날따라 종류를 바꿔가며 술을 제법 많이 마셔서 무슨 안주를 더 먹었는지는 자세히 기억나지 않는다. 하지만 분명한 건 이날 최고의 안주는 술집의 분위기였다는 사실이다. 우리는 영화 이야기를 했다. 나는 최근의 한국 영화가 품격을 지키지 못하고 있다고 한탄했고, 노자키 상은 일본 영화가 한국 영화만큼 박력을 지니지 못했다고 한탄했다. 서로의 한탄을 들어주느라 밤이 깊어가는 것도 몰랐는데, 어느새 넓은 홀에 남은 손님은 우리 둘뿐이었다.

도모에의 생선조림

생선회

무뚝뚝한 단골 주점, 슈보이치 _{酒房一}

별로 살갑게 단골 대접을 받지 못하면서도 줄기차게 방문한 주점이 있다. 사무실 근처 요쓰야 산초메 아라키초 골목 안에 있는 자그만 주점 슈보이치_{酒房一}가 그곳이다. 한일 자 한 글자를 떡하니 박아둔 입간판 옆으로 낡은 미닫이문을 열고 들어가면 실내는 손님이 스무 명도 채 들어가기 어려울 정도로 협소한 주점이다. 겨울철이라 손님들이 외투라도 벗고 앉을라치면 짐을 놔둘 자리를 만들기도 마땅치 않다. 이 식당에서 음식을 준비하고 서빙 하고 정리하는 주방장 겸 종업원은 오로지 나카모리_{中森} 사장님 혼자다. 이 주점은 나름대로 유명세를 타고 있는지 주변의 술집들이 한산할 때도 언제나 만원이다. 그래서 영업시간 내내 사장님은 분주하다. 자세히 살펴보면 혼자서 음식을 만들고 손님을 대접하는 그의 모습은 묘기에 가깝다.

　여기는 사장님과 한가하게 노닥거리는 주점은 아니다. 그래서 직접

슈보이치의 감자샐러드

술지게미된장국

물어볼 기회는 없었지만, 이 집의 상호가 '이치いち'인 이유도 아마 사장님 혼자 운영한다는 뜻이 아닐까 싶다. 이치가 언제나 붐비는 이유는 나카모리 사장님의 음식 솜씨에서 찾아야 할 것이다. 안주를 주문하면 언제나 "손님이 많고 나는 혼자니까 조금 기다려 주세요."라는 답이 돌아온다. 조금만 인내심을 발휘하고 기다리면 기대를 배반하지 않는 안주를 만날 수 있다. 혼자 저 많은 메뉴를 어떻게 소화하나 싶을 만큼 메뉴는 다채롭다. 특히 양파와 감자와 마요네즈의 비율이 마술처럼 어우러진 감자샐러드는 정말 맛있다.

평소에는 조개된장국을 내다가도 날이 쌀쌀할 때는 술지게미와 돼지고기를 넣은 된장국 가스지루粕汁를 내는데, 몸이 금세 따뜻해진다.

나는 여기서 고래베이컨(구지라베이콘鯨ベーコン), 말린복어구이(후구노이치야보시鰒の一夜干し), 굴튀김(가키후라이カキフライ), 돼지고기조림(부타카쿠니豚角煮) 같은 안주를 한 가지씩 주문해서 하루치 스트레스가 사라질 때까지 따뜻한 술을 한두 잔씩 마시곤 했다.

우리나라에서도 제법 인기를 끌었던 《심야식당》이라는 일본 TV 드라마가 있었다. 주인장 혼자 영업하는 식당이 무대였는데, 그 때문인지 슈보이치에 오면 이 드라마가 떠오르곤 했다. 드라마 속의 식당도 내가 근무하던 사무실에서 그리 멀지 않은 신주쿠 고루덴가이를 배경으로 하고

슈보이치의 멸치, 소라, 생선회

말린복어구이

있다. 가부키초 한가운데 있는 고루덴가이는 홍등가이던 곳을 1950년대에 정비한 이래 복고풍 주점들이 200여 개 이상 밀집한 골목이 되어있다. 드라마 속의 식당은 언제나 한산하고 조용해서 사연 많은 손님들의 쉼터가 되어준다.

슈보이치가 위치한 아라키초 골목은 고루덴가이처럼 드라마틱한 사연은 없지만, 여기도 작은 규모의 맛집과 카페와 술집이 많이 들어서 있는 운치 있는 장소다. 슈보이치는 드라마 속 심야식당처럼 한가롭고 조용하지는 않다. 하지만 나처럼 조그만 주점의 운치를 느끼면서도 주목받지 않고 조용히 한잔 걸치려면 한산한 분위기보다는 손님이 많은 편이 마음이 더 편하다. 아늑한 장소에서 자신과 더불어 대작하면서도 다른 테이블의 소음과 주인장의 무관심 속으로 숨어들 수 있기 때문이다.

슈보이치의 특색은 나카모리 사장님이 마릴린 먼로 마니아라는 데도 있다. 그 비좁은 가게 사방 벽이 먼로의 크고 작은 포스터, 핀업, 보도사진들로 가득 차있다. 어느 늦은 저녁 손님들이 거의 다 돌아간 시각에 카운터에 앉아서 술을 마시다가, 주방 뒤에 붙은 사진을 가리키면서 "저건 1954년에 밥 호프와 함께 한국에 왔을 때 사진"이라고 알은체를 했다. 사장님은 "젊은 사람이 그런 걸 다 아느냐."며 기특해했다. 2012년 여름, 뉴욕으로 떠나면서 "뉴욕에서 특이한 먼로 사진을 구하게 되면 보내드리겠

다."고 했더니 사장님은 껄껄 웃으며 부탁한다고 했다. 약속을 지킬 기회가 생기면 좋겠다.

일본식 국수의
세계로

일본 국수의 역사

밀은 낱알로 먹기에는 너무 단단한 곡식이라서 인류는 밀을 재배하기 시작한 초기부터 그것을 빻아서 가루로 만들고 그 반죽을 이용해 빵을 구웠다. 반죽을 가장 빨리 익힐 수 있는 방법은 그것을 얇고 기다란 가닥으로 만드는 것이었으므로, 국수의 탄생은 바퀴의 발명만큼이나 필연적인 사건이었다. 가늘고 기다란 국수의 디자인은 둥근 바퀴의 디자인처럼 보편타당한 것이었다.

하지만 국수가 널리 사랑받게 된 이유가 단지 요리하기 편리하다는 데만 있는 것이 아님은 자명하다. 점성이 강한 밀가루 반죽과는 달리 좀처럼 국수로 만들기 어려운 쌀이나 메밀로도 기를 쓰고 국수를 만들었으니까. 많은 나라에서 국수가 축제와 잔치와 제례를 위한 음식으로 사용되고 있다는 사실이 한 가지 힌트를 제공한다. 국수는 특별한 음식이었던 것이다. 기다란 국수 가닥은 연결과 연장을 상징하는 기호학적 식품이다.

그것은 장수를, 이웃과의 관계를, 가족의 연대를 상징한다. 국수 가닥을 후루룩 빨아 삼키는 동작이 주는 순수한 쾌감도 국수의 인기 비결 중 하나였을 터이다.

국수는 2,500~3,000년 전쯤 중앙아시아 지역에서 발명되어 동서남북으로 전파되었다는 것이 통설인 것으로 보인다. 아랍인, 중국인, 이탈리아인은 서로 자신들이 국수를 처음으로 발명했노라고 다투지만, 국수가 어디서 처음 생겨났는가는 그리 중요해 보이지 않는다. 보나마나, 국수는 그것이 발명되는 것이 당연한 곳에서 발명되었을 것이다. 아마도 밀이 주식인 곳. 글루텐의 점성을 배가시켜 주는 알칼리성 식수가 흔한 곳. 하지만 그렇게 발명된 국수가 어떤 나라로 건너가 얼마나 매력적인 요리로 발전했느냐는 중요하다. 요리는 그곳에 사는 사람들의 특징에 관해 많은 것을 말해주기 때문이다.

일본에는 국수가 언제 전해졌을까? 자료를 찾다 보니 13세기 초 교토 토후쿠지東福寺의 쇼이치국사聖一國師가 송宋에 수행을 다녀오면서 국수를 들여왔다는 주장이 눈에 띈다. 그가 수차를 이용한 제분기술과 함께 국수를 도입했다는 설명이다. 설마! 아무렴 일본이 국수의 발상지로부터 멀리 떨어져 있기로서니 그렇게까지 시작이 늦었을까. 아니나 다를까. 좀 더 찾아보니 헤이안 시대인 9세기 초 견당사遣唐使로 중국에 파견되었던 코우보우弘法(법명은 코우카이公海)라는 스님이 국수를 들여왔다는 설도 찾아볼 수 있다. 헤이안 시대 사료에는 덴노의 사절에게 '하쿠타쿠'라는 국수를 접대했다는 기록도 있다고 한다. 아마도 국수는 어느 날 한 사람에 의해 일본에 전해진 것이 아니라 오랜 세월에 걸쳐 여러 경로로 전파되었다고 보아야 할 것이다. 언제 어떻게 들여왔든지 간에, 일본인들은 특유의 실험 정신을 발휘해 개성 있는 일본 특유의 국수 문화를 이루었다.

일본인에게 밀과 메밀을 2:8로 섞어 이른바 '니하치' 국수로 만드는 법을 전해준 사람은 17세기 조선의 스님 원진元珍이었다는 설도 있는데, 어쨌든 일본의 소바는 한반도의 메밀국수와는 전혀 다른 음식이 되었다. 일본인 스스로 "추카소바中華そば"라고 부르는 라멘은 당연히 중국식 납면 법拉麵法 국수, 즉 수타면이 진화한 것이다. 하지만 우리식 짜장면과 짬뽕을 중국에서 찾아보기 어려운 것처럼, 일본의 라멘도 납면법의 본고장 산시성山西省 시장 골목에서 파는 국수와는 전혀 다르다. 우동의 기원에 관해서는 일본 내에서도 설이 분분하다.

일본 국수에 관한 나의 관심은 고고학적인 것이 아니니까 그 뿌리를 집요하게 캘 생각은 없다. 하지만 매력 만점의 일본 국수 3총사를 잠시 따로 소개하고 싶다는 유혹은 피하지 않으련다. 그래서 이번 이야기의 주인공은 내가 일본에서 만난 소바, 우동, 라멘이다.

소바蕎麦
─────────

• 소바를 먹는 법도

일본의 문화와 관습은 교토와 오사카를 중심으로 하는 간사이와, 도쿄를 중심으로 하는 간토로 크게 나뉜다. 두 지역의 대표적인 차이점 중에는, 간사이에서는 우동, 간토에서는 소바가 각기 더 사랑을 받는다는 사실도 포함된다. 그래서인지, 도쿄의 거리에서는 한국의 커피전문점만큼이나 많이 눈에 띄는 것이 소바 가게다.

"간사이 지역은 우동, 간토 지역은 소바라는 식으로 그 기호가 구분되고 있는데, 에도시대에 간사이 지역에서 우동과 소바가 생겨났고 이것이 에도로 전해지면서 처음에는 역시 우동이 주류를 이루었지만 비교적 빠른 시기에 에도 토박이들은 우동보다 소바를 더 좋아하게 된 것으로 보인

다.”(오쿠보 히로코 저,《에도의 패스트푸드》)

　소바는 메밀로 만든다. 메밀가루는 반죽을 해도 밀가루만큼의 끈기
는 없기 때문에 밀가루, 참마, 계란 따위를 섞는 경우가 많다. 순 메밀만을
재료로 만드는 소바를 '기소바生蕎麦'라고 강조하기도 하는데, 그렇다고 반
드시 더 맛있는 건 아니다. 메밀의 열매를 빻을 때 열매의 가장 안쪽 부분
에서 나오는 가루가 희고 향기도 더 좋다고 한다. 이 흰 가루만을 가지고
만드는 소바를 특별히 '사라시나소바更科蕎麦'라고 부른다. 도쿄 시내에는
100년 안팎의 오랜 역사를 가진 사라시나소바 가게만도 여럿이 있다.

　크게 보면, 소바는 따뜻한 국물에 말아 먹는 온면과, 찬 국수를 쓰유
라고 부르는 소스에 찍어 먹는 두 종류로 나눌 수 있다. 온면을 다른 재료
로 꾸미지 않으면 '가케소바掛け蕎麦'라고 한다. 에도시대 중기부터 가케소
바와 구분하기 위해 찐 다음에 식혀서 면을 따로 담아 내는 소바를 '모리
소바盛り蕎麦'라고 불렀다고 한다. 그 후에 좀 더 고급스러운 이미지를 덧입
히기 위해 대나무 통에 쪄서 김을 얹어서 내는 것을 '자루소바笊蕎麦'라고
부르게 되었다. 실질적인 차이는 없기 때문에 지금은 단지 김이 얹혀있으
면 자루소바, 없으면 모리소바라고 부른다. 쓰유에는 강판에 간 무우와
와사비를 넣고 취향에 따라 다진 당근이라든지 참깨, 잘게 썬 차조기잎

따위를 넣기도 하고, 간사이 지방에서는 메추리알을 날로 풀어 넣기도 한다. 소바를 쓰유에 찍어서 먹는 경우, 보통은 다 먹고 나면 국수 삶은 물을 내준다. 숭늉을 닮은 이 물을 소바유蕎麦湯라고 부른다. 먹고 남은 쓰유에 소바유를 타서 입가심으로 마시면 짭짤하고 따뜻한 것이, 왠지 냉면집의 육수가 떠오른다.

간토 지방에서 우동보다 소바가 더 인기를 끌었던 이유가 뭘까? 여러 사람에게 물어봤지만 "잘 모르겠다."는 대답이 제일 많았다. 씹는 맛을 중시하는 우동에 비해 향기와 목으로 넘기는 맛을 중시하는 소바 쪽이 세련된 에도(도쿄) 사람들에게 더 잘 어울렸다는 '기질론'도 있었다. 에도 사람들이 흰 쌀밥을 주로 먹었기 때문에 각기병은 '에도병'이라고 불릴 정도였는데, 비타민B를 보충할 목적으로 소바를 널리 먹게 되었을 거라는 의학적 추측도 있었다.

세련된 기질이라니까 생각나는 이야기지만, 일본 사람들은 속내를 여과 없이 드러내는 것을 천시한다. 그러다 보니 외국인들은 일본인의 속마음을 알기가 어렵다고 불평하게 된다. 도쿄 출신의 일본인 친구에게 그런 얘기를 했더니 정말 그러냐면서, 자기도 교토京都 사람을 만나면 어디까지 액면 그대로 받아들여야 할지 몰라 곤란하다고 했다. 교토 사람들이 집에 놀러 오란다고 정말로 가는 사람은 바보란다. 교토 사람의 집에서 놀다

가 집주인이 "오차즈케お茶漬け나 드시죠."라고 말하면 그건 "이제 식사 시간이 되었으니 그만 가주시죠."라는 뜻이라고 한다.

체면과 겉멋을 차리는 데는 소위 '에도코江戸子'라고 불리는 도쿄 토박이들도 결코 하수가 아니다. 체면치레를 하느라 속마음을 감추고 참는 것을 일본 말로는 '야세가만瘦せ我慢'이라고 부른다. 품위를 지키느라 관습의 구속을 받으면서 마음 내키는 대로 행동하지 못하는 습관은 도쿄 토박이들의 특질을 이루는 중요한 부분이다. 좀 딱한 구석이 없진 않지만, 나는 이런 습관을 싸잡아 위선적이라고 폄하하고 싶은 생각은 없다. 모든 예의범절은 본질적으로 위선이고, 순응은 모든 질서의 —충분조건은 아니지만— 필요조건이기 때문이다. 적어도 서로 품위 있는 척 위선을 떠는 사회가, 모두가 모두에게 함부로 구는 사회보다는 살기 좋은 사회라고 나는 믿는다. 모든 게 정도의 문제이기는 하지만, 과연 어디서부터 꼴불견이 되느냐 하는 것은 주관적인 문제다. 속물근성은 반드시 나쁜가? 따지고 보면, 세상 모든 멋쟁이들은 멋을 부리기 위해 불편을 참는 사람들이다. 비록 나는 멋을 낼 줄 모르지만, 멋쟁이들이 세상에 있어서 다행이라고 생각하는 축이다.

에도 바쿠후 중기에는 소바를 안주 삼아 혼자 술을 마시는 것이 에도 특유의 스노비즘으로 유행했다. 자연히, '소바를 세련되게 먹는 방법'이라는 것도 생겨났는데, 국수를 3분의 1 정도만 담갔다가 약간 싱거운 맛으로 먹는 것이었다. 쓰유에 국수를 전부 다 푹 담갔다가 먹는 것은 '시골뜨기나 하는 짓'으로 여겼다. 소바를 씹을 때도 너무 많이 씹지 않고 목으로 넘기면서 향기를 음미하는 것이 소바를 '먹을 줄 아는' 것이었다.

일본에는 옛부터 전래되어오는 '라쿠고落語'라는 만담이 있다. 전통식 스탠드업 코미디랄까? (라쿠고는 방석에 앉아서 하니까 싯다운 코미디라고 해야 할지도 모르겠다.) 제10대 긴겐테이바쇼金原亭馬生라는 예명으로 알려진 미노베 기요시美濃部清라는 만담가는 '소바세이蕎麦清'라는 제목의 라쿠고에서 도쿄 사람이 죽어가면서 "한 번만이라도 소바를 국물에 듬뿍 묻혀 먹어보고 싶었다."는 말을 남겼다고 익살을 부렸다. 일본 사람들은 이 이야기를 들으면 아주 재미있다며 만면에 웃음을 띠지만, 에도코의 애교 있는 위선과 그들이 남몰래 공유하는 '야세가만'의 고충을 알지 못하는 외국인이라면 그게 대체 왜 우스운지를 이해하기란 어려운 노릇이다.

내가 근무하던 사무실 근처에도 맛있는 소바집이 몇 군데 있었다. 요쓰야역에서 그리 멀지 않은 소바젠蕎麦善이 그중 하나다. 뒷골목 한쪽에 얌전히 위치한 작은 가게인데, 데이트 장소로 알맞겠다 싶을 만큼 분위기가 아늑하면서도 세련된 가게다. 역사와 전통을 자랑하는 대형 사라시나 소바 식당들보다, 이렇게 새로 생겨나는 골목길의 작은 상점들이 도쿄 시민

소바젠의 도로로소바

멸치튀김

들의 소바 사랑을 더 또렷이 보여주는 증거처럼 느껴졌다.

소바도 소바지만, 이 가게에서는 반찬으로 새우튀김과 멸치튀김을 내는데, 그 맛이 야무지고 특이하다. 보통 덴푸라 소바처럼 커다란 새우를 튀기는 게 아니라, 사쿠라에비桜海老라는 작은 새우를 모아서 튀기고, 멸치도 작은 멸치들을 얼기설기 모아서 튀긴다.

처음 갔던 날은 제법 추웠기 때문에 따뜻한 소바를 먹었다. 나는 갈아놓은 참마를 얹은 도로로薯蕷소바를, 함께 간 동료는 가케소바를 먹었다.

주인장에게 맛있게 먹었다고 인사하고 가게 명함을 좀 달라고 했다. 블로그에 소개를 할까 한다고 했더니, 사람 좋아 보이는 주인은 "앗, 아리가토우. 그렇다면 한 장만 가져가실 게 아니라⋯."라고 익살을 부리며 명함을 열 장쯤 쥐여주었다. 깍쟁이처럼 얌전하게 굴지 않는 걸로 봐서, 도쿄 사람은 아니지 싶었다. 주인장의 붙임성 좋은 첫인상 덕분에 앞으로도 자주 와야겠다는 생각이 들었다. 나는 시골 사람처럼 쓰유에 듬뿍듬뿍 국수를 담가서 먹을 테다. 나중에 후회할 일 없게스리.

• 섣달그믐에 먹는 도시코시年越し소바

구리 료헤이라는 작가가 1987년 발표한 〈한 그릇의 가케소바一杯のかけそば〉

라는 단편소설은 일본인의 단면을 잘 보여준다. 미리 밝혀두지만, 내가 여기 쓰려는 내용의 상당 부분은 이어령 선생의 저서《축소지향의 일본인 그 이후》를 인용한 것이다. 단편소설을 요약하자면 아래와 같다.

1972년 섣달그믐날, 삿포로의 소바 가게 북해정北海亭은 아침부터 눈코 뜰 새 없이 바빴다. 밤 10시를 넘기고 가게 문을 닫으려는데 출입문이 드르륵 열리더니 세 사람이 들어왔다. 운동복을 입은 6세와 10세 정도의 사내아이들을 데리고 온 여자는 철 지난 체크무늬 반코트를 입고 있었다. 여자가 머뭇머뭇 말했다.

"저… 가케소바 1인분만 주문해도 괜찮을까요?"

난로 곁의 2번 테이블로 안내하면서 여주인은 주방 안을 향해, "가케소바, 1인분!" 하고 소리친다. 주인은 "아이욧 가케 잇초!"라고 복창하고 손님과 아내가 눈치채지 못하도록 1인분에 국수 반 덩어리를 더 넣어 삶는다. 오손도손 국수를 먹은 세 식구는 150엔의 값을 지불하며, "맛있게 먹었습니다."라고 인사한다. 주인 내외도 목청을 돋우어 인사한다.

"고맙습니다, 새해 복 많이 받으세요!"

이듬해 북해정은 바쁜 한 해를 보내고 다시 12월 31일을 맞이했다. 10시를 막 넘기고 가게를 닫으려고 할 때 드르륵, 문이 열리더니 두 남자아이를 데리고 한 여자가 들어왔다. 여자는 여전히 체크무늬의 반코트를 입고 있었고, 올해도 가케소바 1인분을 주문했다. 서비스로 3인분을 내주자고 귀엣말을 하는 여주인에게, 남편은 국수 하나 반을 삶으며 대답한다.

"안 돼요. 그러면 도리어 거북하게 여길 거요."

그 이듬해의 섣달그믐날, 북해정의 주인 내외는 9시 반이 지날 무렵부터 안절부절못했다. 종업원을 귀가시킨 주인은 벽에 붙어있는 메뉴표를 차례로 뒤집었다. 지난 여름에 값을 올려 200엔이라고 씌어져있던 메뉴표가 150엔으로 둔갑하고 있었다. 2번 테이블 위에는 30분 전부터 예약석 팻말이 놓여져있다. 10시 반이 되자 세 모자가 들어왔다. 형은 중학생 교복, 동생은 작년 형이 입고 있던 잠바를 헐렁하게 입고 있었고, 엄마는 색바랜 체크무늬 반코트 차림 그대로였다. 이들은 이번에는 가케소바 2인분을 주문한다. 주인이 남몰래 3인분의 국수를 삶는 동안 세 모자는 활기차게 대화를 나눈다.

"오늘은 너희에게 엄마가 고맙다고 인사하고 싶구나. 돌아가신 아빠가 일으켰던 사고로, 여덟 명이나 되는 사람이 부상을 입었잖니. 보험으로도 다 지불할 수 없었던 배상금을 매월 5만 엔씩 지불하고 있었단다."

"음… 알고 있어요."

라고 형이 대답한다. 여주인과 주인은 꼼짝 않고 가만히 듣고 있다.

"지불은 내년 3월까지로 되어있었지만, 실은 오늘 전부 지불을 끝낼 수 있었단다."

"넷! 정말이에요? 엄마!"

"그래. 형이 신문 배달을 열심히 해주었고, 준이 장보기와 저녁 준비를 매일 해준 덕분에, 엄마는 안심하고 일할 수 있었단다. 그래서 열심히 일을 해서 회사에서 특별수당을 받았단다. 그것으로 지불을 모두 끝마칠 수 있었던 거야."

"엄마! 형! 잘됐어요! 하지만 앞으로도 저녁 식사 준비는 내가 할 거예요."

"나도 신문 배달, 계속할래요. 준아! 힘을 내자!"

"고맙다. 정말로 고마워."

형이 눈을 반짝이며 말한다.

"이제야 말씀인데요… 11월 첫째 일요일, 학교에서 준이의 수업참관을 하라고 편지가 왔었어요. 준이 쓴 작문이 홋카이도의 대표로 뽑혀, 전국 콩쿠르에 출품되어서 수업참관일에 이 작문을 준이 읽게 됐대요. 선생님 편지를 엄마에게 보여드리면 무리해서 회사를 쉬실 걸 알기 때문에 준이 감췄어요. 준의 친구들한테 듣고 제가 참관일에 갔어요."

"그래… 그랬었구나. 그래서?"

"선생님께서, 너는 장래 어떤 사람이 되고 싶은가, 라는 제목으로, 전원에게 작문을 쓰게 하셨는데, 준은 〈가케소바 한 그릇〉이라는 제목으로 써서 냈대요. 제목만 듣고, 북해정에서의 일이라는 걸 알았기 때문에… 준 녀석 무슨 그런 부끄러운 얘기를 썼지, 하고 생각했죠. 작문은… 아빠가 교통사고로 돌아가셔서 많은 빚을 남겼다는 것, 엄마가 아침 일찍부터 밤늦게까지 일을 하고 계시다는 것, 내가 신문을 배달하고 있다는 것 등등 전부 쓰여있었어요. 그러고서 12월 31일 밤 셋이서 먹은 한 그릇의 소바가 그렇게 맛있었다는 것… 셋이서 한 그릇밖에 시키지 않았는데도 주인 아저씨와 아줌마는, 고맙습니다! 새해 복 많이 받으세요!라고 큰 소리로 말해주신 일. 그 목소리는… 지지 말아라! 힘내! 살아갈 수 있어!라고 말하는 것 같은 기분이 들었다고요. 그래서 준은, 어른이 되면, 손님에게 힘내라! 행복해라!라는 속마음을 감추고, 고맙습니다!라고 말할 수 있는 일본 제일의 소바집 주인이 되는 것이라고, 큰 목소리로 읽었어요."

카운터 깊숙이 웅크린 주인 내외는 한 장의 수건 끝을 붙잡고, 흘러나오는 눈물을 닦고 있었다. 세 사람의 손님은 서로 손을 잡기도 하고, 웃기도 하며, 즐거운 분위기로 식사를 했다.

다시 일 년이 지나 북해정에서는, 밤 9시가 지나서부터 〈예약석〉이란 팻말을 2번 테이블 위에 올려놓고 기다리고 기다렸지만, 세 모자는 나타나지 않았다. 다음 해에도, 또 다음 해에도, 2번 테이블을 비우고 기다렸지만,

세 사람은 끝내 나타나지 않았다. 북해정은 장사가 번성하여 내부수리를 하면서도 2번 테이블만은 그대로 남겨두었다. 의아해하는 손님에게, 주인은 세 모자의 일을 이야기하면서, 이 테이블을 자신들의 자극제로 삼고 있다, 언젠가 그 세 손님이 다시 와주면 이 테이블로 맞이하고 싶다고 설명하곤 했다. 그리고 다시 여러 해가 흐른 어느 섣달그믐이었다. 북해정에는 거리 상점회 회원과 이웃들이 모여 떠들썩한 분위기로 그믐날을 보내고 있었다. 10시 반이 지났을 때, 입구의 문이 열렸다. 정장 차림의 두 청년이 들어왔다. 여주인이 "공교롭게 만원이어서"라며 거절하려고 했을 때 화복 차림의 부인이 머리를 숙이며 들어와서, 두 청년 사이에 섰다.

"저… 가케소바 3인분입니다만… 괜찮겠죠."

세 사람을 번갈아 바라보며 당황해하고 있는 주인에게 청년 중 하나가 말했다.

"14년 전 섣달그믐 밤, 한 그릇의 소바에 용기를 얻어 세 사람이 손을 맞잡고 열심히 살아갈 수 있었습니다. 그 후, 우리는 외가가 있는 시가현으로 이사했습니다. 저는 금년 의사 국가시험에 합격하여 교토의 대학병원에 근무하고 있습니다만, 내년 4월부터 삿포로의 종합병원에서 근무하게 되었습니다. 그 병원에 인사도 하고 아버님 묘에도 들를 겸해서 왔습니다. 소바집 주인이 되지는 않았습니다만 교토의 은행에 다니는 동생과 상의해서, 지금까지 인생에서 최고의 사치를 계획했습니다. 그것은 섣달그믐날 어머님과 셋이서 북해정을 찾아와 3인분의 소바를 시키는 것이었습니다."

고개를 끄덕이는 주인 내외의 눈에서 눈물이 흘렀다. 옆에 있던 손님들이 일어나 외쳤다.

"주인장! 뭐 해요! 십 년간 이날을 위해 마련한 예약석이잖아요, 안내해요. 안내를!"

정신을 차린 여주인은,

"잘 오셨어요. 자 어서요. 여보! 2번 테이블 가케소바 3인분!"

"아이욧! 가케 산초!"

무뚝뚝한 얼굴을 눈물로 적신 주인이 복창했다. 환성과 박수가 터지는 가게 밖에서는 북해정의 포렴이 정월의 바람에 휘날리고 있었다.

이상이 소설의 대강이다. 굳이 이 소설을 소개하는 이유는, 일본인의 특징이 그 속에 듬뿍 담겨있다고 생각되어서다. 무엇보다도, 이토록 짧은 소설이 널리 읽히고 사랑받는 것부터가 일본의 독특한 풍토다. 일본 문학에는 단편보다 짧은 '장편掌篇소설'이라는 양식이 있어서, 노벨상 수상 작가인 가와바타 야스나리는 100편 이상의 장편소설을 쓰기도 했다. 일본의 하이쿠俳句는 세계에서 가장 짧은 양식의 시詩여서, 프랑스 학생에게 하이쿠를 가르치면 "제목은 그만하면 됐으니까 이제 내용을 배우고 싶다."고 한다는 우스개도 있다.

먼저 소개할 사실은 일본인들은 섣달그믐이 되면 소바를 먹는다는 점이다. '도시코시소바'라고 부르는 세시풍속이다. 국수가 가늘고 길어서 장수를 기원하는 의미라는 설도 있고, 소바가 뚝뚝 잘 끊어지므로 한 해의 고생을 잘라버리는 뜻이라는 설도 있다. 이 소설이 우리나라에는 〈우동 한 그릇〉이라는 제목으로 번역이 되어있기 때문에, 나는 한동안 일본에서는 섣달그믐날 우동을 먹는 줄 잘못 알고 지냈다. 나 참. 마치 떡국을 수제비로 소개한 꼴이 아닌가.

그래서 우리의 주인공 세 모자는 굳이 북해정에 들러서 가케소바를 주문했던 것이다. 그런데, 과연 꼭 그래야만 했을까? 한 그릇을 시켜서 셋이서 나눠 먹는 게 부끄럽고 창피한 일이었다면 가게에서 청승을 떠는 대신 집에서 끓여 먹어도 그만이었을 것이다. 그런데도 굳이 세 사람은 소바집을 찾는다. 기독교인들이 안식일이 되면 교회를 찾아가는 것처럼, 그것은 종교적인 행동처럼 보이기도 한다. 이것은 마치 제단을 만들어두고 제사를 지내듯이 2번 테이블을 해마다 예약석으로 남겨두는 소바집 주인 내외의 행동과도 닮아있다. 재삼 강조하거니와, 일본인은 평범한 사건에

일본식 국수의 세계로

의미를 부여하고 관습화하거나 양식화하려는 습성이 남다르게 강하다.

손님과 식당 주인이 주고받는 대화도 양식화되어있다. 손님은 남의 영업장에 셋이서 찾아와 한 그릇만 주문했다는 것 때문에 몹시 쭈뼛거리면서도 정작 미안하다고 말하지는 않는다. 주인은 괜찮으니까 개의치 말라고 말하는 대신, 다른 모든 손님과 똑같이 대하는 것으로 예의를 삼는다. 여섯 살 먹은 꼬맹이도 소바집 주인이 "힘내라! 행복해라!라는 속마음을 감추고, 고맙습니다!라고 말했다"는 사실을 인지하고 있었고, 심지어 자신도 그렇게 되고 싶다고 말하고 있다. 그 속에서 피어나는 감동은, 그러므로 매우 양식화된 감동이다. 일본의 독특한 문화에서 진심이란 감추어야 비로소 드러나는 그 무엇인 셈이다. 아마 한국에서였다면, 손님은 "정말 죄송하다."라고 말함으로써 미안한 마음을 풀었을 것이고, 주인은 차라리 "한 그릇만 시키시면 어떡하냐."고 핀잔을 주거나, 아니면 "괜찮으니까 마음 편하게 드시라."고 말해줌으로써 원망이나 친절을 그자리에서 다 베풀었을 것 같다. 역시 한국은 '되갚는 문화'라기보다는 '푸는 문화'인 것이 아닐까.

일본 식당 주인은 아무도 눈치 못 채게 국수 반 덩어리를 더 말아 넣는다. 손님들은 주인의 선심을 눈치채고도 고마움을 마음속에 담아둘 뿐, 모른 척한다. 이것이 일본 특유의 인간관계인 닌조人情이고, 기쿠바리気配り

다. 속에 있는 말을 다 하지 않고 자기의 역할에만 충실을 기한다는 의미에서, 일본인의 예의범절은 한 편의 연극을 보는 것 같기도 하다. 마치 일본의 다도茶道에서 주인이 하는 행동과 말, 손님이 하는 행동과 말이 미리다 정해져있는 것과도 비슷하다. 그래서 이 소설 속의 소년은 북해정에서 느낀 감동을 전교생 앞에 밝히면서도 정작 자기 글의 주인공인 북해정 사장 내외에게는 고맙다는 말을 직접 하지 않는다. (여러 해가 흘러 소바 세 그릇을 주문할 수 있는 처지가 됨으로써 신세를 갚게 되고 나서야 고맙다는 말을 하는 것이다.) 세 모자가 테이블에서 북해정 사장의 친절을 떠들고 사장은 그것을 카운터 뒤에 숨어서 듣고 눈물을 훔치는 식의 커뮤니케이션. 이것 때문에 이 소설은 번역이 불가능한 일본의 이야기가 된다.

이 짧은 소설 속에는 '되갚음'을 중시하는 일본의 특성도 짙은 농도로 들어있다. 소바집 주인에게 진 신세를 갚기 위해 열심히 살았다는 모자의 분투가 이야기의 주제를 이루고 있다. 그게 전부가 아니다. 어머니는 배상금을 '갚기'위해 자학적일 정도의 검약을 실천한다. (매달 5만 엔씩 배상금을 갚으면서 소바 두 그릇 더 시킬 300엔이 없지는 않았을 터이다.) 아들들은 어머니의 희생을 '갚기' 위해 나름대로 분투한다. 식당 주인은 손님들이 자신의 성의를 알아준 데 감동하여 그것을 '갚기'위해 2번 테이블을 일종의 제단으로 만든다.

일본식 국수의 세계로

일본인들은 정말로 열심히 갚는다. 일본인 친구에게 조금이라도 친절을 베풀면 반드시 온가에시恩返し라는 감사의 선물이 되돌아온다. 일본에서는 미안하다는 말을 '스미마센済みません'이라고 한다. 문자 그대로 해석하면 '아직 끝나지 않았다'는 뜻인데, 그 속에는 '갚을 것이 아직 남아있다.'는 의미가 담겨있다. 이렇게 열성적으로 되갚는 사람들에게 원한을 사는 일은 삼가는 편이 좋다. 일본의 대표 작가 나쓰메 소세키는 어째서 일본 문학에는 복수 이야기가 그렇게 많은지 모르겠다고 한탄한 적이 있다고 한다. 이어령 선생이 지적한 것처럼, 그 이유는 아마도 "빚이나 은혜를 갚는 것처럼 본질적으로 원수에게 복수하는 것도 갚는 행위이기 때문"일 것이다.

〈한 그릇의 가케소바〉 속에는 일본 상인들이 실천하려는 친절의 정신이라든가, 국수 3인분 시키는 것을 "최고의 사치"라고 말하는 의사 청년의 말에서 나타나는 검약의 미덕도 들어있다. 소설 속 주인공들이 청승맞을 정도로 검약을 실천하는 이유는 그들에게 300엔이 없어서가 아니라 국수 3인분을 사 먹는 것보다 서둘러 갚아야 할 배상금이 있기 때문이다. 그러므로 그 검약은 근면, 성실과도 일체를 이루는 미덕이 된다. 검약, 근면, 성실에 일본인이 부여하는 중요성은 그들을 이해하는 열쇠와도 같은 특징이다.

1987년에 발표된 이 소설은 1988년 FM 라디오 연말 프로에 낭송되고 산케이신문에 보도되면서 폭발적인 반응을 일으켰다. 국회에서는 단상에 오른 의원이 이 소설을 낭독하면서 장내가 숙연해지고 각료석의 장관들을 울리고 말았다. 《주간 문예춘추》는 '편집부원도 울었다.'는 선전 문구를 달고 전문을 게재했고, 후지텔레비전은 무려 닷새 동안 낭독자를 바꿔가면서 시청자의 우는 모습을 실황 중계했다. 경시청에서는 이 소설을 복사해 일선 수사관들에게 배포했다고 한다. 피의자 심문을 할 때 이 소설을 읽혀 눈물을 흘리게 하고, 마음이 순수해진 틈을 타 자백을 시키라는 취지였던 것이다. 그러다가 이 소설이 실화냐 아니냐에 관심이 모아진다.

소설 속 주인공 찾기 운동이 대대적으로 벌어지고, 소설 내용이 실화가 아닌 '사기극'으로 밝혀지면서 열기는 식고 만다. 작가 구리 료헤이의 이런저런 비행이 밝혀진 것도 영향이 있었다. 이것도 희한한 현상이다. 소설 속 이야기가 허구로 밝혀졌다고 해서 독자의 관심이 식는다니, 진실과 이야기를 이토록 혼동하는 사람들이 또 어디 있을까. 이어령 선생은 "일본의 검객에 대한 무용담이라는 것은 대개가 다 이런 신화 만들기의 소산"이라고 지적한다. "일본의 집단주의를 움직이는 힘의 원천은, 이렇게 허구를 사실로 만들고 신화를 역사로 믿게 하는 특성 가운데 있다." 허구를 사실로 만드는 일본 특유의 이러한 재능은 과거사 왜곡에도 작용하고 있다.

　2011년 한 해를 마감하는 12월 31일, 우리 식구는 집 근처의 소바가게에서 저녁 식사를 했다. 북해정의 손님들처럼 한 그릇만 주문한 건 아니었지만, 가게가 문을 여는 다섯시 반에 갔는데도 줄이 길어 찬 바람 부는 길거리에 서서 제법 기다리긴 했다. 스기나미구 이구사초에 있는 '소바미와蕎麦みわ'라는 곳인데, 까다롭기로 이름난 미슐렝 가이드(도쿄판)에 수록된 식당이다. 설령 그런 사실을 모르고 갔더라도 식당 앞에 줄이 길게 늘어서 있는 것은 언제나 좋은 조짐이다. 좀 기다리면 틀림없이 다른 식당보다 맛있는 음식을 먹게 된다는 뜻이니까.

　자그마한 식당 안은 정갈했고, 섣달그믐답게 직원들은 바삐 움직이고 있었다. 실내장식에도 제법 신경을 써, 메밀겨가 섞여있는 정겨운 흙벽이 벽지를 대신하고 있었다.

　우리 네 식구는 야채튀김(가키아게搔き揚げ)이 포함된 따뜻한 소바와 차가운 세이로蒸篭를 주문했다. 세이로란 대나무로 만든 찜통을 가리키는데, 모리소바, 자루소바와 크게 다른 점은 없지만 고급스러운 느낌을 주기 위해 사용하는 명칭이라고 한다. 소문난 식당답게 냉온 소바 양쪽 다 맛이 좋았다.

　또 한 해가 저문다. 일본에 와서 한 해 남짓. 새로운 것을 많이 배웠고,

소바미와의 따뜻한 소바

많은 일을 겪기도 했다. 거기엔 동일본대지진이라는 전대미문의 재난과 큰 아들의 대학 입학도 포함된다. 내년 한 해는 어떤 일들이 벌어지려나. 연말부터 심상치 않은 소식으로 분주한 걸 보니 조용하고 차분한 새해가 되기는 벌써 틀린 모양이다. 그러고 보면, 내가 섣달그믐에 굳이 식구들을 소바집으로 끌고 가 저녁 식사를 한 것도 작은 의식을 치르듯이 행운을 바라는 마음에서였는지도 모른다.

우동

평평한 부채를 쥘부채合竹扇로 만들고, 카세트 플레이어를 워크맨으로 만든 일본 특유의 개량적 재능은 음식문화에서도 어김없이 드러난다. 스시의 뿌리가 동남아식 젓갈이고, 돈가스가 포크커틀릿의 변형이며, 오므라이스가 오믈렛의 응용상품인 것처럼, 일본을 대표하는 우동의 기원은 고대 중국이라는 것이 통설이다. 일본인은 남의 것을 거리낌 없이 들여오고, 그것을 천연덕스럽게 일본식으로 고친다. 그리고 일본식 개량과정을 거친 제품은 거의 언제나 세계인의 사랑을 받는다.

일본인의 재능은 모방할 뚜렷한 대상이나 사용할 수 있는 한정된 재료가 주어져있을 때 가장 빛을 발한다. 내 이야기가 아니다. 내 일본인 친구에 따르면, 일본인이 요리를 좋아하고 일본에 좋은 레스토랑이 많은 이유는 아마도 요리라는 행위가 주어진 공간 속에서 주어진 재료에 집중하며 최선을 다하는, 일본인의 천성에 잘 맞는 활동이기 때문일 거라고 한다.

일본식 국수의 세계로

일단 일본화 과정을 거친 완성품 속에는 일본인 스스로 '화혼和魂'이라고 부르는 일본의 특성이 녹아든다. 워크맨이 카세트 플레이어의 변조물이라는 사실을 아무리 강조하더라도 워크맨이 지닌 부가가치는 줄어들지 않는다. 테즈카 오사무의 아톰이 월트 디즈니의 저급한 모방품에 지나지 않는다는 주장은 그런 주장을 하는 사람만 저급해 보이게 만들 뿐이다. 모든 문화는 소통한다. 이질적인 것과 소통하고 교류하면서 영향을 주고받지 않는다면, 그것은 문화가 아니다. 완벽하게 독자적인 고유의 문화라는 것은 국수주의자의 상상 속에만 존재한다. 그래서 중국을 거쳐 일본에 소개된 제면법은 독자적인 개성과 매력을 지닌 새로운 몇 종류의 국수를 탄생시켰고, 일본식 국수는 이제 외국인들에게도 독특한 즐거움을 선사하고 있는 것이다.

이 나이가 되도록 나는 간장 맛 국물에 허연 국수를 말기만 하면 그게 우동인 줄로만 알았다. 중고등학교 시절 방학마다 경부선 열차를 타고 부산의 친척들을 뵈러 가다가 대전역에 내려 3분간 정차시간에 마시듯이 먹어치우는 수수한 국수가 지금까지 내 기억 속에 남아있던 최고의 우동이었다. 그런데 일본에 와서 만난 우동이라는 요리 속에는 완성을 향한 일본인의 집요한 욕심이 들어있었다. 조금이라도 더 나은 맛을 위해서 장시간의 수고를 아끼지 않는 비효율적인 집념의 결정체.

우동은 화려한 음식이 아니기 때문에, 기본을 완성하지 않고는 맛이 날 수가 없다. 중국의 면 요리가 다채로운 소스와 함께 발달했다면 한국의 면은 곁들인 재료의 맛이 많은 부분을 좌우한다. 그러나 우동의 맛이라는 것은 면의 식감과 국물의 맛일 뿐이다. 거기 무슨 재료가 더 들어가건, 그것은 면과 국물의 맛을 돋보이게 만들 엑스트라에 불과하다. 마치 유럽 인상파 화가들에게 깊은 영감을 주었던 우키요에라든지 산과 바다를 상징하는 일본식 가레산스이 정원처럼 미니멀리스틱한 미적 추구다. 우동은 더 나은 맛이 나올 때까지 이런저런 재료를 더 집어넣는 음식이 아니다. 마치 자코메티의 조각품처럼, 본질적이지 않은 부분을 사상함으로써 우동은 완성된다. 그래서 우동 가게의 진면목은 그 집에서 파는, 국물과 면만으로 이루어진 가케우동掛けうどん에서 드러난다.

일본의 3대 우동이라면, 탱글탱글한 탄력을 자랑하는 가가와현의 사누키讚岐우동, 매끄럽고 목넘김이 부드러운 군마현의 미즈사와水沢우동, 우리 칼국수처럼 가늘고 납작한 아키타현의 이나니와稲庭우동을 꼽는 것이 보통이다. 여기서도 다시 한 번 드러나는 것은 일본 우동의 정체성을 규정하는 것은 국물보다 면이라는 사실이다.

우동의 면발은 충분히 숙성시킨 밀가루 반죽을 사용해서 매끄러운 느낌을 가지고 있어야 한다. 면발의 씹히는 느낌이 좋을 때, 일본 사람들

일본식 국수의 세계로

은 면의 허리가 있다(腰がある), 또는 허리가 강하다(腰がつよい)라는 표현을 사용한다. 씹기도 전에 뚝뚝 끊어지는 면발이라면 마치 허리가 없는 사람 같다는 얘기일 것이다. 기계로 제조하는 건면의 경우, 일본 농림규격은 "1.7mm 이상의 둥근 막대 모양으로 성형된" 밀가루 국수를 우동으로 규정하고 있다. 원래부터 건면으로 만드는 이나니와 우동에는 해당되지 않는 이야기지만, 면발이 굵은 우동의 참맛은 손으로 만들어 '다마玉'라고 부르는 둥근 모양으로 일 인분씩 갈무리해 두었다가 말아주는 생면에서 나온다. 일본에서 실력 있는 우동집이라면, 팔고 남을 만큼 면을 만들어두지 않고, 숙성시킨 면이 다 팔리면 그날 장사는 그걸로 끝이다. 장사 상황을 보아가며 숙성되지 않은 상태의 면을 즉흥적으로 만들어 팔지 않는다는 뜻이다.

• 작은 식당의 고집스러운 품질관리

사무실 근처에는 사카이데咲花善伝라는 묘한 이름을 가진 우동집이 있었다. 그리 오래되어 보이지는 않는 가게다. 미닫이문을 열고 들어서면 주방을 중심으로 카운터 주위로 좌석이 여남은 개뿐인 자그마한 식당이다.

주방에는 부부인지 남매지간인지 알 수 없는 젊은 두 남녀가 언제나 열심히 일하고 있다. 내가 먹어본 중에서 가장 맛있는 우동집이 바로 이곳

이다. 식구들에게 선보여주고 싶어서 토요일 점심 무렵 일부러 찾아갔건만 이른 시간이었음에도 면이 다 팔렸다고 해서 아쉽게 돌아온 적도 있었다.

메뉴는 상당히 독창적이어서, 돼지고기를 얹은 '시로白', 쇠고기를 얹은 '구로黑', 닭고기 카레우동인 '기黄', 오리고기를 얹은 '아카紅', 등을 800~1,200엔의 가격에 판매한다. 가케우동, 기쓰네우동 등과 같은 기본 메뉴도 1,000엔 미만 가격에 판매하고, 계절에 따라 새로운 메뉴도 소개된다. 나는 여름 내내 입맛이 없을 때면 이 식당에서 '삿파리레이멘さっぱり冷麺'이라는 냉우동을 즐겨 먹었다. 이 식당을 내게 소개해준 선배에게 내가 고마워했던 것처럼, 직장동료를 이곳에 데려가면 언제나 좋은 곳을 알려줘서 고맙다는 인사를 톡톡히 듣곤 했다.

압권은 사카이데의 카레우동이다. 나는 막연히 카레우동이라는 것이 우동에 카레를 끼얹은 것이라고 상상하고 있었는데, 카레우동은 카레라이스와는 전혀 다른 음식이었다. 국물의 맛이 카레 소스와 우동 국물 사이의 어느 지점에서 균형을 찾느냐에 따라 가게마다 다른 카레우동의 개성이 생겨난다. 앞으로 더 나은 우동집을 발견하게 될 가능성은 얼마든지 있겠지만, 카레우동에 관한 한 사카이데보다 맛있는 곳을 찾기란 불가능할 것 같다.

사카이데의 기쓰네우동

카레우동

- 구로사와 아키라 감독을 추억하며

구로사와 아키라(1910-1998)는 세계에 가장 널리 알려진 일본의 영화감독이다. 중학교 시절부터 미술에 열정과 재능을 보였던 그는 1936년에 영화계에 입문했다. 그의 초기 작품은 민족주의와 반제국주의와 정치적 무관심이 뒤섞인 것이었는데, 서양 문호들의 작품을 일본풍으로 번안하며 대가적 풍모를 보이기 시작한다. 도스토예프스키의《백치》, 막심 고리키의《밑바닥》, 셰익스피어의《리어왕》,《맥베드》같은 작품들을 각각《하쿠치白痴》(1951),《돈조코どん底》(1957),《쿠모노스조蜘蛛巢城》(1957),《란乱》(1985)으로 번안했다.

그가 소련과 합작으로 만든《데루스 우잘라》는 1976년 아카데미 최우수 외국어 영화상을 수상했고, 조지 루카스와 프란시스 코폴라가 제작하고 그가 감독한《카게무샤影武者》는 1980년 칸 영화제에서 밥 포시의《All that Jazz》와 함께 그랑프리를 공동으로 수상했다. 그의 1954년 걸작《7인의 사무라이》는 1960년 율 브린너, 스티브 멕퀸, 제임스 코번, 찰스 브론슨, 로버트 본 등 당대의 명배우가 줄줄이 함께 출연하는 헐리우드 영화《The Magnificent Seven》으로 번안되었다.

그가 독특한 예술세계를 가진 훌륭한 감독이라는 데는 이의가 없지

만, 나로서는 그의 작품 속에서 일본을 진하게 느낄 수는 없었다. 일본 사람들은 서양과 다른 것을 '일본적인 것'으로 단정하는 이상한 실수를 자주 범한다. '아마에甘え(응석 또는 어리광이라는 뜻)'라는 단어가 영어에 없으므로 그것이 일본 특유의 현상이라고 주장한다든가, 일본 문화의 특징이 쌀밥을 먹는 데 있다든가 하는 식이다. 비교적 최근까지 서구인들도 이런 식의 인식의 오류를 범하고 있었다. 구로사와 아키라는 일본적이라기보다는 동아시아적인 것들에 화려한 일본의 색채를 덧입혀 서구에 소개한 감독이었다.

그러므로 그의 영화를 본 한국인이 서양 사람들처럼 큰 충격을 받지 않더라도 이상한 일은 아닐 것이다. 서구에서 '관조적인 감독'이라는 평을 듣는 그의 영화를 한국인의 시각으로 보자면, 오히려 거기에는 화려한 영상과 강한 자기주장이 담겨있다. 그는 적당한 시기와 적당한 장소에서 서양 세계를 향해 적시타를 날렸던 셈이다. 그가 일본에 남긴 것은 걸작 영화들만이 아니었다. 일본인답게 그도 생전에 식도락을 즐겼던 것인지, 그의 동료들이 그를 기념하여 식문화종합연구소라는 주식회사를 설립하고 도쿄 시내 네 곳에 그의 이름을 딴 식당을 만들었다. 네 곳의 '구로사와' 식당에는 구로사와 아키라 감독을 기리는 사진과 물건들이 전시되어있다.

그중에서 내가 좋아하는 곳은 롯폰기에 있는 우동 가게 구로사와다. 상호명만 물어보고 잘못 찾아갔다가는 우동집이 아니라 철판요리나 샤부샤부를 하는 다른 구로사와로 갈 수도 있으니 주의해야 한다. 특히 이곳의 카레우동이 자신이 먹어본 중에 제일 맛있었다는 사람을 여럿 만나 보았다. 내가 제일 좋아하는 카레우동을 파는 가게는 따로 있지만, 이곳도 썩 괜찮다. 물론 가다랑어 육수를 사용하는 다른 우동도 맛있다.

국물이 없는 우동 국수에 날달걀을 풀고 간장을 뿌려 먹는 가마다마釜玉우동, 간을 맞춘 유부(아부라아게油揚げ)를 얹은 기쓰네狐우동, 돼지고기를 곁들인 구로부타黑豚우동, 오리고기로 만드는 가모남방鴨南蛮, 새우카레우동, 돼지고기카레우동 등을 800엔에서 1,300엔 사이의 가격으로 판매하고 있다. 자루 우동 등 차가운 우동도 여러 종류 있다. 음식도 좋지만 분위기도 썩 좋다. 번화가인 롯폰기 한켠에 자리를 잡고 있어 세련된 차림의 손님들이 많고, 20여 석의 테이블과 아홉 석의 카운터 석이 적당히 오붓한 분위기를 연출한다. 구로사와 감독 팀의 세트 담당 직원이 재현한 옛 우동집이라니 당연한 노릇인지도 모른다.

우동 말고도 몇 가지 안주거리가 있는데, 다진 고기를 튀겨 내는 멘치가쓰도 맛이 좋다. 이 집에서는 오뎅도 팔고 있는데, 무, 계란, 곤약, 닭고기 경단 따위를 하나씩 작은 접시에 담아서 가져온다. 앞에도 썼듯이, 내

구로사와의 카레우동

일본식 국수의 세계로

게 그것은 일종의 문화충격이었다. 한국의 오뎅탕에 익숙한 사람이라면 여기서 오뎅은 주문하지 말라고 권하고 싶다. 한 개씩 주문하다 보면 어쩐지 울화가 치밀고 말 테니.

• 공항에서 맛보는 별미

직업상 공항에 남들보다 자주 가는 편이다. 김포-하네다 노선이 인기가 많다 보니, 도쿄에 근무하면서 하네다공항으로 갈 일이 많았다. 하네다공항은 2010년에 새롭게 국제 공항 신청사를 개장했는데, 이곳 3층에는 아주 맛있는 우동집이 한 군데 있다. 쓰루톤탄つるとんたん이라는 식당이다. 이 식당을 찾기는 아주 쉽다. 줄이 길게 늘어선 곳을 찾으면 되기 때문이다. 하네다공항에 입점한 식당들은 대체로 다 훌륭하지만, 다른 식당들이 한산할 때도 쓰루톤탄 앞에는 기다리는 손님들이 있다. 하여간 사람들 참. 맛있는 건 귀신같이 안다.

　여러 곳에 체인점을 두고 있는 쓰루톤탄은 도쿄 시내에만도 롯폰기, 마루노우치, 가부키초 등에 분점을 두고 있다. 쓰루톤탄에서 우동을 주문하면 세수대야를 방불케 하는 커다란 그릇에 우동이 담겨 나온다. 그릇 모양이 교묘해서 그렇지 실제로 양이 엄청나게 많은 것은 아니니 겁먹

쓰루톤탄의 기쓰네우동

을 필요는 없다. 양이 적을까 봐 걱정할 필요도 없다. 면의 굵기를 가는 면과 굵은 면 중에 선택할 수 있고, 국수의 양도 추가요금 없이 1, 1.5, 또는 2 하는 식으로 선택이 가능하니까.

쓰루톤탄의 메뉴는 매우 다양한데, 기본기에 충실한 우동을 내면서도, 젊은 취향에 맞추어 우동을 스파게티 식으로 요리한 퓨전식 메뉴도 갖추고 있다.

국물이 있는 따뜻한 우동과 차가운 우동도 고루 있고, 돈가스카레 우동도 맛있다. 나는 이곳의 기쓰네우동을 제일 좋아한다. 맑은 국물에 얇은 면을 주문해서 뚝딱 해치우고 나면 오래도록 뒷맛이 개운하다. 기쓰네는 본래 여우를 의미한다. 어느 가게에서든, 기쓰네우동에는 간을 맞춘 넓적한 유부가 얹혀 나온다. 여우가 유부를 좋아한다는 속설 때문이라고 한다. 여우를 모시는 신사에서도 유부를 공양한다니까, 여우가 유부를 실제로 좋아하는지는 몰라도, 여우가 유부를 좋아한다는 속설이 널리 퍼져 있는 것만은 틀림없는 모양이다.

쓰루톤탄의 메뉴에는 없지만, 많은 우동 가게에서 기쓰네우동 못지 않게 인기가 있는 것이 다누키狸우동이다. 다누키는 너구리를 뜻하는데, 다누키우동에는 덴푸라를 만들 때 생기는 튀김 부스러기를 뿌린다. 이 부스러기는 아게다마揚げ玉 또는 덴가쓰天カス라고 부른다. 그렇다면 너구리가

쓰루톤탄의 다양한 우동

튀김 부스러기를 좋아한다는 뜻이냐, 라고 물어보면 거기에 대해서는 다들 고개를 갸웃거린다. 둔갑과 변신으로 사람을 골리는 설화 속의 두 라이벌 짐승인 여우와 너구리를 사람들이 좋아하는 두 종류의 우동 이름으로 빌려다 쓰고 있을 뿐이다.

쓰루톤탄의 어딘가 통탄스러운 야릇한 이름의 깊은 뜻을 물어보니, '쓰루쓰루(미끌미끌)'한 국수를 만들기 위해 반죽을 '톤톤(탕탕)' 두들겨 만들어 '탄탄(담백한)' 맛을 낸다는 뜻이란다. 뭐 발음하기 쉽고 기억하기 좋으니 뜻이야 아무렴 어떠랴. 식사 시간 즈음에 하네다공항을 이용할 사람이라면 꼭 이 식당에 들러 우동 맛을 보라고 권하고 싶다. 줄이 기니까 좀 여유 있게 도착해야 하겠지만.

• 전혀 다른 간사이식 우동

우동도 간토와 간사이가 서로 다르다. 가쓰오부시로 맛을 내고 진한 빛깔의 달달한 고이구치濃口간장으로 양념한 국물에 굵고 차진 면발을 사용하는 것이 간토식이다. 간사이 지방에서는 멸치와 다시마로 맛을 낸 국물에 염도는 높지만 빛깔은 옅은 우스구치薄口간장으로 간을 맞추고 연한 면발을 사용한다. 국물에 사용하는 간장이 서로 다른 것은, 간사이에서

일본식 국수의 세계로

우동을 널리 먹는데 비해 간토에서는 소바가 더 사랑을 받아왔다는 점과도 관련이 있다. 간토 사람들은 소바 국물에 더 잘 어울리는 짙은 색 국물을 우동에도 그냥 사용하는 것이다.

교토 태생의 일본인 동료 M은 고교를 졸업한 후에야 처음으로 도쿄에 와보았다고 한다. 그때 우동을 시켜보니 웬 시커먼 국물에 국수가 빠져 있어 깜짝 놀랐단다. 평소에 알던 우동과 너무 달랐기 때문에 징그러운 느낌이 들어서 한동안 도쿄 우동은 먹지 못했다고 한다. 나는 거꾸로 그 이야기를 들으니 간사이 지방의 우동이 어떻길래 그랬을까 하는 호기심이 일었다. 그런데 도쿄에서 어딜 가야 간사이식 우동을 먹어본단 말인가?

일본 전문가인 선배에게 물었더니 금세 답이 나왔다. 롯폰기 네거리 근처에 가면 '기온테이祇園亭'라는 식당이 있다고 알려준다. "기혼테이요?" 라고 물었더니, 선배는 "아니, 교토의 기온祇園"이라고 일러준다. 기온은 교토의 대표적인 번화가이자 유흥가다. 토요일 저녁, 미식가인 작은 아들을 꼬드겨 그날따라 매서운 겨울바람을 뚫고 기온테이를 찾아갔다. 기온테이는 우동만 파는 가게가 아니라 교토식 술안주 여러 종류를 구비한 이자카야였다.

우리는 메뉴에 나온 교토풍 우동 두 가지를 각기 주문했다. 웨이터가 들고 온 그릇 속에는 과연 보리차보다도 옅은 빛깔의 국물이 담겨있었다.

우스구치 간장이 색은 옅지만 염도는 더 강하다고 들었는데, 기온테이의 우동은 도쿄에서 먹어본 어느 우동보다도 담백하고 싱거웠다. 이런 걸 소위 귀족적인 맛이라고 하나 보다. 면발도 훌륭했고 전체적인 균형감도 좋았다.

오늘 좋은 경험 했잖았느냐고 아들에게 물으며 은근히 맞장구를 기대했는데, 거짓말을 할 줄 모르는 아들 녀석은 "맛있긴 한데, 저는 진한 국물 쪽이 더 좋아요."라고 잘라 말했다. 사실은 나도 그렇다. 사람의 입맛은 무서운 것이어서 어느 쪽에 먼저 길들어지느냐에 따라 기호가 결정된다. 도쿄에서 일 년 반 살았을 뿐인데도 우리는 어느새 '관동형' 입맛을 가지게 된 모양이다.

기온테이의 다양한 간사이식 우동

라멘

세분화는 일본 사람들의 장기다. 음식의 종류도 재료도 조리법도 만만찮게 세분화되어있다. 음식의 지방색도 뚜렷해서, 현마다, 도시마다 특색 있는 요리를 자랑하고 있다는 점도 일본 음식의 특징이다. 그런데 종류의 다양성에 있어서 우리 음식에 도저히 미치지 못하는 분야가 있으니, 그것은 바로 국물 음식이다. 일본의 국은 '시루모노汁物'라 하여, 왜된장을 기본으로 쓰는 미소시루味噌汁의 변형에서 크게 벗어나지 않는다. 건더기로 김(노리)이나 다시마(고부)를 쓰느냐, 재첩(시지미)이나 바지락(아사리)을 쓰느냐, 게(가니)를 쓰느냐 정도의 변화에 불과하다. 돼지고기를 볶아서 야채와 함께 끓이는 돈지루豚汁도 미소시루의 변형일 뿐이다. 가이세키요리에는 미소시루 대신 생선의 다양한 부위를 끓인 맑은 국이 따라 나온다. '스이모노吸い物'라고 부르는 국물로, '치리'라는 냄비 요리와 흡사한 방식인데, 이 또한 맛이 대략 거기서 거기다.

우리나라는 사정이 크게 다르니, 우선 밥에 따라 나오는 액상음식으로 그 종류를 헤아리기 어려울 만큼 다양한 '국'이 있고, 그 자체가 주요리에 해당하는 온갖 종류의 '탕'이 있으며, 식탁 가운데 두고 나눠 먹는 '찌개' 또한 종류가 부지기수다. 국과 전골은 각각 일본의 시루모노, 나베모노와 격이 같다고 할 수 있을지 몰라도, 탕과 찌개의 동급에 해당하는 음식은 일식에서 찾아보기 어렵다. 국과 탕만이 아니다. 한식에서 국물의 존재는 어찌나 중요한지, 거의 모든 반찬에 국물이 흥건하다.

일본 음식에서 국물의 미학을 가장 깊이 있게 체현하는 음식은 국이아니라 라멘이다. 라멘의 본질은 면 위에 올려두는 죽순(멘마), 돼지고기(차슈), 숙주나물(모야시), 삶은 계란(다마고) 등과 같은 건더기에 있는 것이아니라 '면과 국물의 균형감각'에 있다. 내가 좋아하는 영화감독 고^故 이타미 주조의 걸작《담포포》는 가히 '음식 서부극'이라고 할 수 있는 영화다. 이 영화의 주인공 아줌마 담포포는 자기만의 라멘 국물을 만드는 비법을 완성하기 위해 눈물겨운 고생을 마다하지 않는다.

1910년대 일본의 차이나타운에서 만들던 국수의 전통에, 1930년대중일전쟁이 끝나면서 중국에서 돌아온 사람들이 일본에서 개점한 포장마차를 통해 발전시킨 음식이 오늘날 일본의 라멘이다. 라멘은 한자로 拉麵이라고 표기하는데 문자의 뜻으로만 본다면 손으로 뽑는 국수라는 뜻이다. 중국식 국수 제조 방식이 납면법이다 보니 그렇게 쓰게 된 것이다. 라멘의 별칭은 중국국수, 그러니까 '추카소바中華蕎麦'다. (예전에는 시나소바支那蕎麦라고 썼는데, 지나라는 명칭이 중국을 낮추어 부르던 제국주의 시대의 어감이 있다 하여 최근에는 잘 쓰지 않는다.) 이름도 버젓이 중국 음식인 라면이 일본의 대표 음식이 되었다는 건 야릇한 일이다. 하지만 조금 더 생각해 보면 이상할 것도 없다. 일본이 자랑하는 많은 것은 밖에서 들여온 것이다. 일본인은 발명하는 사람들이 아니라 개량하는 사람들이다.

라멘에는 밀가루 국수를 사용하는데, 소금물을 간수로 사용하고 효모로 발효시키는 과정에서 가게에 따라 독특한 맛이 나온다. 경우에 따라 다른 재료를 섞은 독특한 국수를 사용하기도 한다. 국수의 굵기에 따라서도 식감이 달라진다. 국물의 경우는 간장으로 간을 맞춘 쇼유라멘, 소금을 사용하는 시오라멘, 일본 된장을 사용하는 미소라멘 등이 기본이다. 원래 간토 지방의 라멘은 닭뼈와 생선을 우래내는 것이 기본이었는데, 최근에는 규슈(특히 하카다) 지방에서 유래한 돈코쓰豚骨라멘이 전국적인 대세로 자리를 잡았다. 돈코쓰라멘은 글자 그대로 돼지뼈를 짙게 우려낸 것이다.

하지만 설사 돈코쓰라멘이라 하더라도 돼지뼈 한 가지만 사용하지는 않는다. 닭, 돼지뼈, 사골, 가다랑어, 다시마, 볶은 콩, 표고버섯, 사과, 양

일본식 국수의 세계로

파, 대파, 생강, 마늘 등 온갖 재료가 동원되는 것이 라멘 국물이다. 어떤 재료를 어떻게 사용하는지는 점포마다 '며느리도 모르는' 일급비밀이다. 계란 위에 올리는 삶은 달걀은 노른자를 완전히 익히지 않는 것이 보통인데, 노른자를 어느 정도 익히는지도 가게에 따라서 다르다. 지역마다 특색도 있기 마련이라서, 일본의 라멘에 대해서라면 백과사전 분량의 설명도 족히 가능할 것이다.

고급스러운 음식도 아닌 라멘이 일본 음식의 대표 선수 중 하나의 자리를 당당히 차지하고 있는 이유는 여럿이다. 우선 값이 싸고(대개 천 엔 미만이다) 맛과 영양가가 뛰어나다. 둘째, 가게마다 주인들이 필사적으로 개발한 맛의 비법 덕분에 맛이 다양한 여러 종류의 라멘이 존재한다. 다양한 맛은 언제나 식객들의 호사다. 하지만 한국인으로서, 나는 라멘의 매력을 다른 곳에서 찾는다. 라멘은 일본 음식의 종류 중에서는 보기 드물게 국물을 즐길 수 있는 음식이다. 대접에 담긴 적지 않은 국물을 깨끗하게 비우노라면, 이 서민적인 음식에 대한 애정이 새록새록 깊어진다.

국수와 국물의 절묘한 균형을 완성한 도쿄에 있는 라멘의 명가들을 몇 군데 소개할까 한다. 맛과 사연을 겸비한 맛집들을 일일이 다 소개하지 못하는 것이 안타깝다. 동경에서 함께 근무하던 이 선배는 호랑이 같은 엄격함과 친형님 같은 자상함을 동시에 갖춘 분이다. 그가 어느날 자

시나소바 가즈야의 완탕라멘

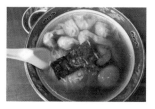

호프켄의 돈코쓰라멘

신의 옛 추억을 공유하며 손수 차를 몰아 데려가 주었던 메구로의 시나소바 가즈야ゕㇷ星는 그 옛날식 상호에서 짐작할 수 있듯이 소박한 라멘의 기본기를 자랑하는 곳이었다. 완탕을 넣은 라멘과 만두가 일품이었다. 추억은 맛의 기억과 함께 오고, 맛은 그것을 함께 나눈 사람과의 추억을 불러오는 법.

센다가야의 호프켄ホーㇷ軒은 박력 있는 돈코쓰라멘을 파는 곳인데, 내가 먹어본 라멘 중에서 단연코 가장 남성적인 매력을 가지고 있었다.

두 시간이나 기다려 맛볼 수 있었던 요요기(신주쿠역 근처)의 후운지風雲兒라멘은 연예인 출신 사장님이 손수 개발한, 세상에 하나 뿐인 개성 만점의 쓰케멘つけ麵이었다. 쓰케멘은 진한 국물과 면이 따로 나오고 면을 국물에 찍어 먹는 라멘을 말한다. 이렇게 하면 한참 뒤도 면이 불어서 못 먹는 일은 없기 때문에 원래는 음식점 종업원들이 주방에서 끼니를 때우기 위해 간단히 먹던 음식이었다. 이런 주방용 음식을 마카나이賄い라고 부르는데, 카운터 너머로 지켜보던 손님들의 각광을 받아 인기 메뉴로 등극하기도 하는 것이다.

그날 입수한 생선 서더리를 우려낸 국물(아라 베이스粗ベース)로 시오라멘을 만드는 신주쿠의 가이신海神도 놀라운 혁신으로 깔끔한 맛의 생선 라멘을 만들어낸 곳이다. 비린 맛이 별로 없어서 모르고 먹으면 생선 국물인

후운지의 쓰케멘

가이신의 생선 국물 라멘

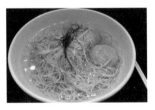

일본식 국수의 세계로

지 모를 정도다.

　무시무시한 빨간색 국물이지만 고추 양념의 시원함만 취하고 캡사이신의 매운맛은 덜어낸 가부키초의 리시리(利じり)라멘도 한국인이라면 매료되지 않을 수 없다. 그 사나운 외양은 가부키초라는 장소가 지닌 조금은 험한 밤문화의 이미지와도 잘 들어맞는다.

　2011년 9월에 하네다공항 근처에 개점한 사토우(さとう)라는 집의 건실하고 기본기 충실한 라멘도 기억에 오래 남는다. 주인의 설명에 따르면 '시오와 쇼유의 딱 중간' 배합의 국물을 사용한다고 했는데, 기름지지 않고 담백한 기품이 있었다. 담백한 계열의 라면 치고는 차슈가 두꺼운 편이었고, 면도 조금은 더 가늘어도 좋지 않을까 하는 느낌이었지만, 어쩐지 새로 생긴 가게의 기백처럼 느껴지기도 했다.

　체인점들도 맛있는 곳이 많다. 잇푸도(一風堂)라멘은 후쿠오카식 하카다라멘을 가장 대중적인 맛으로 표준화해 널리 전파하고 있다. 라멘을 처음 먹어보는 외국인이 일본 라멘의 가장 평균적이고 모범적인 맛을 느껴보고 싶다면 권해줄 만한 식당이다. 잇푸도라멘은 편의점에서 인스턴트 제품으로도 판매되고 있다. 뉴욕과 서울에도 분점이 있다.

　재일동포 3세가 창업한 것으로 알려진 기타노다이소겐(北の大草原)은 삿포로 특유의 진한 미소라멘을 즐길 수 있는 곳이다. 도쿄에는 요쓰야와

리시리의 매운 라멘

사토우의 라멘

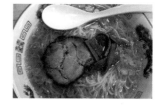

아카사카 두 곳에 체인점을 운영하고 있다.

• 은어가 어우러진 세타가야구 아유라멘鮎ラーメン

이왕에 소개한다면 최고부터. 세타가야구의 뒷골목에 '아유라멘'이라는 상호를 가진 작은 가게가 있다. 물론 여기서 최고란 내 취향에 잘 맞는다는 뜻일 뿐이다. 그렇다고 흘려듣지는 마시길. 도쿄대학에서 박사학위를 마치고 십 년 넘게 일본에 살고 있는 내 사촌동생이 자기가 먹어본 라멘 중에서 가장 맛있다고 추천해준 집이니까.

　일본인들은 은어(아유鮎)를 유난스레 사랑한다. 은어는 바다에 살다가 강으로 올라와 산란을 하는 회유어종이다. 예전에는 이름으로만 듣던 이 생선을 일본에 온 뒤로는 가이세키 식당에서는 물론 프랑스 식당에서도 만났고, 급기야는 라멘집에서도 만난 것이다. 이 가게의 메뉴는 간단하다. 은어로 맛을 낸 아유라멘(600엔), 은어가 반 마리 들어있는 아유하프라멘(900엔), 그리고 구운 은어 한 마리가 통째로 얹혀 나오는 아유마루고토라멘(1,000엔)이 전부다. 여기에 은어 살과 버무린 주먹밥구이(야키오니기리) 등 몇 가지 다른 음식을 팔고 있다.

　'은어 통째 한 마리 라멘'이라고 번역할 수 있는 아유마루고토라멘

잇푸도라멘의 미소라멘

기타노다이소겐의 미소라멘

일본식 국수의 세계로

을 주문하면 살짝 양이 모자랄 듯한 곱슬면 위에 알맞게 구워진 은어 한 마리가 얹혀서 나온다. 면은 가느다란 편이고 국물은 닭을 위주로 우리고 소금으로 간을 한 투명한 것이어서, 전체적으로 여성적이라는 느낌을 준다. 그 위에 가늘게 채를 썬 흰 대파가 산뜻한 이미지를 더하고 있다. 손질을 잘해서 구운 은어는 머리부터 꼬리까지 통째 먹어도 가시 한 점 씹히지 않는다. 기름지지 않은 국물, 날씬한 곱슬면, 그 위에 얹은 은어 구이가 완벽한 삼박자를 이루고 있는 작품이다. 생선 비린내는 전혀 나지 않는다.

2005년에 오픈했다는 이 점포에는 10석도 채 안 되는 카운터 좌석뿐이다. 점심에는 영업을 하지 않고 저녁 여섯 시부터 새벽 한 시 또는 '국물이 떨어질 때까지' 장사를 한다. 이만큼 맛있는 가게가 왜 이렇게 소극적인 태도로 장사를 하는가 싶지만, 가만 보면 그게 다 자기네 라멘의 맛을 지상의 가치로 여기기 때문이다. 여기서는 곱빼기(오오모리大盛り)조차 팔지 않는다. 담백하고 깔끔한 맛의 균형을 위해서는 국수의 비율이 더 많아지면 안 된다고 믿기 때문일 것이다.

내 비록 일본 생활이 길지는 않지만 그래도 부지런히 라멘깨나 먹어본 축인데 이 이상의 라멘은 아직 경험해보지 못했다. 처음 갔던 날 감동한 나머지, 주방장에게 "일본 와서 먹어본 라멘 중에 제일 맛있다."고 진

아유라멘의 라멘

일본식 국수의 세계로

심어린 칭찬을 했다. 그런데 주방장은 대단한 칭찬으로 받아들이는 기색도 없이 덤덤하게 미소 지으며 "그렇습니까."라고 대답할 뿐이었다. 당연한 거 아니겠냐는 식의 태도라서 더 마음에 들었다.

도쿄 중심가보다는 서쪽으로 상당히 치우친 곳이지만 맛있는 라멘을 찾는 식객이라면 일부러 가볼 만한 가치가 있다. 다카시마야백화점의 뒷골목에 있는 조그만 가게라서 찾기가 쉽지는 않다. 귀하고 좋은 모든 것이 그렇듯이.

• 에비스의 유자라멘 아후리阿夫り

나는 역사와 전통을 자랑하는 오래된 식당을 좋아하는 편이다. 하지만 꼭 오래된 식당이라야 맛있는 건 아니다. 도쿄 중심부 에비스역 근처에 2003년에 개업해 뜨거운 인기를 모으고 있는 '아후리'라는 가게가 있다. 이 가게의 간판스타는 유자맛 소금국물 라멘, 즉 유즈시오멘柚子塩麵이다.

묵직한 전통의 맛으로 승부하기보다는 창의적인 실험으로 현대인의 입맛에 맞는 새로운 라멘을 개발해낸 신세대 라멘집이다. 하지만 아후리의 유자라멘이 전통으로부터 벗어난 정도는 심하지 않고, 이 가게가 일구어낸 맛의 성과는 찬란하다. 라멘에 유자 향기를 접목시킨 탐구심에 갈채를 보내고 싶다.

전날의 과로로 뒷목이 뻣뻣하던 어느 토요일 오전, 집에 누워서 뒹굴라고 속삭이는 나의 게으름에 도전장을 던지는 심정으로 운동화를 꺾어 신고 밖으로 나왔다. 아후리의 소문을 듣고 언제 한번 가봐야지 미루고 있던 터였다. 에비스역 근처에서 스마트폰의 지도를 보며 골목길로 접어들었다. 누누이 말하지만, 도쿄에서 맛있는 식당을 찾기란 식은 죽 먹기다. 아직 12시도 채 되지 않았는데 줄지어 선 사람들이 보였다. 얼마나 멀리서들 온 걸까. 겉보기론 가늠이 되지 않아도 최소한 일부러 일찌감치 찾아와 줄을 서고 있다는 점은 확실해 보였다.

그리 넓지 않은 가게는 주방을 중심으로 카운터에만 20여 석이 마련되어있었다.

입구에 놓인 자판기를 보니, 간판 요리인 유즈시오멘(850엔) 말고도 시오라멘(750엔), 구레나이시오멘紅塩麺(880엔), 쇼유라멘(750엔), 유즈쇼유멘(850엔), 구레나이쇼유멘(880엔), 국물에 찍어 먹는 쓰케멘도 있었다.

볼 것 없이 일단 유즈시오멘을 주문했다. 차례가 되니 황금빛 투명한 국물 속에 담긴 라멘이 나왔다. 라멘 위를 장식하고 있는 계란 노른자는 절묘한 상태로 반숙이 되어있었다. 절인 돼지고기 차슈도 특이했다.

주방 한쪽에서는 담당 점원이 계속해서 돼지고기를 한 장씩 숯불에

아후리의 유자라멘

　　　　　　　　　　　　일본식 국수의 세계로

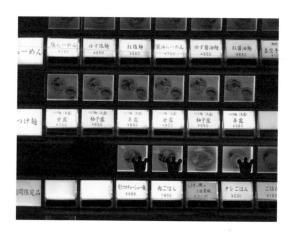

굽고 있었다. 숯불로 기름기는 빼고 그을린 풍미를 더한 차슈의 맛은 훌륭했다. 이 가게에서 사용하는 물은 가나가와현 오오야마의 아후리산 기슭에서 나오는 향이 좋은 우물물을 사용한다고 한다. (그래서 가게 이름이 아후리다.) 산뜻한 맛을 자랑하는 시오라멘이 자주 그러듯이, 아후리의 유자라멘 국물도 닭고기를 우려낸 맛이 중심을 이루고 있었다. 라멘 한 그릇 먹자고 멀리까지 온 보람이 충분히 있었다.

유자쇼유라멘도 먹어보았는데 그것도 훌륭했다. 하지만 한 가지만 권한다면 소문대로 유자시오라멘 쪽이다. 국물은 기름기가 조금 덜한 단레이淡麗와 닭기름을 살짝 더 넣은 마로아지まろ味가 선택사양이다. 그 두 가지의 차이는 생각보다 크지 않으니, 어느 쪽이든 자기가 좋다고 생각하는 것을 주문하면 그만이다.

영양 과잉의 시대라고 할 수 있는 오늘날 돼지뼈를 우려낸 돈코쓰라멘에서는 어딘가 좀 시대착오적인 느낌을 받게 된다. 아후리의 시오라멘처럼 깔끔하고 담백한 맛의 라멘이라면 가히 라멘의 신세대를 이끌 선두주자의 자격이 있는 것이 아닐까? 아후리는 연중무휴고 오전 11시부터 새벽까지 영업을 하지만 예약은 받지 않는다. 즐거운 마음으로 줄을 서시길.

일본 라멘 업주들의 끝 모를 실험 정신을 웅변적으로 보여주는 가게가 있다. 요쓰야역에서 그리 멀지 않은 곳에 '태양의 토마토면'이라는 발랄한 상호의 라멘집이 자리 잡고 있다. Eat&Co라는 회사가 2005년부터 운영을 시작한 체인점 중 한곳이다. 되도록 체인점들은 소개하지 않으려 했는데, '토마토면'은 발상의 전환이 산뜻하고 성과도 훌륭하다. 개인이건 기업이건, 이런 식의 혁신이 격려를 받아야 명랑사회가 구현되는 게 아니겠는가.

스파게티에 사용되는 것과 비슷한 토마토소스와 닭고기 위주의 라멘 국물을 합쳐놓은 것이 이 가게의 자랑거리인 태양의 라멘(730엔)이다.

거듭 말하지만, 나는 신맛을 싫어한다. 어지간한 과일도 누군가가 "이거 하나도 안 시어, 달기만 해." 그래서 먹어보면 필경 배신감을 느끼며 상대를 쨰려보게 된다. 스파게티를 먹을 때도 토마토소스보다는 올리브유나 크림소스 쪽을 선호한다. 뭔 말이냐 하면, 토마토 국물 라멘을 내가 맛있다고 느끼기란 그리 쉬운 일이 아니라는 뜻이다.

그런데 이 가게의 라멘은 희한하게 맛있다. 라멘의 고소함이 토마토의 신 기운을 누르고 있고, 토마토의 상큼함이 라멘의 느끼함을 없애는

태양의 토마토면의 라멘

원-원 작품인 것이다. 라멘 한 개당 이탈리아산 산마르시아노종 유기 토마토 3개가 사용된다고 하는데, 현재의 국물 맛을 완성하기까지는 토마토 외에도 완두콩, 감자 등을 소재로 삼은 수많은 실패가 밑거름이 되었다고 한다. 이거야 원, 일본 요리 만화책에서나 보던 이야기 아닌가.

이 가게에는 태양의 치즈라멘(830엔), 태양의 가지라멘(800엔), 태양의 계란라멘(780엔) 등 몇 가지 변형도 있고, 바지락을 여러 개 올리고는 넉살 좋게도 태양의 봉골레면(880엔)이라는 이름을 붙여놓기도 했다. 토마토가 싫은 사람은 닭고기와 닭 육수를 이용한 '도리파이탄멘鶏パイタン麺'이라는 라멘과 그 변형 메뉴를 즐기면 된다.

이런 음식이야말로 일본 음식의 특성을 잘 보여준다. 일본인은 다른 나라에서 들여온 것들을 깎고 오리고 자르고 붙여 자신들만의 것을 만들어내는 데 언제나 발군의 재능을 보였다. 중국에서 라멘을 들여와 일본 음식으로 만들어버리고, 또 거기에 이탈리아 음식을 덧붙인 셈이다. 요쓰야의 가게는 매일 문전성시를 이룬다. 도쿄에만도 10곳의 체인점이 태양의 혜택을 노래하며 성업 중이니까, 관심 있는 분은 업소의 홈페이지를 찾아보시면 되겠다. (http://taiyo-tomato.com/store/)

- 쓰키지築地의 전통 라멘 와카바若葉

어시장에 가면 평소보다 강렬한 삶의 활력을 느끼게 되는 이유는 뭘까. 쓰키지어시장 앞은 긍정적인 기운을 뿜어내는 사람들로 붐비고 있었다. 대략 두 부류였으리라. 생선을 파는 사람과 생선을 사는 사람. 도쿄에서 보기 드문 추운 날이었다. 한낮의 하늘은 한 점의 구름도 없었다. 코끝이 시려 목을 움츠리고 어시장 앞을 걷고 있는 나는 생선을 팔 사람도 살 사람도 아니었다. 사무실 동료들을 선동하여 시장통 길가의 라멘집을 찾아 나선 길이었다.

예전에도 소문을 듣고 찾아왔다가 두 번이나 허탕을 쳤다. 어시장의 생활 리듬을 따라 이른 아침부터 점심때까지만 영업을 하는 집인 줄 모르고 저녁때 갔기 때문이다. 시장 입구 길목에는 해산물덮밥(가이센돈海鮮丼), 고기덮밥(규돈牛丼), 돈가스, 라멘 등을 파는 상점들이 줄지어 영업을 하고 있다. 손님들은 비좁은 매대 앞의 간이 의자에 앉아서 먹거나 차도를 향해 놓인 간이 탁자에 서서 점심 식사를 하고 있었다. 수많은 사람들이 격식 없이 끼니를 해결하는 모습을 지켜보는 것만으로도 허기가 몰려왔다.

우리가 찾아간 집은 간이 의자 세 개를 두고 영업하는 와카바若葉라는 라멘 상점이다. 와카바는 여린 새 잎이라는 뜻이다.

일본에서는 면허를 갓 딴 초보운전자에게 와카바 표시를 나눠준다. 연두색과 초록색 잎사귀를 형상화한 스티커를 달고 다니는 차량을 보면 다른 차들이 좀 양보를 해주라는 뜻이다. 매대 안에서는 관록이 붙은 사장님이 젊은 조수를 데리고 끊임없이 라멘을 만들고 있었다.

세 번의 시도 만에 드디어 와카바 라멘을 먹게 되었지만 좌석이 딱 세 개뿐인 매대에는 빈 자리가 없어 라멘을 받아 들고 차도쪽 간이 탁자에 서서 먹었다.

과연, 여린 잎이라는 상호와는 사뭇 다른 장인의 솜씨가 느껴졌다. 선대로부터 가게를 물려받아 50년째 쓰키지시장 바닥에서 굳건히 버텨온 맛집 다운 풍모였다.

와카바의 라멘은 간장으로 간을 맞춘 쇼유라멘이다. 요즘은 도쿄 시내에서 담백한 쇼유라멘을 찾아보기 어려울 정도로 돈코쓰라멘 일색으로 변해버렸지만, 와카바의 라멘은 도쿄 본연의 라멘의 본모습을 간직하고 있는 것이다. 도쿄만에서 잔뼈가 굵은 어시장 사람들을 고객으로 삼고 있는 시장통 라멘집이 예전 맛을 간직한 라멘을 끓여내고 있다는 것이 우연은 아닐 것이다.

국물은 기름진 느낌이 전혀 없고, 면은 담백한 국물에 어울릴 만큼 얇았다. 돼지고기 고명인 차슈는 라멘 맛의 균형을 깨는 일을 삼가겠다는

와카바의 라멘

일본식 국수의 세계로

듯이 얇은 것이 석 장 들어있었다.

도쿄 생활이 나보다 오랜 두 동료들도 이렇게 맛있는 라멘은 처음이라며 후한 점수를 주었다. 그런 높은 평가가 추운 겨울날 한데 서서 후후 불어가며 라멘을 먹는 정취 덕을 본 것이었다면, 뭐 그 또한 라멘 맛의 일부라고 할 수 있겠다. 다음에는 라멘을 좋아하는 우리집 미식가 둘째 아들을 데리고 한 번 더 와야겠다.

• 니시닛포리의 중국 수타라멘 바조쿠馬賊

도쿄 시내 닛포리는 재일동포들이 경영하는 상가가 밀집되어있기 때문에 한국인 유학생들이 아르바이트 일감을 찾기 쉬운 곳으로 알려져있다. 이곳에 살고 있는 한인들 중에는 한국전쟁 전에 일본으로 간 조선인과 그 자손들도 많다. 특히 닛포리에는 제주도에서 건너간 분들이 많다고 한다. 닛포리에는 이른바 '조선인 학교'도 있다. 자의건 타의건 일제강점기에 일본으로 건너온 많은 분들의 삶은 숱한 사연으로 점철되어있다. 닛포리에는 오래전에 설립된 동경복음교회가 있다. 이 교회의 어른인 김 장로님께서는 나에게 1960년대에 동포 사회가 남북한으로 갈라져 살벌하게 대립했던 이야기를 생생하게 들려주셨다. 오래전에 일본으로 건너온 한인 동

포나 그의 가족과 마주친다면 배경을 캐묻고 싶은 호기심은 가급적 자제하라고 권하고 싶다. 상대방이 먼저 이야기하지 않는다면.

JR의 야마노테선 닛포리역 동쪽 출구 바로 앞에는 마적馬賊이라는 수상적은 상호를 내건 중화국수집이 있다. 일본 말로는 '바조쿠'라고 읽는다. 손으로 뽑는 수타면을 파는 곳인데, 가게 앞 유리창을 통해 주방장이 멋진 자세로 국수를 만드는 모습을 언제나 볼 수 있다.

라멘은 물론이려니와 단단멘쁘々麵도 인기가 좋다. 단단멘은 중국에서 상인들이 마치 거름통처럼(비유가 죄송하다) 생긴 통을 양 어깨에 짊어지고 다니면서 그릇에 말아서 파는 국수인데, 매운맛에도 불구하고 아침 또는 점심 식사로 많은 중국인들이 애용하는 국수다. 당연한 얘기지만, 일본의 단단멘은 중국 음식처럼 맵지는 않다.

조 선배는 내가 만나본 어떤 젊은이들 못지않게 왕성한 지적 호기심을 지닌 사람이다. 마치 만인이 스승이라는 공자의 가르침을 몸소 실천하려는 듯, 그는 상하를 막론하고 대화가 통하는 사람을 무엇보다 귀히 여긴다. 나는 그와 대화를 나누면서, "무릇 정책이란, 상대방의 생각을 바꾸려는 시도가 아니라 행동을 바꾸려는 시도다." 등과 같은, 평생 옷깃에 적어두고 새겨야 할 금언들을 얻었다. 그는 나를 도쿄의 구석구석으로 인도하면서 여러 맛집도 소개해주었다.

바조쿠의 단단멘

일본식 국수의 세계로

어느날 점심시간 조 선배를 따라 전철을 여러 번 갈아타고 찾아간 곳이 바로 닛포리의 바조쿠다. 주말마다 자전거를 타고 도쿄 시내를 휩쓸고 다니는 것이 그의 취미였는데, 그러다가 발견한 식당이라 했다. 우연히 발견한 국수집에서 한국식 짜장면과 짬뽕을 맛보고는 무척 반가웠노라고 했다. 통틀어 12년간의 일본 생활 중 먹어본 우리식 짬뽕 중에 최고라는 설명이었다. 이 집의 짜장면은 옛날식이어서 단맛이 거의 없기 때문에 요즘 아이들의 입맛에는 잘 안 맞을지도 모르겠지만, 과연 '한국풍 짬뽕'은 일품이었다.

그 후로도 여러 번 이 식당에서 여러 종류의 국수를 먹어보았다. 짬뽕은 그날그날 매운 정도가 조금씩 다르고 여느 때보다 맛이 좀 덜한 날도 있다는 점이 흠이었지만, 그래도 여전히 훌륭했다. 굵기가 제각각인 수타면의 쫄깃함도 뛰어나고, 불에 그을린 듯한 야채의 풍미도 좋다. 만일 이 집에서 짬뽕 말고 다른 걸 먹어보고 싶다면 볶음국수(야키소바)를 권하고 싶다. 짙은 불맛을 품은 볶음의 향기와 적당히 끈끈한 식감이 언제 먹어도 입맛을 돋운다.

일본의 다른 국수집과는 달리 단무지가 무료로 제공된다는 점도 마음에 든다. 메뉴에 따라 가격은 대략 700~1,300엔 정도다.

한국식 짬뽕

볶음국수

• 동일본대지진, 그날의 라멘 주라쿠寿楽

머리에 뾰루지가 났지 뭔가. 그냥 두면 나으려니 놔뒀더니 성을 내서 머리를 감을 때마다 비명을 지르게 되었다. 점심시간에 사무실 근처 피부과에 들렀다. 접수를 마치고 병원의 대기실에 앉아 차례를 기다리고 있었다. 2011년 3월 11일 오후 2시 46분. 바닥이 울렁울렁 움직였다. 또 시작이군. 잠시 현기증을 느낄 정도의 지진은 이미 여러 번 겪은 터였다. 일본인들은 웬만큼 흔들려서는 식사 도중에 잡담을 멈추지도 않을 만큼 지진에 익숙하다. 나도 초짜는 아니다. 인도네시아에 사는 2년 동안에도 지진을 제법 여러 차례 겪었다.

　그런데 흔들림이 멈추지 않는다. 누군가가 혼잣말처럼 말했다. "이번에는 좀 긴데그래." 흔들림이 점점 더 강해진다. 환자와 병원 직원들이 걱정스러운 눈길을 주고받으며 주변을 둘러보기 시작한다. 아직 자리를 뜨는 사람은 없다. 급기야 벽과 문이 삐걱대면서, 한 자리에 가만히 서있을 수 없을 만큼 건물이 춤을 춘다. 불쑥 겁이 난다. '아무리 잘 지은 건물이라도 이 정도면 무너지는 게 아닐까?' 점잔을 뺄 때가 아니었다. 슬며시 일어나 기둥 옆으로 다가갔다. 당연한 행동이라고 생각하면서도 멋쩍었다. 열린 문틈으로 보이는 진찰실에서 의사는 환자를 계속 진료하고 있었다.

일본식 국수의 세계로

집이 궁금했다. 핸드폰은 먹통이었다. 흔들리는 바닥을 딛고 병원의 공중전화로 다가가 전화를 걸어봤지만 역시 먹통이었다. 심한 흔들림은 이윽고 잦아들었지만 이따금 몸서리치듯 부르르, 여진이 찾아왔다. 내 순서가 되었고, 진료와 처방을 받았다. 도망치듯 밖으로 나와 병원 건물 1층에 있는 약국에서 약을 샀다. 거기서 차례를 기다리고 있는데 또 한 차례 강진이 왔다. 약국에 있던 손님들은 전부 길 밖으로 나왔다. 길가의 가로등, 전신주, 신호등이 마치 강풍에 휘날리는 여린 나무들처럼 일정한 박자로 휘청이고 있었다. 초현실주의적인 광경이었다. 잰걸음으로 사무실로 돌아왔더니 전 직원이 건물 밖으로 대피해있었다. 시민들은 '개활지로 대피하라.'는 평소의 지침에 따라 인근 공원이나 학교를 향해 걸어가고 있었다. 평소에 곁에 갖춰두고 있었던 것인지, 헬멧을 쓰고 있는 이들이 많았다.

스마트폰에 탑재해둔 인터넷 전화로 집에 있던 인터넷 전화와 연결이 되었다. 아내는 무사했고, 집도 무너지지는 않았다. 아내는 유리잔과 접시가 든 유리장이 앞으로 쏟아지려는 걸 온몸으로 막고 버티면서 저만치서 떨어지는 시계와 박살나는 거울을 지켜볼 수밖에 없었노라고 했다. 집 밖으로 나가야지 뭐 하는 거냐고 나무랐다. 아이들이 궁금했는데 학교에서 보낸 이메일이 왔다. 전원 무사하다는 메일이었다. 일단 이만하면 되었다.

일층의 임시 사무실에서 비상대책회의를 했다. 평상시 업무를 일단다 접어두고 비상 업무에 착수할 순서였다. 일을 하다 보니 해가 저물었다. 집에 전화를 해보니 아이들이 귀가를 안 했단다. 그렇지. 전철이 끊겼으니 집에 올 수가 있나. 아내더러 차를 몰고 학교로 가서 아이들을 데려오라고 부탁했다. 학교와는 전화 연락이 닿지 않았다. 결국 아이들은 교직원의 차를 얻어 타고 귀가했고, 아내는 학교까지 가서 허탕을 쳤다. 세 식구는 늦은 저녁에야 집에 모였다고 한다. 다시 일을 하다 보니 금세 밤 아홉시였다. 밭은 간격으로 여진이 계속되었고, 창틀의 블라인드가 끊임없이 출렁출렁 춤을 추는 7층의 사무실에서는 멀미가 났다. 선배와 함께 저녁을 먹으려고 밖으로 나왔다.

전철이 끊기고 차도는 정체가 심해서, 거리는 도보로 귀가하는 사람들로 인산인해였다. 거리를 가득 메운 사람들의 표정에서 긴장이나 공포를 읽을 수는 없었다. 마치 되게 재미없는 운동경기를 관람하고 잠실 경기장을 빠져나와 정류장으로 가는 사람들처럼, 도쿄의 시민들은 심드렁한 표정으로, 그러나 질서 정연한 무리를 이루어 일정한 속도로 걸어가고 있었다. 짜증을 부리거나 소란스럽게 구는 사람도 없었다. 차도는 정체가 극심했지만, 꼬리를 물고 교차로를 막는 차량도 없었다.

"이런 마당에 영업을 하는 식당이 있을까요?" 내가 선배에게 물었다. 일본 근무가 세 번째인 선배가 싱긋이 웃으며 나를 돌아보았다. "일본 사람이 변한 게 아니라면, 틀림없이 영업하는 식당이 있을 겁니다." 그가 옳았다. 대부분의 식당이 영업을 하고 있었다. 늦은 시간인데도 끼니를 해결하려는 사람들의 줄이 길게 늘어서 있었다. 우리는 요쓰야 산초메역 부근의 주라쿠寿楽라는 식당 문을 열고 들어갔다.

평소 자주 지나쳤던 식당이었는데, 뭔가 엄숙한 분위기 같은 것이 떠돌고 있었다. 재난을 당한 사람들이 발휘하는 자제력은 비장감을 풍기기 마련이다. 서빙 하던 아주머니께 괜찮으시냐고 물어보았다. 물건이 좀 떨어지고 부서졌지만 괜찮다고 했다. 우리는 라멘과 볶음밥을 먹었다. 이 라멘 맛은 내 뇌리에 깊이 새겨졌다. 그 맛을 말로 설명하기란 좀 어렵다. 그 라멘에 대한 나의 기억은 2011년 3월 11일 하루의 일을 다 담고 있기 때문이다.

밤늦게야 전반적인 상황을 알 수 있게 되었다. 일본 동북부 해저가 진앙지인 진도 9의 강진이었다. 일본의 동해안 지역은 수십 미터 높이의 지진해일로 초토화가 되었다. 일본이 기상관측을 시작한 156년 기간 중 최악의 지진이라고 했다. TV 화면 속에서 해안의 집들은 조각난 쓰레기처럼 내륙으로 쓸려가고 있었다. 후쿠시마에서는 원자력발전소가 고장을 일으켰고, 폭발사고가 일어났다. 방사능 물질이 유출되고 인근 20km 바깥으로 대피하라는 정부의 명령이 있었다. 밤늦게까지 여러 사람이 안부

를 묻는 메일을 보내왔지만 답신할 여유는 없었다. 대사관은 철야 근무를 시작했다. 다들 가족이 걱정되었을 테지만 갓난아이를 집에 둔 후배도 묵묵히 일했다.

인간은 자연의 재난 앞에 한없이 약한 존재다. 그러나 반드시 약자처럼 행세하지는 않아도 된다는 사실, 그러지 않을 수 있다는 사실을 나는 일본에서 경험했다. 주라쿠의 라면 맛을 굳이 한마디로 설명하라면, 글쎄, 나로선 '의연한 맛'이라고 말할 수밖에 없다.

내가 만나 본 일본
여러 지방의 음식

일본 음식의 지방색

흔히들 일본을 가리켜 '섬나라'라고 부른다. 그것이 버젓한 사실이므로, 일본인 스스로도 일본의 이러저러한 특징을 섬나라이기 때문에 생겨난 습관으로 치부하는 경우가 많다. 그러나 그냥 섬나라라고 하기에는 일본 땅은 너무 넓다. 일본의 면적은 약 38만 평방킬로미터로, 우리나라의 네 배에 가까운 넓이이고, 남북한을 합친 면적의 1.7배에 해당한다. 동남아시아에서도 일본보다 영토가 큰 나라는 인도네시아와 태국, 미얀마 정도뿐이다.

우리 가족은 2011년 여름에 자동차를 몰고 도쿄에서 하코다테까지 여행을 다녀왔다. 도쿄 이남의 관서 지방은 다음을 위해 남겨두었고, 시코쿠나 규슈는 엄두도 못냈다. 홋카이도도 하코다테 이북은 너무 멀어 포기했다. 그런데도 도쿄와 하코다테 사이의 직선거리는 무려 695km에 달한다. 부산에서 신의주까지보다도 먼 거리인 것이다. 이어령 선생도

《축소지향의 일본인》에서 이렇게 쓰고 있다.

"일본인의 의식 속에 자신의 나라가 섬나라로 인식되기 시작한 것은 세계 지도가 보급되고 서구 문명과 접촉한 이후에 보편화된 이미지일 것이다. 일본인의 특성을 '섬나라 근성'이라는 말로 표현한 최초의 사람은 메이지 유신 후 유럽을 순유하고 돌아온 구메 구니다케라고 한다. 그것도 오늘 날과 같이 쩨쩨하고 작다는 뜻을 지닌 섬나라 근성이 아니라 넓은 바다로 나가는 넓은 마음을 가리키는 말이었다. 그리고 실은 일본이 좁은 나라, 바다에 둘러싸인 섬나라라고 감각적으로 느껴질 만큼 그 땅덩어리가 작은 것이 아니다. 대륙에 접해있다고는 하나 세계 3위의 산악국이며, 좁은 분지의 한국보다 더 널찍한 공간, 소위 지평선이 보이는 곤센겐야와 무사시노의 들을 가진 나라다."

그러니, 만일 누군가의 눈에 일본인의 행동이 쩨쩨하고 속 좁아 보인 다면 그것은 일본이 섬나라라는 사실 이외에 다른 어딘가에서 비롯되는 특징일 가능성이 크다. 꽤나 너른 땅에 살면서도, 일본인은 치밀하고, 자세하고, 세밀하고, 응축되고, 작은 것을 사랑한다. 일본인의 그런 특징은 그들의 음식에서도 잘 드러난다. 요리를 세밀한 가공과정으로 여기면서 미세한 차이에 집착하는 것이다.

그러다 보니 일본 음식은 수직적인 분류도 발달했지만 수평적으로는 지방색도 강하게 되었다. 일본은 47개의 도도부현으로 나뉘어있는데, 저마다 특색이 뚜렷한 토속음식과 특산물을 자랑한다. 음식의 지방색에 대한 일본인의 사랑과 자랑은 일본열도의 넓이보다 훨씬 더 커 보인다. 마땅한 특산물이 없다면 만들어내기라도 해야 한다는 식의 집착이 엿보일 정도다. 앞에 설명한 간토와 간사이의 식문화 차이도 이런 사고방식의 소산이 아닐까 싶다.

일본의 국토가 작지만은 않다는 것이 사실이긴 하지만, 반대로 47개 도도부현이 그토록 차별화될 정도로 넓다고는 할 수 없다는 것도 엄연한 사실이다. 그런데도 일본인들은 '현민성県民性'이라는 표현을 사용한다. 도치키현 사람들은 소박하고 성실하며, 이바라키현 사람들은 고집이 세고, 군마현 사람들은 성미가 급하고, 야마나시현 사람들은 억척스럽고, 니가타현 사람들은 참을성이 강하고, 도야마현 사람들은 근면하고, 후쿠이현 사람들은 인정이 많고, 시즈오카현 사람들은 실험 정신이 강하다는 등등.

일본인들은 큰 것은 덜 크게 나누고, 덜 큰 것은 작게, 작은 것은 더 작게 분류를 하고 거기에 분명한 특징과 이름을 부여해야만 직성이 풀리는 성미인 것처럼 보인다. 치밀한 분류의 습성이 공간적으로 구현되면 그것은 뚜렷한 지방색이라는 결과로 나타날 수밖에 없다. 길지 않은 기간 동안, 그것도 바쁜 업무에 매여있는 처지에 모든 지방의 음식을 맛보는 사치를 누릴 수는 없었다. 그래도 이러저런 기회로 방문해본 지방의 음식을 가능한 만큼 소개해보고 싶다. 일본 음식의 전국적 풍모는 일본의 전모를 보여주는 데 도움이 되기 때문이다. 순서를 정할 기준이 마땅치 않아서 내가 가본 순서대로 실었다.

야마가타현 山形県

일본 여행의 첫발을 딛다

일본에 살기 시작한 지 1년이 지나도록 도쿄를 벗어나볼 기회가 없었다. 이래서야 일본을 경험했다고 말하기 어려울 터였다. 2011년 3월 하순 아이들의 봄방학에 맞추어 휴가를 얻어 관서 지방을 돌아볼 생각이었는데, 3월 11일에 일어난 대지진 덕분에 여행은커녕 비상 근무로 사무실에서 밤을 지새우며 그해 봄을 보냈다. 이듬해 여름이면 큰아이가 대학으로 진학하기 때문에 어쩌면 그해 여름은 네 식구가 함께 여행할 수 있는 마지막 기회일지도 몰랐다. 우리는 자동차를 몰고 홋카이도까지 다녀오기로 했다. 트렁크에는 텐트를 실었다. 캠핑이라면 우리 식구는 이미 오래전에 미국 대륙을 좌우로 횡단한 베테랑들이었다.

　동북고속도로를 달려 센다이 턱 아래까지 가다가 서쪽으로 빠져나가 미야기현을 통과하고 나면 야마가타현으로 들어선다. 미야기에서 야마가타로 들어가는 길은 첩첩산중이다. 길고 짧은 터널을 수시로 통과하

다 보면 더러는 산등성이를 잇는 높다란 고가도로를 달리며 산 아래를 굽어보기도 한다. 한번 눈에 새기면 잊기 어려운 경관이다. 이 부근의 산골 마을이 하시다 스가코橋田壽賀子의 소설 주인공 오싱이 태어나고 자란 고향이다. 일거리를 찾아 사카다酒田로 가던 오싱처럼, 우리도 저무는 노을을 마주보며 해안을 향해 달렸다. 해가 떨어지기 전에 텐트를 쳤으면 했는데, 불타는 저녁노을은 목적지가 아직도 한 시간쯤 남았을 때 사그러지기 시작했다. 야마가타현 쇼나이庄內에 있는 '저녁해의 언덕夕日の丘'이라는 이름의 캠핑장에 도착한 것은 어스름이 깔린 뒤였다.

쇼나이는 서해안에서 보기 드문 평야지대로, 쌀 생산이 유명한 곳이다. 바쿠후 말기 역사를 보면 쇼나이번庄內藩은 아이즈번会津藩과 함께 유신세력에 맞서 최후까지 항전을 했던, 절개가 굳은 지역이다. 첩첩산중에 둘러싸여 있으면서 곡식이 풍요롭게 조달되는 지역답게, 시대의 변화에 그만큼 둔감했다는 의미도 되겠다. 오늘날의 야마가타현은 체리의 생산지로 유명하고, 초카이산鳥海山 인근에서 생산되는 초카이맥주가 은근히 애호가들의 인기를 얻고 있다고 한다.

내가 만나본 일본 여러 지방의 음식

아키타현 秋田県

훈제 절임의 고향

야마가타현에서 북상하면 해안도시 아키타에 닿는다. 아키타현의 현청 소재지다. 거기서 다시 동쪽으로 46번 국도를 타고 산길을 넘다가 도중에서 북쪽으로 빠지면 다자와호수가 나온다. 일본에서 수심이 가장 깊은 이 호수는 드라마《아이리스》의 배경으로 등장해 우리나라 관광객도 제법 많이 찾는 명소가 되었다. 다자와호수의 동안에 위치한 '조몽의 숲繩文の森'이라는 캠핑장에 들어섰을 때, 오후부터 수상쩍던 하늘이 비를 뿌려대기 시작했다. 아이들을 데리고 호수로 나가 비를 맞으며 수영을 했다. 수심이 깊은 탓인지 민물 특유의 비린내는 전혀 나지 않았다.

아키타라는 현의 명칭은 이 지역이 벼농사에 적합하지 않아서 '나쁜 밭'이라는 뜻의 '惡田(아쿠타)'가 와전된 이름이라는 설이 있다. 하지만 구석기시대부터 사람이 살았던 흔적이 출토되었고, 우리가 머물던 캠핑장의 이름처럼 신석기 조몽 시대의 유적도 적잖이 발굴되고 있는 지역이다.

우리는 다자와호수 주변을 자동차로 일주했다. 호수의 서안에는 황금빛 동상이 서있었고, 가게에서 파는 사료를 물에 흩뿌리니 고기 떼가 시커멓게 몰려들었다. 몰려드는 기운이 어찌나 드센지 물 밖까지 온통 고기 떼로 희번덕거릴 지경이었다. '우구이鯏'라고 부르는 황어인데, 된장에 발라 굽거나 튀겨 먹기도 하는 생선이라고 했다.

아키타현에서는 이부리즈케燻り漬け라는 특산물이 생산된다. 문자 그대로 '훈제 절임' 음식을 가리킨다. 절임 음식을 아키타 사투리로는 각코라고 하기 때문에 현지에서는 '이부리각코'라고도 부르는 음식이다. 무 같은 채소를 커다란 광에 매달아놓고 참나무나 벚나무, 사과나무 따위의 장작으로 훈제를 한 다음, 항아리에 쌀겨와 소금으로 재어두면 저절로 물이 흥건히 생기면서 절임 음식이 된다. 불에 그을린 덕분에 갈색이 깃들고, 훈제 특유의 맛도 배어있게 된다.

산간 지역에서는 눈 내리는 시기가 빠르고 수확한 야채를 햇볕에 충분히 말릴 시간이 부족하다 보니 보존식품을 만드는 독특한 생활의 지혜를 발휘한 것이다. 아키타현의 요코테橫手시에서는 해마다 이부리즈케의 맛을 겨루는 '이부림피크'가 개최된다. (이부리+올림픽의 합성어다.) 무, 당근 같은 야채로 실력을 겨루는 것이 보통이지만, 때로는 '초콜릿을 넣은 훈제 감 절임' 같은 특이한 음식이 등장하기도 한다.

내가 만나본 일본 여러 지방의 음식

도쿄에는 '안테나숍'이라는 가게들이 있다. TV나 라디오를 수리하는 전파상이 아니다. 각 지방에서 자기네 특산물에 도쿄 사람들이 어떻게 반응하는지 알아보기 위해 시험 삼아 직판하는 상점들을 말한다. 안테나숍들은 기차역 앞에 개점하기 마련인데, 아키타현의 안테나숍은 유라쿠초역 앞과 시나가와역 앞에 자리잡고 있다. 여기 가면 갈색으로 그을린 이부리즈케를 살 수 있다. 도쿄 내의 각 지방 안테나숍의 목록은 웹사이트 http://takusan.net/antenna/ 에서 찾아볼 수 있다.

아오모리현 青森県

기적의 사과

아키타현에서 더 북쪽으로 올라가면 혼슈 최북단의 아오모리현이다. 현청 소재지인 아오모리시는 아오모리현 북단의 해안에 자리잡고 있다. 혼슈 꼭대기에 움푹 들어간 아오모리만 해안에는 갓포合浦공원이 있다. 벚꽃 시즌이면 600여 그루의 만개한 벚나무 사이로 바다를 내다볼 수 있는 공원이다. 한여름에는 바다와 맞닿은 공원의 모래사장이 주민들의 해수욕장이 된다. 나와 작은아들은 더위를 참지 못하고 바다에 뛰어들었다. 이튿날이면 아오모리와 하코다테를 잇는 세이칸青函페리를 타고 홋카이도로 출발할 터였다.

아오모리현에서 우리가 하루를 묵은 곳은 후지산을 빼닮은 이와키산 중턱의 '야요이 휴식의 광장弥生いこいの広場'이라는 캠핑장이었다. 낮에 바닷물에 몸을 적셨던 나와 둘째는 산중 마을의 온천장을 찾아가 목욕을 했다. 우리나라 시골에 있는 대중목욕탕 비슷한 곳인데 온천물은 몹시 뜨겁

내가 만나본 일본 여러 지방의 음식

고 짠맛이 났다. 벗고 움직이는 자태만으로도 외지 사람 티가 나는 것인지, 아저씨들이 우리를 흘끔흘끔 쳐다봐서 조심스러웠다. 산 중턱에 있는 캠핑장에는 선선한 바람이 불어와 더위를 식혀주었고, 저만치 아래로 도시의 야경이 내려다보였다. 아오모리현이라면 사과로 유명한 고장이다. 우리가 하루를 머문 이와키산에도 온통 사과나무가 심겨있었다.

2010년 도쿄에 부임해 이사를 했는데 옆집에 사는 사람이 한국인이었다. 인사를 나누고 보니 조선일보의 선우정 특파원이었다. 발로 뛰는 기자답게, 그는 거의 매 주말 차를 몰고 일본의 여러 지역을 여행하는 모양이었다. 그런 덕에 그를 자주 볼 기회는 없었지만 옆집에 살았던 인연으로 그가 쓴 기사는 유심히 읽게 되었다. 선우정 특파원이 쓴 '기적의 사과'라는 기사를 발췌하는 것으로 아오모리 사과에 대한 소개를 갈음할까 한다.

"…이름을 말하면 도요타, 소니보다 더 친숙하게 느껴지는 '일제'가 있다. 우리가 '부사'라고 부르는, 정확히 '후지'라는 이름의 사과다. 일본 아오모리현 후지사키藤崎 마을에서 육성된 이 사과는 1962년 품종 등록과 함께 단숨에 세계를 석권했다. 도요타가 '카롤라' 모델로 북미시장을 개척하기 6년 전 일이다. 일본의 북단 이와키산 자락. 눈에 보이는 천지가 사과나무로 덮여있다. 이곳을 중심으로 아오모리현이 만들어내는 사과는

일본 전체 생산량의 절반.(생략)

농부 기무라 아키노리木村秋則는 이 산자락에서 37년째 사과를 키우고 있다. 환갑이지만 희수 노인보다 늙어 보인다. 카바레 호객꾼 시절 야쿠자 주먹에 맞아 빠져버린 이를 방치한 탓이다. 자신이 만든 사과조차 베어 물지 못할 듯했다. 이 이 없는 농부의 사과 밭을 작년에만 6,000여 명이 찾았다. 수학여행 온 초등학생부터 한국 전라도 농부들까지. 그의 저서 《사과가 가르쳐 준 것》, 《모든 것은 우주의 재배》는 지금 일본 전국 서점가의 베스트셀러다. 작년부터 베스트셀러였던 그의 분투기 《기적의 사과》는 지난달 한국에서도 번역·출판됐다.(생략)

이런 곳을 왜 6,000명이 찾을까? 천지가 사과 밭이지만 생태계가 회복된 '자연'은 그곳에만 있기 때문이다. 1978년부터 31년 동안 농약 한 방울, 비료 한 주먹도 뿌려지지 않은 기적의 8,800㎡.(생략) 수확량 0, 돈벌이 0. 꽃 한 송이, 열매 한 개 열리지 않는 밭에서 새벽부터 밤까지 벌레 잡고, 식초 뿌리고, 나무와 대화하기. 쌀이 모자라면 죽을 먹고, 돈이 떨어지면 양말을 기워 신기. 죽으려고 밧줄 들고 올라간 산에서 아이디어 떠올리기. 이렇게 11년을 버틸 수 있다면 누구나 역사를 바꿀 수 있다. 농부 기무라 아키노리. 말꼬리가 긴 일본 최북단 쓰가루津輕 사투리의 억양은 한국 강원도 사투리를 꼭 닮았다. 히로사키弘前실업고 졸업. 경력도, 얼굴도

내가 만나본 일본 여러 지방의 음식

순박하지만, 그의 인생엔 '독기'가 흐른다.(생략) "바보처럼 11년을 버텼어요. 그러니 나무가 불쌍해서 꽃을 피워주더라고요."(생략) '오타쿠'는 일이든, 취미든, 광적으로 지독하게 집착하는 일본형 마니아를 말한다. 바보 취급도, 정신병자 취급도 받는다. 동네에서 기무라씨는 '가마도케시(파산자)'라고 불렸다. 집을 말아먹을 인간이란 뜻이다. 하지만 일본은 경제 구성원들의 이런 집착을 동력으로 전진하는 거대한 오타쿠 사회다.(이하 생략)" (2009.8.29자 조선일보)

기무라 씨의 밭을 직접 찾아가보고 싶었지만, 이와키산에 도착했을 때는 해가 이미 기울어가고 있었다. 이웃집에 사는 유능한 기자의 전언을 되새기는 것으로 만족하기로 했다.

사족을 덧붙이자면, 2013년에 사과농부 기무라 아키노리 씨를 주인공으로 한 영화도 만들어졌다. 제목은 당연히 《기적의 사과》. 나카무라 요시히로 감독이 메가폰을 잡았고, 기무라 역에는 아베 사다오, 그의 아내 역에 간노 미호, 기무라를 끝까지 믿어주는 장인 역에는 일본 국민배우 야마자키 쓰토무가 출연했다. 2014년 출장길에 기내 영화 목록에서 이 영화를 우연히 발견한 덕분에 보게 되었다. 요즘 영화 특유의 치기 어린 특수효과가 몰입을 방해하고, 특별히 칭찬하고 싶은 부분도 눈에 띄지 않는 영화였음에도, 영화가 막바지로 치달으면시 흐르는 눈물을 주체하기 어려웠다. 실화가 가진 힘 때문이었다. 물론, 실화를 소재로 삼았다고 해서 반드시 좋은 영화가 되는 건 아니다. 무라카미 하루키가 수필에 "경험상 실화에 기초한 헐리우드 영화라는 것만큼 수상쩍은 것도 없다."고 쓴 적이 있었는데, 나는 거기에 동의하는 편이다. 그러나 어떤 실화는 그 자체로서 영화나 소설보다도 더 감동적인 법이다.

홋카이도 北海道

하코다테 函館 여행기

혼슈, 시코쿠, 규슈와 아울러 일본열도를 구성하는 홋카이도는 일본에서 두 번째, 세계에서는 21번째로 큰 섬이다. 옛날부터 일본인과는 혈통이 다른 아이누족이 거주해왔다. 홋카이도가 일본의 완전한 일부가 된 것은 그리 오래전의 일이 아니다. 18세기 말까지만 해도 일본인이 홋카이도에 개척한 이주지는 연안 지역 일부에 불과했다. 에도시대 후기에 이르러, 남하하는 러시아에 대한 대책이 중요하다는 사실을 깨달으면서 바쿠후는 비로소 홋카이도에 탐사단을 파견하고 그곳에 행정기구를 두었다. 그때까지도 홋카이도는 '에조'라는 사람들이 사는 섬이라 하여 에조가시마蝦夷ヶ島라고 불렸다. 홋카이도라는 명칭이 붙은 것은 1869년에 이르러서의 일이다.

군이 비유를 하자면, 일본에게 홋카이도는 조선에 있어서 간도와도 흡사한 면이 있다. 근대국가의 국경선이 단단하게 굳어지기 전, 다른 민족이 살고 있지만 얼렁뚱땅 건너가서 정착할 수도 있었던 곳. 방어의 대상이자 개척의 대상인 땅. 대국과의 사이에 막연하나마 완충지가 되어준 지역. 《좋은 놈, 나쁜 놈, 이상한 놈》이라는 영화가 폼 나게 그렸듯이, 그곳은 초창기 미국의 서부 시대와도 흡사한 면이 있었다. 사람들이 그 땅에 대해서 품는 긍정적인 꿈은 '프론티어맨쉽'이라고 부를 수 있는 그 무엇이었다. 에도 바쿠후 말기 풍운의 삶을 살았던 사카모토 료마坂本竜馬는 교토와 에도에 모여 득실대던 근왕지사들의 젊은 혈기를 모아 홋카이도를 개척하면 좋겠다는 꿈을 가지기도 했었다.

홋카이도 원주민을 가리키던 에조蝦夷라는 글자를 풀어보면 새우를 먹는 오랑캐라는 뜻이다. 오랑캐를 뜻하는 夷라는 글자만을 따로 쓸 때는 '에비스'라고 발음한다. 재미있는 점은 이것이 행운의 신 에비스恵比寿의 이름과 발음상 동일하다는 것이다. 오랑캐의 이름이 '어업과 운수와 일꾼과 건강과 어린이의 수호신'의 이름이 된 사연은 이렇다.

부모의 혼전 정사 때문에 태어날 때부터 사지가 (또는 몸에 뼈가) 없이 태어난 히루코蛭子라는 아이가 있었다. '히루蛭'란 흐물흐물한 거머리를 뜻한다. 히루코는 세 살 무렵 갈대로 만든 배에 태워진 채 바다에 버려져 홋카이도에 도착했다. 이곳에서 아이누족인 에비스 사부로戎三郎가 아이를

내가 만나본 일본 여러 지방의 음식

양자로 삼았는데, 이때부터 팔다리가 (또는 뼈가) 자라나 장애를 극복하고 신이 되었다고 한다. 흐뭇한 이야기면서 어딘가 촌철살인적인 데가 있다. 오랑캐와 신의 이름이 같다. 버려진 장애아가 일본의 7대 신 중 하나가 되었다. 어쩐지 '버려진 돌이 머릿돌이 되었다.'는 성서의 표현이 떠오르는 대목이다. 원래 멸시의 대상과 숭배의 대상은 종이 한 장 차이에 불과한 건지도 모른다.

에비스えびす의 옛날식 발음은 예비스ゑびす였기 때문에 삿포로맥주 상표인 에비스의 영어 표기는 *Yebisu*가 되었다. 잘 아시는 대로, 삿포로는 홋카이도의 도청 소재지다. 메이지 시절에 삿포로에서 창업했던 맥주회사가 자기 고향 출신 행운의 신을 최고의 히트상품 브랜드로 삼은 것은 자연스러운 일이다. 어쨌든, 에비스 신은 커다란 물고기를 낚싯대에 걸머진 살집 좋은 노인으로 표현된다. 이 영감님의 모습처럼 홋카이도는 물산이 풍성한 곳이다. 특히 홋카이도의 신선한 해산물은 종류를 막론하고 전국적으로 인기가 높다.

우리 식구의 여름휴가 반환점은 홋카이도 남단에 위치한 하코다테였다. 이곳은 내가 가본 일본 도시들 중 가장 매력적인 곳이었다. 아오모리를 출발한 페리선이 3시간 넘도록 바닷길을 지나서야 하코다테 항구에

도착했다. 도쿄를 출발해서 여행하는 내내 무더운 날씨였는데, 살갗에 닿는 홋카이도의 바람은 이국적인 서늘한 기운을 담고 있었다. 하코다테는 에도 바쿠후 말기인 1859년에 미일수호통상조약에 의해 일본 최초의 국제 무역항으로 개항하고 외국인 거류지가 설치된 도시다. 그래서 모토마치元町 이남의 구시가지에는 지브롤터처럼 바다를 향해 툭 불거진 하코다테산의 비탈을 배경으로 개항 당시에 지어진 서양식 건물들이 즐비하다. 1859년 창건한 일본 최초의 러시아 정교 교회당이 휘영청 밝은 달을 배경으로 서있던 모습은 과거로 시간 여행을 온 것 같은 정취를 자아냈다.

케이블카를 타고 올라가 하코다테산의 전망대에서 내려다보는 하코다테의 야경은 나폴리, 홍콩과 함께 세계 3대 야경으로 알려져있다. 좁다란 곳 위로 불을 밝히고 늘어선 시가지의 동서 양편으로 바다가 바짝 다가서 있다. 우리 가족이 이 아름다운 도시에 이틀간 머물면서 맛본 음식에 대해 좀 더 소개할까 한다.

• 하코다테의 덮밥 골목 돈부리요코초どんぶり横町

하코다테역 앞에는 큰 어시장이 있다. 아침 일찍 문을 열었다가 오전 중에 철시하기 때문에 아침 시장, 그러니까 아사이치朝市라고 부른다. 바닷가

내가 만나본 일본 여러 지방의 음식

도시에서 태어난 탓인지, 내 심장은 어시장에서 힘차게 뛴다. 가엾은 어패류의 대량 살상이 이루어지는 곳에서 삶을 느낀다는 건 아무래도 좀 미안한 역설이긴 하다. 하지만 대야와 양동이 속에서 꿈틀대고 버둥대는 모진 목숨을 보고 있노라면 삶을 치장하는 사치스런 번민이 사라지는 느낌이다. 안개가 걷히듯이, 살아야겠다, 산다는 것은 저렇게 목숨을 가누려고 버둥대는 것이다. 그런 심정이 되어버리는 것이다. 일본의 어시장은 부산의 자갈치시장처럼 활어들이 꿈틀대는 시장은 아니다. 그렇더라도 역시 어시장은 원초적인 활력이 공기 속을 떠도는 장소다. 먹고살겠다는 활력이다.

아사이치에는 온갖 진귀한 먹거리가 즐비하다. 대게와 털게를 늘어놓은 가게가 있고, 생선이나 생선의 알로 만든 가공음식을 파는 상점, 즉석에서 굴을 구워주는 가게도 있다.

어느 상점 앞에서는 주인장이 기다란 끈을 한쪽 끝은 손에 쥐고 다른쪽 끝은 발로 밟은 채 앉은 것도 선 것도 아닌 자세로 그 끈을 문질러대고 있었다. 이건 또 무슨 묘기인가 싶어 가까이서 살펴보니 끈처럼 보였던 것은 다시마였고 문지르는 것이 아니라 작은 대패로 다시마의 겉껍질을 얇게 벗겨내고 있었다. 말린 다랑어를 대패로 갈아 우동 국물 등에 사용하는 가쓰오부시처럼, 다시마를 갈아낸 투명한 조각들도 국물을 우려내거

내가 만나본 일본 여러 지방의 음식

나 음식 위에 양념처럼 뿌려서 사용하는 것이라 한다. 신기해서 한 봉지 샀는데, 집에 와서 국물 속에 넣었더니 다시마 향이 살짝 풍기면서, 언뜻 보면 매생이가 한 자락 들어있는 것처럼 보였다.

하코다테를 상징하는 캐릭터는 오징어다. 심지어 오징어의 다리를 잘라내고 통째로 말려 오징어 몸통을 술잔으로 만들어놓은 제품도 있었다. 술을 따라 마시면서 잔을 조금씩 안주 삼아 뜯어 먹으라는 뜻인지.

하코다테에는 무슨 이유에서인지 가는 곳마다 소프트아이스크림 가게가 성업 중이다. 수산물이라는 테마와는 무관하지만 아사이치시장에도 소프트아이스크림 가판대는 빠짐없이 눈에 띄었다. 거기서는 오징어먹물 아이스크림도 팔고 있었다.

이렇게 먹거리가 많지만, 역시 아사이치를 대표하는 음식은 가이센돈 海鮮丼이라고 부르는 해산물덮밥이다. 아사이치와 연결되어있는 골목에 덮밥 전문점들이 빼곡히 들어서 있는데, 이곳에는 돈부리요코초라는 이름이 붙어있다. 문자 그대로 덮밥 골목이다.

산뜻하게 연어알만 넣은 이쿠라돈イクラ丼, 산낙지가 밥 위에서 움직이는 모습이 춤추는 것 같다고 해서 무용 덮밥이라는 이름이 붙은 오도리돈 踊り丼, 심지어 자기가 원하는 재료들을 골라서 밥 위에 담는 오코노미돈お好み丼 등 종류도 다양하다. 당연히 재료가 많이 들어갈수록, 성게알 같은 고

돈부리요코초의 이쿠라돈

가이센돈

　　　　　내가 만나본 일본 여러 지방의 음식

급 재료가 포함될수록 가격이 조금씩 높아지는데, 해산물덮밥의 가격은 대체로 2,000~4,000엔 범위였다. 우리 식구는 종류대로 주문해서 맛을 보았다. 재료가 신선해서 바다를 한입 베어 먹은 느낌이었다.

식사를 마치고 디저트 삼아 오징어먹물푸딩을 주문해보았다. 달콤한 푸딩에서 특유의 먹 향이 풍겼다. 일본인들 참, 음식을 가지고 실험하는 데는 당할 재간이 없다.

• 개성 있는 자체 브랜드 맥주 하코다테비어

'도리아에즈取り敢えず'라는 일본어는 '우선', 또는 '일단'이라는 뜻이다. 일본 인들은 저녁 식사 전에 곧잘 맥주를 마신다. 어느 식당에서든 식사 주문 전에 음료 주문을 받는데, 이때 손님들은 언제나 마치 약속이라도 한 듯, "도리아에즈, 비루데 시마쇼까(일단 맥주부터 할까요?)"라고 말한다. 우스운 일화가 있다. 업무상 처음으로 일본에 며칠 다녀간 어떤 선배가 나에게 물 었다. "일본 갔더니 '도리아에즈'라는 맥주를 다들 마시던데 그게 어느 회 사 브랜드냐?"

나는 배탈이 자주 나는 편이어서 맥주를 썩 즐기지 않는다. 의무적으 로 일정량 이상의 맥주를 먹어야 하는 폭탄주는, 그래서 내게는 고역이다.

오징어먹물푸딩

내가 만나본 일본 여러 지방의 음식

더운 날씨에 시원한 맥주 한잔이 간절하다거나 하는 느낌도 가져본 적이 없다. 그런데 유독 일본에서는 맥주를 즐겨 마신다. 맛있기 때문이다. 일본 맥주는 독일식 맥주처럼 쓰지 않고, 미국 맥주보다 고소한 향이 강하다. 일본은 맥주잔도 손아귀에 쏙 들어올 만큼 작은 것을 사용하기 때문에, 한 잔씩 벌컥 들이키기에 부담감도 없다. 500cc나 1,000cc 맥주컵을 애용하던 사람이라면, "무슨 놈의 맥주잔이 이따위냐."고 고함을 지를 법도 하지만, 나는 이편이 더 좋다.

일본 맥주 시장은 아사히, 기린, 산토리, 삿포로, 4개 회사가 대부분 장악하고 있다. 현재는 한때 최강이던 기린을 따돌리고 아사히가 1위의 시장 점유율을 자랑한다. 고급 맥주인 이른바 '프리미엄 맥주' 시장에서는 삿포로의 '에비스'가 강세이고 일반 맥주 시장에서는 아사히의 슈퍼드라이가 거의 독주를 하다시피 하고 있다. 발포주에서는 기린이 다소 앞서고 있으며, 맥아가 들어가지 않은 이른바 '제3의 맥주' 부문에서도 기린이 선전하고 있는 형국이다. 원래 위스키를 만들던 산토리는 1963년에 맥주에 진출한 후발주자인데, 2003년에 사운을 걸고 출시한 '프리미엄 몰트'가 대히트를 치면서 2008년에는 맥주 사업을 흑자로 전환시켰고, 삿포로를 누르고 만년 4위를 탈출하는 데 성공했다.

일본 주세법상 원료 중 보리(맥아)가 67% 이상 함유되어있지 않으면

'맥주'라는 이름을 붙일 수 없고 발포주(핫포슈発泡酒)로 분류된다. 발포주에는 낮은 세금이 부과되기 때문에 비록 맥주라는 이름은 못 붙여도 가격경쟁력이 있다. 우리나라에서 생산되는 맥주는 '하이트 프라임', '맥스' 등 일부 품목을 제외하면 일본 주세법 기준으로는 대부분 '맥주를 맥주라 부르지 못하는' 발포주에 해당한다.

"그렇다면 나는 여태껏 물 탄 술 같은 가짜 맥주를 먹고 있었단 말이냐."고 화를 낼 필요는 없다. 일본 맥주도 옥수수를 20~30% 사용하는 혼합 맥주이기는 마찬가지다. 지정 원료 이외의 원료를 사용한 맥주는 일본에서는 죄다 '기타 양조주' 내지 '잡주'로 분류되기 때문에, 보리 함유량이 67%를 넘더라도 각종 첨가물이 들어간 유럽산 맥주들이 일본에 오면 모두 용기에는 '기타 잡주'로 표기가 된다. 보이지 않는 시장 장벽이라고 해야 할 것이다.

하코다테에는 샌프란시스코의 'Pier 39'와 흡사한 바닷가 오오테마치 구역에 '하코다테비어'라는 식당이 있다. 화사하고 산뜻한 건물 외관에 이끌려 들어간 곳에서 독특한 맥주를 맛볼 수 있었다. 거기서는 자체 제작한 네 종류의 맥주를 판매하고 있었다. 네 가지를 골고루 작은 잔에 맛볼 수 있는 샘플도 판매한다.

탁한 흰 색을 띤 바이젠이라는 밀맥주는 살짝 과일향이 느껴지는 부

내가 만나본 일본 여러 지방의 음식

드러운 맛이었는데, 50% 이상의 밀맥아를 사용한다고 한다. 독일어로 'old'를 의미하는 붉은 빛깔의 알트는 맥아로 만들어 쌉쌀한 맛이 돈다. 노란 빛깔의 콜쉬는 쾰른에서 유래한 맥주라는데, 이것이 보통 맥주와 가장 흡사하다. 갈색의 에일은 영국식 흑맥주에 가까운 맛이다.

일본인은 맥주를 비-루ビール라고 야릇한 발음으로 부르고 있기는 하지만, 확실한 것은 그들이 맛있는 맥주를 만든다는 사실이다. 맥주를 사랑하는 나의 선배의 주장에 따르면, 일본 맥주가 맛있는 진짜 이유는 제조, 유통, 판매 과정에서 보존 규정을 철저히 준수하기 때문이라고 한다. 그 또한 그럴듯한 이야기다. 정해진 규칙을 따르는 일이라면 일본인들은 갑갑하리만치 철저하기 때문이다. 그 철저함이 오늘의 일본을 경제대국으로 만든 원동력이다.

내가 만나본 일본 여러 지방의 음식

이와테 현 岩手県

모리오카 盛岡의 3대 면 요리

하코다테를 떠난 우리 식구가 아오모리를 거쳐 도쿄를 향해 남쪽으로 차를 몰다가 하룻밤을 머문 곳은 모리오카였다. 모리오카는 이와테현 내륙 중앙부에 위치하는 현청 소재지다. 그해 3월 동일본대지진으로 전국에서 가장 참혹한 해일 피해를 입은 곳이 이와테현의 해안지방이었지만, 모리오카에서는 피해 흔적을 찾아볼 수 없었다.

이시카와 다쿠보쿠 石川啄木(1886-1912)라는 시인이 있다. "동해 작은 섬 해변의 백사장에서/나는 눈물에 젖어/게와 벗하였도다(東海の小島の磯の白砂に/われ泣きぬれて/蟹とたはむる)"라는 단가를 남긴 시인이다. 일찌기 이어령 선생은 이 시를 예로 들어 "の"의 반복적 사용을 허용하는 일본어의 특이성과, '동해 바다'를 결국 '작은 게의 등껍질'로, 나아가 나의 '눈물방울'로 축소시키는 "の의 폭발적 수축효과"에 관해 멋진 분석을 남긴 바 있다.

시인 다쿠보쿠를 배출한 도시가 바로 모리오카다. 그가 게와 벗하여 노닐던 그 바닷가는 아마도 2011년 지진해일의 거센 파도에 휩쓸렸으리라. 모리오카는 1982년에 도호쿠 신칸센이 개통되면서 동북 지방 북부의 거점도시로 발돋움했고, 명실공히 이와테현의 대표 도시가 되었다. 모리오카는 세 가지 면 요리로 유명하다. 먹는 방법이 독특한 완코소바, 일본식 짜장면인 자자멘, 그리고 한국식 냉면이 변화된 모리오카 레이멘이 모리오카의 3대 면류에 해당한다. 그러고 보니 한중일 3국의 전통이 공존하는 셈이다.

• 완코소바椀子蕎麦

'완'은 '그릇'을 뜻한다. 완코소바는 작은 그릇에 내는 소바라는 뜻이다. 젓가락질 한 번에 후루룩 먹을 만큼 작은 양의 소바를 계속 내놓는 것이 완코소바의 특징이다. 종업원이 지키고 서서 소바를 비우는 즉시 다시 채워주는데, 메밀이 불거나 국물이 식으면 맛이 없기 때문에 그 자리에서 삶은 국수를 낸다. 보통 여성은 20그릇, 남성은 30그릇 정도를 먹는다고 한다. 모리오카에서는 매년 '전 일본 완코소바 먹기 대회'를 개최하는데 최고 기록은 10분에 399그릇을 비운 여성이 보유하고 있다.

왜 이렇게 성가신 방식으로 소바를 내는 것일까? 그 유래는 대충 두

내가 만나본 일본 여러 지방의 음식

가지 설로 압축된다. 첫째, 이 지역에서는 옛부터 축제 때 지주가 마을 사람들에게 소바를 대접하는 풍습이 있었는데, 일정한 크기의 가마로 국수를 삶아 많은 사람을 대접하자니 한 번에 조금씩 담아서 돌리게 되었다는 설이다. 두 번째는 이 지방의 가신이 영주를 대접하면서 한입에 맛있게 먹을 수 있을 만큼만 조심해서 내느라고 이런 시도를 했다는 설이다. 어느 쪽이든 참 유난스러운 일이다. 하지만 이런 식으로 소바를 먹는 손님들은 특별한 서비스를 받고 있다는 사실을 실감하기 마련이다.

- 자자멘炸醬麵

콩을 발효시킨 춘장을 재료로 삼는 중국식 자지양미엔은 우리나라에서 독특한 진화 과정을 거쳐 한국식 짜장면이라는 국민 음식으로 각광을 받기에 이르렀다. 한류의 영향으로 최근에는 한국을 찾는 중국인 요우커遊客들에게 한국식 짜장면이 인기를 끌고 있다 하니, 돌고 도는 문화의 번식력은 참 놀랍다. 일본의 경우는 태평양전쟁 이전에 만주에서 살던 일본인이 전쟁 후 귀국하여 포장마차에서 팔기 시작한 자자멘이 모리오카에서 인기 음식으로 정착했다. 한국식에 비해 소스가 적고, 그보다는 중국식 炸醬麵의 원형을 좀 더 닮아있다. 우리 입맛에도 잘 맞는 별미 음식이지만, 굳이 비교를 하자면 그 지지기반의 규모에서도 확연히 차이가 나는 한국식 짜장면 쪽이 우세승이 아닐까.

• 모리오카 레이멘冷麵

모리오카역의 기다란 건물 위로 저녁노을이 하늘을 붉게 물들이고 있었다. 우리는 이 도시에 그저 하루 묵어가는 처지였고, 이왕이면 시내 중심부인 역전에 숙소를 잡았다. 도착하기 전부터 모리오카에서는 냉면을 먹어볼 작정이었다. 호텔 카운터에 물어봤더니 길모퉁이만 돌면 대로변에 있는 "푠푠샤ぴょんぴょん舍"라는 가게가 가장 유명하다며 추천을 해주었다.

　과연 아직 식사 시간으로는 이른 다섯 시 반인데도 푠푠샤 앞에는 손님들이 장사진을 치고 있었다. 점원에게 이름과 인원수를 알려주고 얼마나 기다리면 되겠냐고 물었더니 한 시간 반쯤 걸린다고 했다. 근처의 식당가에는 모리오카 자자멘을 비롯해서 맛있어 보이는 식당들이 즐비했지만 아직 모두 다 텅텅 빈 시간이었다. 오기가 발동했다. 그렇다면 더더욱 푠푠샤 냉면 맛을 보고야 말겠다는.

　나는 워낙 냉면을 좋아해서 서울에서 근무할 때도 내가 장소를 정할 수 있는 회식 자리가 있으면 거의 언제나 냉면집을 골랐다. 을지로의 우래

내가 만나본 일본 여러 지방의 음식

옥과 을지면옥, 대한극장 뒷편의 필동면옥, 마포의 을밀대 같은 곳이 내가 좋아하던 식당들이었다. 심심한 국물에 메밀로 만든 매끈한 국수를 말아 넣은 그 맛이란! 냉면은 원래 북한 지방의 겨울 음식이었다. 옛날에는 여름에 차가운 국물을 만들 방법이 없었으니 당연한 일이다. 뜨거운 아랫목에 앉아 찬 국수로 추위를 이기는 음식이었던 것이다.

모리오카의 명물인 레이멘도 북한 지방에 뿌리를 두고 있다. 기록에 따르면 1954년경 함흥 출신 재일동포 양용철 씨가 모리오카에 냉면집 '식도원'을 열어 냉면을 판매한 것이 시초였다고 한다. 그래서인지 모리오카 냉면에는 달짝지근한 함흥식 육수가 사용되고 있고, 깍두기 국물이 함께 따라 나오는 것이 특색이다. 세월이 지나면서 하나둘씩 늘어난 냉면집 중에서도 유명한 곳은 '삼천리', '명월관', '푠푠샤' 등이다. 푠푠샤 역시 한국계인 변룡웅 사장님이 1955년에 창업한 것으로 되어있다.

설마 했는데 정말로 한 시간 이십 분이나 줄을 서서 기다린 끝에 자리로 안내를 받았다. 다양한 고기와 식사 메뉴를 갖춘 고급 요릿집이었다.

마침내 냉면이 나왔고, 그 위에는 특이하게도 수박이 한 조각 얹혀있었다. 면은 쫄면에 가까울 만큼 두껍고 쫄깃쫄깃했다. 메밀가루와 전분으로 만드는 평양식 냉면과는 달리, 함흥식으로 감자 녹말과 밀가루를 사용한다고 한다. 국물은 쇠고기 사골과 닭뼈를 우려낸 것이었다.

푠푠샤의 냉면

한국식과는 아무래도 좀 다르지만, 한식으로 분류되는 음식이 이토록 큰 인기를 끌고 있는 것을 보니 반가운 마음이 앞섰다. 모리오카 레이멘은 가히 한 지방의 대표 음식이 될 만큼 맛도 좋고 특색 있는 음식이었다. 모리오카를 여행하는 분들께는 한번쯤 꼭 경험해보기를 권하고 싶다. 하지만 나 자신은 냉면 애호가로서, 평양식 냉면보다 높은 점수를 주기는 도저히 어렵다는 점, 부디 양해해주시기를.

미야기현 宮城県

센다이, 뜬금없는 소혀구이

2월 중순, 도쿄 시내에서는 추위가 제법 물러났건만 센다이 시내의 찬바람은 매서웠다. 2012년 2월 중순의 주말, 나는 운이 좋게도 국제교류서비스협회라는 단체가 관광에 관한 설문을 위해 외국인 손님들을 센다이 지역에 초대하는 프로그램에 초청되어 센다이를 방문했다.

센다이를 포함한 일본의 동북부 지방에서는 2011년 3월 발생한 전대미문의 지진해일로 해안지대가 초토화되었다. 그로부터 한 해가 지난 시점에 일본은 민관이 일체가 되어 동북 지방의 관광 경기를 되살리려고 무진 애를 쓰고 있었다. 우리 일행이 돌아본 센다이와 마쓰시마 지역에서는 이미 1년 전 지진해일의 흔적은 찾아볼 수 없었다.

우리는 센다이조仙台城 성터, 에도시대 영주 다테 마사무네伊達政宗(1567-1636)의 묘소 즈이호텐瑞鳳殿, 미야기 현립 미술관 등을 돌아보았고, 인근의 마쓰시마에서 유람선을 타고 아름다운 섬들을 구경했으며, 즈이간지瑞巖

寺와 엔쓰인円通院 등의 사찰도 관람했다. 즈이간지 경내에는 곧고 굵은 삼나무들이 열을 지어 심어져있었는데, 작년 지진 때 해수에 잠긴 탓으로 모두 밑둥이 붉게 상해있었다. 260여 개 작은 섬들이 바다에 점점이 흩뿌려져 있는 마쓰시마 앞바다의 풍경은 압권이었다. 잘생긴 갈매기들이 섬과 섬 사이를 누비고 있었다.

• 굴구이

센다이와 마쓰시마는 해산물로 유명하다. 마쓰시마에서는 도처에서 굴요리를 팔고 있었다. 심지어 굴버거, 굴카레빵, 굴덮밥 등도 있었지만 역시 눈길을 끄는 것은 굴구이 가게인 '가키고야カキ小屋'다. 센다이 어시장 앞의 간이 건물에서 영업 중인 이 식당에서는 갓 수확한 굴을 껍질 채 뜨거운 철판에 구워서 원하는 만큼 먹을 수 있다. 철판 위에다 점원이 박력 있게 큰 삽으로 굴을 퍼 올려주고, 익은 굴의 껍질을 까주기도 한다. 익은 굴에서 뿜어나오는 향기가 근처의 길거리에 진동을 한다.

　굴은 10월에서 3월 사이가 제철인데, 가키고야는 지진해일의 막대한 피해로 제철에도 영업에 어려움을 겪고 있다고 하니 안타깝다. 굴과 밥과 국을 포함한 50분간의 뷔페(다베호다이食べ放題)가 어른은 3천 엔, 어린이는 반

액이다.

• 사사가마보코笹蒲鉾

어업이 발달한 미야기현의 또 다른 자랑은 '가마보코蒲鉾'라고 부르는 어묵이다. 미야기현은 일본에서 어묵 생산량이 가장 많은 지방으로, 전국 점유율 10%를 차지한다. 어묵 소비량이 가장 많은 것도 미야기현이다. 이렇게 된 데에는 '사사가마보코'라는 상품의 공로가 컸다고 한다. 어묵은 일본에서 가장 오래된 음식 중 한 가지로, 문헌상에서 확인된 가마보코의 가장 오래된 기록은 헤이안 시대인 1115년이다. 그래서 일본 가마보코 업계는 11월 15일을 '가마보코의 날'로 기념하고 있다.

가마보코는 어떤 모양으로 성형하느냐에 따라 생김새가 달라지는데, 가장 일반적인 것은 반달 모양의 단면을 지닌 길쭉한 토막 형태다. 사사가마보코는 그 이름처럼 대나무 잎사귀 모양을 하고 있다.

센다이의 영주이던 다테伊達 집안의 문장이 대나무와 참새인데, 1935년경 여기 착안한 아베라는 사람이 히트상품을 제조한 것이다. 사사가마보코는 마치 전통 음식인 양 판매되고 있지만, 정작 널리 퍼지게 된 것은 태평양전쟁 후의 일이다.

사사가마보코

내가 만나본 일본 여러 지방의 음식

센다이 시내 도처에 사사가마보코 상점이 있다. 손님들이 몇 개씩 사가기도 하고, 그 자리에서 대꼬챙이에 찔러 가게의 화로에 둘러앉아 구워 먹기도 한다.

신식 사사가마보코는 치즈, 살라미, 성게 등을 가미한 종류도 있다. 나는 가마보코를 좋아한다. 집에서 술 한잔 걸칠 때는 그만한 안주도 없다. 그래서 도쿄로 사 가려고 했더니 냉장 보관이 필수라기에 아쉽지만 맛보기로 달랑 세 개만 샀다.

· 효탄아게|瓢箪揚げ

어묵 최대 소비 지방에서 어묵을 구워 먹기만 하겠는가? 어묵 두 덩이를 꼬치에 찔러 옛날 서울에서 팔던 핫도그처럼 튀긴 것이 '효탄아게'다. 어묵 덩어리 두 개가 표주박 모양이 된다 해서 표주박 튀김이라고 부르는 것이다. 센다이 시내 쇼핑가 곳곳에서 간식 삼아 효탄아게를 사 먹으려는 사람들이 줄을 짓고 있다.

나도 줄을 섰다. 따끈하게 튀겨주는 효탄아게에는 토마토케첩이나 매운맛 소스 둘 중에 골라서 뿌려 먹도록 되어있었다. 길거리에 서서 이걸 먹고 있자니 주전부리를 일삼던 어린 시절 생각이 절로 나 허허 웃었다.

효탄아게

내가 만나본 일본 여러 지방의 음식

• 즌다모치 ずんだ餅

센다이를 대표하는 음식이 해산물뿐인 건 아니다. 에다마메枝豆라고 부르는 초록색 콩을 콩깍지째 소금물에 끓인 다음 콩을 꺼내 얇은 껍질을 제거한 상태로 으깨고, 거기 설탕과 소금으로 간을 해서 떡에 바른 것을 '즌다모치'라고 부른다. 요컨대 젖은 콩고물을 떡 위에 입힌 것이다.

'즌다'라는 묘한 명칭은 콩을 두드린다는 豆打(즈+타)에서 비롯되었다는 설도 있고, 전국시대에 칼로 콩을 으깨 먹었다고 해서 전쟁용 칼을 가리키는 진다치陣太刀에서 유래한 명칭이라는 설도 있다.

풋콩 특유의 향기와 떡의 달콤한 맛이 낯선 듯 익숙한 듯 묘하게 어우러지는 떡이다. 이것도 도쿄에 사 가려고 했더니 냉장 보관이 필수란다. 떡도 고물도 수분을 많이 포함하기 때문에 오래두면 상하기 쉽고, 단단해져 풍미가 떨어진다고 해서 그 자리에서 먹는 걸로 만족했다. 전자레인지로 데우면 반죽처럼 녹아버린다니 하는 수 있나.

• 서랍장으로 식사를

가이세키요리는 입으로 먹기 전에 눈으로 보는 요리라고 한다. 센다이에

즌다모치

내가 만나본 일본 여러 지방의 음식

는 서랍장 요리, 그러니까 '단스箪笥'라고 부르는 미니 장롱의 서랍 속에다 여러 가지 접시에 담긴 음식을 내는 가이세키요리가 있다. 가장 유명한 식당은 다이하쿠구에 자리 잡은 쇼케이카쿠鍾景閣라는 곳이다.

쇼케이카쿠는 그냥 식당이라고 부르기가 좀 뭣한 곳이다. 메이지 후기 건축양식으로 지은 다테 가문의 저택을 복원해 유형문화재로 지정된 장소이기 때문이다. 다테 마사무네라는 인물은 전국시대의 다이묘로, 센다이번의 초대 번주를 지냈던 인물이다. 유년기에 앓은 천연두로 오른쪽 눈을 실명했기 때문에 '외눈의 용独眼竜'이라는 별명을 얻은 장군이다. 센다이에서는 가는 곳마다 다테 마사무네의 상징물과 흔적들을 만날 수 있다. 그러니까 다테 가문의 건물을 개조한 식당이라면 가히 센다이의 대표 식당이라고 불러도 좋을 것 같다.

다테 집안은 13대에 걸쳐 센다이 영주로 군림하다가 메이지유신 후에는 토지를 중앙정부에 반환하고 백작 작위를 수여받았다. 쇼케이카쿠는 전후까지 다테 백작의 거처였다. 쇼와 덴노와 헤이세이 덴노도 이 지역을 여행할 때 쇼케이카쿠에서 머물었다고 한다. 한때 주지사 공관이기도 했다가 학교 시설로도 쓰이던 쇼케이카쿠는 1981년 지금의 위치에 복원되었다.

우리는 대부분 센다이가 초행길인 한 무리의 외국인이었다. 일본식

내가 만나본 일본 여러 지방의 음식

정원이 딸린 2층 건물 안으로 안내되어 식사 장소로 가보니 그곳에는 테이블 위에 자그마한 서랍장들이 주욱 늘어서 있었다. 우리 일행은 모두 탄성을 내뱉었다. 서랍마다 형형색색의 음식들이 들어있었다. 감을 이용한 무침, 소금에 볶은 은행, 구운 소라, 도미로 만든 쌈, 된장 버섯 요리, 등등이 앙증맞게 서랍장 속에 들어있었고, 튀김과 절임과 생선회와 밥도 있었다. 예의 즌다모치도 빠지지 않았다.

우리 일행은 서랍 속에서 꺼낸 접시들을 서로에게 보여줘 가며 재미있게 식사를 했다. 밥을 먹는다는 행위를 유희로 삼을 수 있도록 배려한 에피큐리즘의 극치랄까. 한편 우리 식으로 따지면 밥상에 서랍장을 올려놓는 행위는 밥상의 신성함을 해치는 금기에 해당할 것 같다는 찜찜함도 없지 않았다. 덕분에 어쩔 수 없이 음식에 대한 집중력은 좀 떨어졌지만, 미각과 시각과 촉각이 총동원되는 식사가 어떤 것일지 궁금하다면, 체험 삼아 권해보고 싶다.

• 소혀구이

센다이는 다소 생뚱맞게도, 우설牛舌 요리의 중심지다. 일본에서는 소의 혀를 한자와 영어의 합성어인 '규탄(牛+tongue)'이라고 부르니까, 불필요한

중언부언을 피하기 위해 그곳 사람들이 부르는 대로 규탄이라고 쓰겠다. 우설소금구이는 '규탄시오야키' 또는 줄여서 '탄시오'가 되는 식이다. 도쿄에서도 고기를 굽는 식당(야키니쿠야燒肉屋)에서는 의례 우설구이로 식사를 시작하는 것이 상식이 되어있을 만큼, 일본인은 우설을 즐긴다.

도쿄의 규탄야키가 서울에서 보던 것처럼 둥글고 얇게 저민 우설을 굽는 것이라면, 센다이에서는 '아쓰기리厚切り'라 해서 두툼하게 썰어 칼집을 내는 것이 특징이다. 고기깨나 먹었다는 한국인 중에도 '두툼한 우설 요리'라고 하면 어쩐지 거부감을 느낄 사람도 있음직 한데, 센다이역의 삼층 식당가에는 이런 식의 규탄야키 가게들이 빼곡히 들어차 있다.

나는 센다이가 규탄야키의 메카가 되었다는 사실이 재미있다고 생각했다. 한편으로 음식의 지방색에 대한 일본인들의 집착을 잘 보여주는 사례 같기도 하고, 다른 한편으로는 일본의 식육 풍습이 짧다는 사실을 드러내주는 증거 같기도 해서다. 일본인들이 육고기를 전면적으로 먹기 시작한 것은 불과 150년도 채 되지 않은 가까운 과거의 일이다. 그리고 센다이 쇠고기가 유명세를 탄 것은 패전 이후의 일이었다.

센다이에 미 점령군이 진주한 후, 미군들이 소를 대량으로 소비하면서 습성상 먹지 않고 남기는 부위를 유용하게 활용하는 차원에서 혀와 꼬리 부위를 이용한 식당이 생겨났던 것이다. 그러니까 센다이의 규탄야키는 혀나 꼬리는 으레 스튜나 수프의 재료로만 써야 되는 줄 아는 서양 요리에 멋지게 한 방 날린 셈인지도 모른다. 맛있으면 그만이지 뭐.

센다이에서 규탄야키가 전쟁 직후부터 성황을 이룬 것은 아니었다. 그것은 애당초 집 밖의 식당에서 먹는 요리였지 가정에서 환영받는 요리는 아니었다. 그러니까 이 도시에 규탄 식당이 넘쳐나게 된 것은 80년대 고도성장기를 겪으면서 센다이에 거주하는 전근자와 단신부임자들이 늘어난 이후의 일이다. 이들이 점심시간과 저녁 시간에 규탄을 별미로 즐기면서 인기를 끌게 된 것이다.

센다이 역전이나 공항, 기념품 가게 어디서든 다양한 규탄 포장 제품을 팔고 있다. 사정을 잘 모르는 사람이 보면 몇 백 년 전통은 족히 지닌 특산품의 행색을 하고 있는데, 이 제품들이 본격적으로 토산품 행세를 하기 시작한 것은 적어도 내가 수염을 깎기 시작한 시절 이후의 일이라는 얘기가 된다. 이제는 제법 유명세도 자리를 잡아서, 내가 센다이에 다녀오겠다고 했더니 주변에서 '규탄야키 많이 먹고 오라.'고 인사를 해주는 사람이 많았다.

그분들의 기대를 저버리지 않으려고 내가 찾아간 곳은 가장 인기가 높다는 체인점 리큐利久. 그중에서도 관광객들이 많이 찾는다고 소문이 난 추오도리점中央通り店이었다.

내가 만나본 일본 여러 지방의 음식

다양한 맛을 볼 요량으로 구이와 스튜를 시켰는데, 역시 스튜보다는 구이가 훨씬 맛있었다. 칼집을 내 두툼하게 구운 우설은 간도 잘 배어있고 씹는 맛도 좋았다. 함께 나온 쇠꼬리 국도 고기와 잘 어우러지는 맛이었다.

'일본인은 고기를 먹을 줄 모른다.'는 것이 내 생각이다. 지방질의 마블링이 서리처럼 내린 시모후리(霜降り) 부위를 최고로 치고, 구이보다는 샤브샤브나 전골, 스키야키 등이 일본식 고기 요리의 본류이기 때문에 일본 식당에서 내는 고기는 고급이면 고급일수록 씹기 전에 입안에서 녹아버리는 느낌이다. 고기라면 역시 불에 구워서 씹는 맛으로 먹는 것이 아닌가.

"마블링 고기에 대한 강한 기호도는 일본인들의 식습관에서 비롯된 것으로 보인다. 그들은 음식을 이로 씹는 행위를 강하게 하지 않는다. 그들이 음식을 먹는 것을 보면 씹는다기보다 오물거린다는 표현이 맞을 정도이다. 그에 반해 우리 민족은 치아 사이에 음식물을 두고 강하게 오래 씹는 버릇이 있다.(생략) 지방이 불기운에 녹아내리면서 내는 고소함이 1등급 투뿔(++)의 매력이라고 하지만, 내 생각에는 이 과다한 지방이 오히려 붉은 고기의 감칠맛을 죽이고 있다."(황교익 저,《미각의 제국》)

리큐의 규탄야키

규탄스튜

내가 만나본 일본 여러 지방의 음식

그런데 센다이에서는 이토록 박력 있는 식감을 지닌 살코기가 큰 인기를 끌고 있는 것이다. 그러니까 센다이의 규탄야키는 일본 전역의 일반적인 쇠고기 식습관에도 한 방을 날리는 유쾌한 지방색이다. 센다이에서 열차를 타고 도쿄역에 도착한 것은 저녁 식사 시간 무렵. 도쿄역 구내식당가에 유독 어느 한 집 앞에 줄이 끝도 없이 길게 늘어서 있었다. 무슨 식당인가 했더니, 규탄야키 리큐의 도쿄역 지점이었다. 일본인은 고기를 먹을 줄 모른다는 내 생각을 의외로 빨리 거두어야 할지도 모르겠다.

니가타현 新潟県

설국에서의 하룻밤

"도계의 긴 터널을 빠져나오니 눈의 고장이었다.(国境の長いトンネルを抜けると雪国であった。)"노벨상 수상자인 가와바타 야스나리川端康成(1899-1972)의 소설《유키구니雪国》는 이렇게 시작한다. (일본에서는 현의 경계를 국경이라고 부른다.) 대학 시절에 친구와 함께 춘부장께 일어를 사사받으면서, 내가 '처음 정색을 하고 접한 일본'이 바로 그 문장이었다. 언감생심 도쿄에서 근무를 하게 되면서부터 내 마음속에는 꼭 한 번 간에쓰関越터널 저편의 눈 덮인 풍경을 보고 싶다는 욕심이 무럭무럭 자라고 있었다.

2012년 2월 어머니께서 도쿄에 다니러 오셨을 때, 눈길에 괜찮겠냐는 주변의 걱정을 무릅쓰고 가족들과 함께 차를 몰고 하룻밤 코스로 에치고越後 유자와湯沢를 다녀왔다. 소설 유키구니의 무대였던 곳이다. 올해따라 니가타현에 눈이 많이 내려 사상자가 속출하고 있는 점을 감안해서, 무려 열일곱 살이나 먹은 우리 자동차는 포기하고 스노우 타이어가 장착된 렌

터카를 빌렸다. 간에쓰고속도로는 서쪽으로 달릴수록 서서히 고도가 높아지나 싶더니, 긴 터널을 빠져나오자 거짓말처럼 터널 반대편과는 전혀 다른 세상이 펼쳐졌다. 온통 눈으로 뒤덮인 세상이었고, 길 양 옆으로는 어른 키가 넘는 높이로 눈이 쌓여있었다. 설국이었다.

오래전부터 일본에서는 태평양을 면하고 있는 일본의 동해안 지역을 '오모테니혼表日本', 즉 일본의 앞면으로, 서해안 지역은 '우라니혼裏日本', 즉 일본의 뒷면이라고 불러왔다. 일본의 산악은 서쪽으로 치우쳐있다. 그래서 혼슈의 서해안 지역은 산세가 가파르고, 대륙성 고기압의 영향으로 겨울이 혹독하며, 다른 지역과의 교통이 불편하다. 그러므로 '우라니혼'이라는 말은 어쩔 수 없이 부정적이고 모멸적인 함의를 동반하게 되었다. 시골집, 폭설, 계단식 논, 단선 철로, 반딧불 등이 우라니혼의 이미지다. 반면에, 오모테니혼은 규슈의 현해탄 연안에서 산요 지방, 긴키 지방을 거쳐 간토 지방에 이르는 메갈로폴리스의 벨트를 이룬다. 이런 대비에서 오는 차별적인 느낌 때문에 60년대부터 NHK는 '우라니혼'이라는 표현을 사용하지 않고 있다.

강원도 분위기가 물씬 풍기는 에치고에 들어서면서 우라니혼이라는 표현을 떠올리다가, 문득 한 가지 생각이 떠올랐다. 만약 우리나라 사람들이 동고서저東高西低의 지형을 가진 우리 지도를 펼쳐놓고 동서를 앞뒤로 분간한다면 바다 건너 중국을 바라보는 서쪽의 평야지대를 '앞'이라고 부를 가능성이 크다는 사실이었다. 의식 또는 무의식 속에서 한일 양국은 서로 앞을 마주보는 것이 아니라 "등을 돌린" 지리적 조건 속에서 살아왔던 것이다. 이러한 지리적 특성이 한국과 일본의 역사적 관계에도 영향을 미치지 않았을까? 만약 한국의 곡창지대가 동해안에 밀집해있고, 일본의 대도시들이 서해안 쪽으로 발달했었다면, 한일관계는 지금과는 사뭇 다른 발전 경로를 걷지 않았을까?

아마도 그랬을 것이다. 내 친구 심준보 판사의 표현에 따르면, 국가에 운명이라는 것이 있다면 지리地理가 곧 운명이다. 인간은 스스로 대견하게 여기는 것보다 훨씬 연약한 자연의 부속물이다. 최소한 우리가 무엇을 먹고 지내는지는 거의 전적으로 자연환경에 의존한다. 니가타현에는 눈이 많이 온다. 눈이 많이 오니 물이 좋다. 물이 좋으니 쌀이 좋다. 물이 좋고 쌀이 좋으니 자연히 좋은 술을 만들어낸다. 이곳은 일본 전체에서 가장 이름난 쌀과 니혼슈日本酒의 산지다.

• 고시히카리 쌀

에치고는 '산을 넘은 직후의 마을'이라는 뜻이다. 관동 지역에서 니가타현

내가 만나본 일본 여러 지방의 음식

으로 오려면 큰 산을 넘어야 한다. 북서쪽에서 다가오는 눈구름은 이 산을 넘지 못하고 산맥의 서편에 번번이 큰 눈을 다 부려놓는다. 옛날에는 후쿠이에서 니가타를 거쳐 야마가타까지 이르는 산악지방을 '고시노구니越国'라고 불렀다. 그러므로 '고시越'자를 달고 있는 음식은 대개 이 지방의 산물이라고 보면 된다. '고시노칸바이越の寒梅' 같은 술 이름도 그렇지만, 더 유명한 것은 '고시히카리'라는 쌀의 품종이다.

고시히카리는 1956년 후쿠이현 농업시험장에서 두 가지 품종을 결합해 탄생시킨 히트작품이다. 도열병에 약하기는 하지만 쌀알이 맑고 투명한데다 맛이 좋아 일본에서 가장 인기 있는 품종이 되었다. 생산지에 따라 맛이 조금씩 달라진다고 하는데, 니가타 우오누마 지방에서 생산되는 것을 단연 으뜸으로 친다. 당연히 가격도 으뜸 가게 높다. 우리가 에치고 식료품점에 들러 큰맘 먹고 산 우오누마 쌀은 2kg 작은 봉지가 무려 2천 엔이었다.

하지만 집에 돌아와 그 쌀로 밥을 지어 먹어본 후에는 정당한 가격을 지불했다는 생각이 들었다. 좋은 쌀로 지은 밥은 식어도 좀처럼 딱딱하게 굳지 않는다. 일본에서 모든 편의점이 냉장고에 온갖 도시락을 진열해두고 판매할 수 있는 것도 그 덕분인가 보다. 갓 지은 밥을 먹는다면 작은 차이일지도 모르지만, 도시락으로 유통될 때 쌀의 품질 차이에서 생겨나는 맛의 차이는 크다.

• 일본 술

일어로 사케酒 또는 오사케ぉ酒는 모든 술의 총칭이다. 우리나라에서 그냥 사케라고 부르는 청주를 일본에서 마시려면 '니혼슈日本酒'를 주문해야 한 다. 메뉴를 보면 어지럽다. 일본인들도 읽기 버거워하는 한자 이름은 그렇 다 치고, 원료 및 제조법에 따라 준마이주純米酒, 긴조주吟醸酒, 혼조조주本醸 造酒 등의 분류가 있고, 맛에 따라 아마구치甘口니 가라구치辛口니 하는 구분 도 사용한다. 자, 요점 정리다.

　정미비율이라는 것이 있다. 일본 술의 레이블에 '精米步合'이라고 표 시된 수치다. 쌀을 추수하면 껍질을 벗기기 위해 도정 작업을 거치는데, 가령 정미비율이 70%이면 30%를 깎아서 버리고 70%만 남기는 것이다. 이것을 7부 도정이라고도 부른다. 쌀의 표면에 있는 영양가 많은 성분들 이 효모를 증식시키는 역할을 하기 때문에 도정을 하지 않고 술을 만들면 술맛이 변하고 숙취를 일으킨다. 그래서 많이 깎아낸 쌀로 만들수록 순하 고 고급스러운 술이 만들어진다. 대략 쌀 알맹이의 30%만 남기는 3부 도 정이 한계라고 알려져있다. 나머지 7할은 버린다는 뜻이니 엄청난 낭비요

사치라고 할 수도 있겠다.

값싼 후쓰우슈普通酒는 쌀로 만든 원액에 알코올, 당분, 산미료, 화학 조미료, 물 등을 섞어서 만드는, 그야말로 보통 술을 말한다. 이렇게 술을 만들면 쌀로만 만들 때보다 세 배 이상 양을 늘릴 수 있다고 한다.

그에 비해 준마이주는 정미비율 70% 이하의 쌀과 누룩과 물만을 사용해서 만든 술이다.

발음하기 어려운 혼조조주는 정미비율 70% 이하 쌀과 물에 주정(양조용 알코올)을 첨가하여 만든 술이다. 준마이주에 주정을 섞어 도수를 높인 다음 다시 물을 섞어 양을 늘리는 식으로 만드는데, 첨가하는 양조용 알코올은 쌀 1톤당 120리터 미만으로 법으로 제한되어있다.

긴조주는 정미비율 60% 이하의 쌀을 사용하는데, 저온 장기 발효 과정에서 과일 향을 떠올리게 하는 초산이나 카프로산 등을 함유한 알콜이 생성된다. 양조용 알코올을 첨가하지 않은 것은 준마이긴조주純米吟醸酒라고 부른다.

다이긴조주는 정미비율 50% 이하의 쌀을 사용하고 긴조주보다 더 저온에서 장기 발효시킨 술이다. 소량의 양조용 알코올을 첨가하는 경우도 있기 때문에 알코올을 첨가하지 않은 것을 특별히 준마이다이긴조주純米大吟醸酒라고 부른다. 이것이 바로 최상급의 니혼슈다.

맛으로 분류하면 달콤한 뒷맛이 남는 것을 '아마구치'라고 하고, 드라이한 것을 '가라구치'라고 한다. 니혼슈의 레이블에는 + 또는 − 부호와 숫자가 적혀있다. 플러스 수치가 높을수록 강한 가라구치이고, 마이너스 수치가 클수록 달콤한 풍미가 강해진다. 아마이건, 가라이건, 니혼슈는 확실히 맛이 담백한 음식과 잘 어울린다. 그렇다면 니혼슈는 데워 먹는 게 좋을까? 차게 먹는 게 좋을까?

정답은 자기가 좋아하는 식으로 먹는다는 것이다. 다만, 일반적으로는 고급 술을 데워 먹는 것은 마치 최고급 위스키로 폭탄주를 만드는 것처럼 '아까운 짓'으로 인식되고 있다. 술을 데우면 섬세한 풍미가 날아가 버리기 때문이다. 그래서 '아쓰칸熱燗'이라고 뜨겁게 중탕을 해서 마시는 니혼슈는 값이 너무 비싸지 않은 후쓰우슈를 사용하는 경우가 많다. 그렇다고 차가운 술이 언제나 최상의 만족감을 주는 것도 아니다. 한겨울에 불에 그을린 복어 지느러미를 넣고 뜨겁게 중탕한 '히레자케鰭酒'를 마시는 맛도 일품이다. 바람이 아직은 쌀쌀한 봄날 저녁에는 체온과 비슷한 정도로만 데운 '누루칸溫燗' 니혼슈를 즐기는 것도 별미다. 홀짝홀짝(일본말로는 '치비리치비리'라고 한다.) 마시며 술기운으로 조금씩 한기를 몰아내다 보면 술에 취한 건지 봄기운에 취한 건지 모르게 된다.

　　　　　내가 만나본 일본 여러 지방의 음식

• 기차역에서 맛보는 설국의 술

에치고유자와역 구내에는 지역의 특산물을 판매하는 상점들이 거대한 구내매점을 이루고 있다. 역 건물의 맨 끝에 별도의 출입문을 통과하면 폰슈칸이라는 니혼슈 상가가 등장한다. 니혼슈의 본고장 니가타현의 진품명품이 즐비한 곳이다. 폰슈칸 곳곳에는 술병을 들고 만세를 부르거나 바닥에 누워서 병나발을 부는 실물 크기 인형들이 애교스럽게 상가를 장식하고 있다. 술이 들어간 과자, 술케이크, 술초콜릿, 술아이스크림 등 특산물을 파는 상점도 있고, 심지어 술로 목욕을 하는 목욕탕도 영업 중이다.

거기서 꼭 들러야 할 곳은 '고시노무로越の室'라는 시음장이다. 술을 조금씩 시음하는 것을 '기키자케利き酒'라고 한다. 오백 엔을 카운터에 지불하면 벽에 설치된 백여 종의 사케 자판기에 사용할 수 있는 토큰 다섯 개와 잔을 준다. 가게 한쪽 구석에는 니가타에서 생산되는 여러 종류의 일본된장과 소금도 놓여있다.

벽에 설치된 자판기에는 전 세계적인 마니아층을 거느리고 있는 니가타의 명주 구보타久保田, 핫카이산八海山, 고시노칸바이越の寒梅는 물론이고, 그보다도 좋은 평점으로 기록되어있는 온갖 니혼슈가 즐비하다. 매실주(우메슈梅酒)라든지 막걸리 비슷한 니고리자케濁り酒도 구비되어있다. 자고로 술

은 여러 종류를 한 자리에서 비교해보아야 참맛을 터득한다. 포도주도 여러 종류를 앞에 놓고 비교하면서 먹어봐야 견고한firm 맛이 뭐고 씹히는 chewy 맛이 뭔지 깨달을 수 있지 않은가. 고시노무로에서 맛본 여러 종류의 니혼슈는 저마다 미세하게 다른 향기와 풍미를 지니고 있었다.

포도주 얘기가 나왔으니 말인데, 일본에서 니혼슈가 지금처럼 다양한 모습을 갖춘 것은 비교적 근년의 일이다. 물론 그 전에도 지방의 특산 명주가 없었던 건 아니지만 전국적인 유통은 소수의 대형 업체가 독점하고 있었다고 한다. 버블 경제 탓에 온갖 과소비의 풍조가 만연하던 80년대 말, 폭발적인 와인 붐이 일었고, 다양해진 대중의 입맛에 부응하기 위해 지방 니혼슈 양조장의 영업이 활기를 띠기 시작했다. 그 덕에 양조장 투어 여행상품도 생겨나고, 지방색 짙은 온갖 니혼슈가 대규모로 유통되기에 이르렀다.

나는 술을 남달리 좋아하지도, 잘 마시지도 못하지만, 이런 현상은 몹시 부럽다. 언제, 어디서건, 누구에게나, 무엇에 관해서건, 다양성은 좋다는 것이 내 믿음이다.

• 해초 성분을 섞은 니가타식 헤기소바片木蕎麦

니가타현이 자랑하는 음식에는 쌀과 술만 있는 게 아니라 헤기소바라는 메밀국수와 청어조림(니신노 니쓰케鯡の煮付け)도 포함된다. 이것을 함께 맛보기 위해, 우리는 에치고유자와역에서 백여 미터 떨어진 곳에 있는 '신바시'라는 식당으로 갔다.

헤기소바는 메밀가루에 청각채(후노리布海苔)라는 해초를 사용해 쫄깃한 느낌을 더한 소바를 만든 다음 '헤기'라고 부르는 네모난 나무 상자에 얹어 내는 것이다. 헤기에 넣어 식힌 소바는 3~4인분 분량이 되는 것을 각자 자기 그릇에 덜어 먹는다. 우선 양이 푸짐해서 마음에 들고, 뚝뚝 잘 끊어져 목으로 넘기는 맛으로 먹는 보통의 소바와는 달리 씹는 맛도 즐겁다.

청어는 명태, 고등어와 함께 니가타해안에서 많이 잡히는 생선인데, 이것을 술지게미(사케카스酒粕)에 절이거나 그냥 양념을 해서 조리는 '니신노 니쓰케'가 이곳의 특산물이다. 신바시에서 먹어보니 달짝지근한 맛이 배인 생선조림이었다.

맛이 좋긴 했지만 술안주 삼아 밥이랑 먹었으면 더 좋을 뻔했다. 생선조림이라니, 아무래도 점심 식사로 먹는 소바와는 궁합이 잘 맞는 맛은 아니었다. 뒷맛이 비려서 별로 개운치 않았다. 특산물을 두루 다 경험해보

신바시의 헤기소바

청어조림

겠다는 과욕이 부른 결과였다. 욕심을 내서 더 나은 결과를 얻는 경우란 없는 법이다.

• 눈 내리는 온천에서의 하룻밤

어머니를 모시고 우리 식구가 하룻밤 머문 곳은 700년의 역사를 자랑하는 온천 료칸旅館이었다. 유자와에서 산길로 조금 더 들어가면 가이가케 온천관貝掛温泉舘이라는 료칸이 있다. 온통 눈밭이라서 자동차가 산속의 샛길을 지나갈 수 있을까 싶었는데, 호스로 끌어올린 온천수가 김을 모락모락 내며 길 위를 흐르고 있었다. 하루 종일 온천물이 빙판길을 방지하고 있는 모양이었다. 좁은 다리로 강을 건너 도착한 료칸의 처마 밑에는 커다란 고드름이 매달려있었다.

다다미식 방에 짐을 풀어놓고 우리는 료칸 뒤편에 있는 노천탕으로 갔다. 제법 세찬 눈발이 흩날리고 있었는데, 눈을 맞으며 노천욕의 즐거움을 만끽했다. 가이가케의 온천수는 눈병에 유난히 효능이 좋다는 설명이 적혀있었다. 일본에서 료칸은 가장 고급 숙박시설에 해당한다. 숙박비에는 투숙일 저녁 식사와 다음 날 아침 식사가 포함되어있다. 일본에서 전통 료칸을 고를 때, 식사가 얼마나 훌륭한지는 온천 시설 못지않게 중

요한 기준이다.

저녁 식사 때는 종이 용기 아래 불을 피워 익히는 해산물 전골이 이채로웠고, 화로에 구운 곤들매기도 좋았다. 아침 식사 때는 노도구로喉黒라는 새끼 생선을 구운 것이 나왔다. 어머니께서는 "아이고, 엄마 따라가는 새끼를 잡아다가 상에 올렸냐."며 안쓰러워 하셨는데, 자그마한 몸집에도 불구하고 기름진 맛이 일품이었다. 노도구로의 우리말 이름은 눈볼대로, 게르치 과의 기름기가 많은 빨간 생선이다. 생전에 아버지께서 즐겨 드시던 생선이라, 이 녀석을 보면 아버지 얼굴이 절로 떠오른다. 부산의 자갈치시장에서는 이 생선을 아카모치라고 부르는데, 노도구로의 별명인 아카무쓰赤鯥가 와전된 것이다. 서울의 어시장에서는 긴타로라고도 하는데, 정작 긴타로는 눈볼대를 닮은 히메지比売知라는 엉뚱한 생선의 별명이다. 히메지의 우리식 이름은 노랑촉수다. 하긴, 우리 외할머니께서 생전에 자주 혀를 차면서 말씀하시던 것처럼, 서울 사람들이 생선을 우째 구분할까마는.

료칸의 식사 중 특별히 기억에 남는 것은 쌀밥이다. 우오누마산 고시히카리로 지은 쌀밥은 반찬이 없어도 꿀맛이었다. 온천을 떠나는 날 주먹밥(오니기리)을 주문해서 가지고 오다가 자동차 안에서 점심을 해결했다. 어른 주먹보다 큰 주먹밥 속에는 조그만 매실이 한 알 들었을 뿐이었다.

가이가케 온천관의 새끼눈볼대구이

385

그런데 아무 반찬도 필요 없을 만큼 맛있었다. 평생 쌀밥을 주식으로 삼아왔으면서도 놀랄 수밖에 없는, 즐거운 놀라움이었다.

우오누마산 쌀이 아니더라도 일본에서 식사를 하다 보면 밥이 맛있다는 감탄을 자주 하게 된다. 나는 이 방면의 전문가가 아니니까 맛컬럼니스트의 진단을 들어보자.

"쌀을 도정하면 몇 시간 후부터 수분이 증발하기 시작한다. 그리고 약 보름 후부터는 지방 성질에 변화가 생겨 산화하며 부패하기 시작하는데, 이를 산패라 한다. 또한 습도가 낮은 곳에서 오래 보관하면 쌀이 깨진다. 산패하고 깨진 쌀로 밥을 지으면 질고 냄새 나는 밥이 된다. 도정 후의 기간이 길어지지 않게 하는 것도 중요하다. 그래서 일본에서는 쌀의 유통기간이 짧고, 포장 또한 1~2킬로그램 단위를 선호한다(한국은 5~10킬로그램이 대부분이다). 음식점의 경우 도정기를 갖추고 직접 도정하는 곳도 더러 있고, 심지어는 그날 쓸 쌀을 당일 오전에 도정해서 사용하는 경우도 드물지 않다. 아무리 허술한 대중식당이라도 밥을 미리 담아두는 경우는 없다. 언제나 주문과 동시에 밥솥에서 담아낸다. 그래서 된장국이나 반찬을 담는 그릇에는 뚜껑이 있는 경우가 흔하지만 밥그릇에는 절대로 뚜껑이 없다. 스테인리스 밥그릇에 꾹꾹 눌러 담고 뚜껑을 덮어 보관하는 습

주먹밥

관만 개선해도, 우리 대중 음식점의 밥맛은 훨씬 더 나아질 수 있다.(생략) 일본에서 먹는 스시, 오니기리, 돈부리, 오차즈케 등이 맛있는 것 또한 기본이랄 수 있는 밥맛이 뛰어나기 때문이다.(생략) 음식은 결국 사람의 문제로 귀결된다. 밥맛의 차이는 결국 밥을 대하는 자세에서 비롯된다. 그러니 우리 밥상의 진정한 주인인 밥은, 적어도 지금보다는 나은 대접을 받아 마땅하다. 일본에게 '밥맛'으로 꿀리는 거 자존심 상하지 않으신가?"(박상현 저,《일본의 맛, 규슈를 먹다》)

도치키현 栃木県

친구와 함께 찾아간 닛코 日光

어느 맑은 겨울날. 오로지 나를 만나겠다는 용건으로 일본을 방문해준 벗이 있었다. 주말을 이용했다고는 하지만, 비싼 항공료를 치러가며 친구를 만나러 다른 나라를 가는 일을 아무나 하는 건 아니다. 반가움보다 고마움이 앞섰다. 나는 친구 S와 함께 하루 일정으로 기차를 타고 닛코를 다녀왔다. 서울로 치자면 의정부나 동두천 정도의 거리를 여행한 셈이다. 닛코가 속한 도치키현은 이바라키현, 군마현과 더불어 간토 지방의 북부를 이루는 곳이다. 도치키 이북의 후쿠시마현부터는 도호쿠, 즉 동북 지방에 속한다.

도치키현에서는 문어요리와 박고지(간표乾瓢)요리가 특산물로 알려져 있다. 다양한 종류의 만두(교자餃子)로 유명한 우쓰노미야시가 현청 소재지다. 나와 내 친구 S가 함께 방문한 닛코는 국립공원 입구에 위치한 작은 도시다. 이곳은 도쿠가와 이에야스의 묘 도쇼구東照宮가 있는 곳으로 유명하다. 이곳의 도쇼구, 후타라산 진자二荒山神社, 린노지輪王寺는 유네스코 세계유산으로 지정되어있다. 불교와 신도와 다이묘의 묘지가 함께 어우러져있는 것이다. 도쿠가와는 뭐 하러 이렇게 외지고 뜬금없는 장소를 자신의 묘지로 정했을까? 국립공원 일대에 아름드리 삼나무들이 쭉쭉 하늘로 뻗어 올라 뭔가 영적인 분위기를 자아내고 있다는 사실로부터 힌트를 얻어보려 했지만, 역시 알 수 없는 일이었다.

닛코와 인근의 주젠지호수 주변 지역은 단풍이 아름다운 장소로 유명하다. 가을이 되면 도쿄 시민들의 단풍놀이 장소로 인기가 높은데, 우리가 갔을 때는 아직 한겨울이었다. 차를 몰고 가는 대신 기차를 탄 것도 눈이 녹지 않은 산간 지방이기 때문이었다. 닛코는 미즈요우캉이라고 부르는 물양갱과, 콩으로 만드는 유바湯葉가 유명하다.

• 미즈요우캉水羊羹

양갱羊羹이라는 것은 글자에서 보이는 것처럼, 원래는 중국에서 양고기수프를 끓였다가 식히면 젤라틴 성분 때문에 굳어지는 것을 이용해 만든 음식이었다고 한다. 가마쿠라 시대에 선승에 의해 일본에 전해졌지만 불교에서는 육식을 금하고 있었기 때문에 양고기 대신 팥을 이용한 요리가 되었다. 17세기 류큐 왕국(지금의 오키나와)에서 생산된 흑설탕이 사쓰마번의 무역에 의해 본토에 반입되면서 설탕이 흔해진 이후로는 지금처럼 달디 단 과자의 일종으로 변했다고 전한다.

양갱은 우리나라에서도 낯선 음식은 아닌데, 봉준호 감독의《설국열차》가 개봉된 직후에는 영화에 등장하는 단백질블록이 양갱을 연상시킨 덕에 매출이 급증하기도 했다. 닛코에서는 수분을 많이 함유하고 있는 부드러운 '미즈요우캉'을 만든다. 이름이 연상시키는 것처럼 액체는 아니고, 보통의 양갱보다 부드럽고 축축하다. 보통 양갱만큼 달지 않아서 커피나 차와 함께 먹기 적당한 군것질거리다. 녹차, 살구, 매실 등 다양한 맛의 제품이 있고, 포장도 무척 예쁘게 되어있었다. S에게 서울 식구들에게 선물로 좀 사 가지 그러냐고 권해보았는데, 상점 설명에 따르면 냉장 보관을 하지 않고 2~3일씩 놔두면 상할 수가 있다고 했다. 선물용으로는 까다로운 간식거리인 셈이다. 일본의 특산물 음식에는 벚꽃 구경처럼 하루 이틀 내로 해치워야 하는 것들이 많다.

• 유바소바湯葉蕎麦

유바는 우리말로 탕파, 또는 유피라고도 부르는데, 더러 두부의 껍질이라고 오해를 받기도 한다. 두부를 만드는 과정과 비슷하게 대두를 가공해서 두유를 만들고 두유를 서서히 가열하면 액면에 막이 형성된다. 이것을 람스텐 현상이라고 한다. 나무 꼬챙이를 이용해 이 얇은 막을 끌어올려 말린 것이 유바다. 식물성 단백질이 풍부한 음식으로, 일본의 불가에서 발달시킨 음식이다.

두부는 어느 나라에서나 쉽사리 구할 수 있는 음식이 되었지만, 유바를 일본 밖에서 구하기는 좀처럼 어렵다. 하지만 일본에서는 자주, 그리고 널리 활용되는 재료다. 생선이나 채소를 유바에 싸서 작은 접시에 전채로 내는 식이다. 닛코의 특산물인 유바는 간사이 지방의 것에 비해 좀 더 두껍다. 그래서인지 교토의 유바가 생유바 또는 자연 건조 상태로 유통되는 데 비해, 닛코에서는 기름으로 튀긴 제품을 많이 볼 수 있다.

S와 내가 기차에서 내려 점심 식사를 하기 위해 찾아간 곳은 닛코역에서 그리 멀지 않은 곳에 있는 '우오요魚栗'라는 묘한 이름의 식당이었다. 유바소바로 유명한 곳이다. 좀 이른 시간이었던지 손님은 우리뿐이었고 우리가 각각 주문한 차가운 유바소바와 따뜻한 유바소바 한 그릇씩이 금세 나왔다. 소바 위에 둥글게 말아서 튀긴 유바 덩어리가 서너 개씩 들어있었다. 유바는 씹는 감촉이 독특했고, 고소한 맛도 좋았다. 아하. 불가의 음식이라더니, 유바는 수백 년 동안 일본의 스님들에게 '씹는 맛'을 톡톡히 선사해드렸던 모양이다.

우오요의 차가운 유바소바

따뜻한 유바소바

내가 만나본 일본 여러 지방의 음식

나라현 奈良県

술지게미절임, 나라즈케 奈良漬

2012년 3월 하순, 장인 장모 두 분께서 도쿄를 방문하셨다. 봄방학을 맞은 아이들과 함께 두 분을 모시고 간사이 지방을 여행하기 위해 휴가를 얻었다. 7인승 승용차에 온 식구가 함께 타고 이른 아침 출발했다. 저만치 보이던 후지산을 지나쳐 야마나시현과 아이치현을 벗어나니 기후현의 세키가하라関ヶ原평원이었다. 도요토미 히데요시가 죽은 후 일본 전국의 다이묘가 두 패로 나뉘어 전쟁을 벌인 곳이었다. 전국시대의 종말과 바쿠후 시대의 시작을 알린 전쟁이었다. 어느새 자동차는 시가현으로 접어든다. 일본 최대의 호수 비와호가 나타난다.

　우리 식구는 차에서 내려 호수 주변을 산책했다. 아이들은 좀이 쑤셨던지 벌써 방파제 끝으로 뛰어가 뭐라고 떠들어댄다. 이 호수 일대가 오오미 지방, 옛날부터 한반도의 도래인들이 많이 와서 정착했다는 곳이다. 앞에 쓴 것처럼 3대 쇠고기 산지의 하나로 유명하고, 붕어로 만드는 후나즈시의 본고장이다. 수평선이 보이는 호수의 너비는 눈으로 가늠할 수 없었다. 장인어른이 담배를 한 대 피워 무신다. 황해도에서 일제시대를 보냈을 그에게 일본은 무슨 의미를 지닐까. 그것도 가늠되지 않는다.

다시 차를 몰아 첫 목적지인 나라奈良에 도착했다. 710년부터 784년까지 74년 동안 헤이조쿄平城京라는 이름으로 일본의 수도 역할을 했던 도시다. 현존하는 세계 최대의 목조건물이라는 도다이지東大寺의 대불전을 보기 위해 나라공원으로 갔다. 주차장이고 사찰 경내고 할 것 없이 나라공원 일대는 사슴으로 붐비고 있었다. 길에서 파는 센베이를 쥐고 있자니 주변의 사슴들이 비둘기 떼처럼 모여들었다.

7세기 초에 건립된 것으로 알려진 호류지法隆寺에도 가보았다. 고구려의 화가 담징(579~631)이 호류지에 그린 금당벽화는 중국의 원강석불, 경주의 석굴암과 함께 동양 3대 미술품의 하나로 꼽혔지만 1948년 화재로 소실되어버렸다.

나라를 둘러본 느낌은 부러움이었다. 고대사의 유적이 이토록 깔끔하게 관리되고 있는 현장을 본 적이 없었다. 남의 나라의 식민지가 되어본 적이 없기 때문일까, 아니면 국민들의 천성 때문일까. 나라의 사적지는 마치 책상 정리가 장기인 친구의 서랍 속을 들여다본 것 같은 감탄을 자아냈다. 아내는 토산품을 파는 가게에 들어가더니 나라즈케를 몇 봉지 구입

했다. 나라즈케는 선친께서 생전에 즐겨 드시던 절임이다. 시집오기 전에는 그게 뭔지도 몰랐다는 아내도 이제 나라즈케를 보면 돌아가신 시아버지 생각이 나는 모양이다.

나라현의 특산물인 나라즈케는 울외를 술지게미에 담가 절이는 가스즈케粕漬け의 일종이다. 사케카스는 술지게미를 뜻하고, 울외라는 것은 박과에 속하는 한해살이 덩굴식물이다. 크고 달지 않은 참외랄까, 오이를 닮은 박이랄까. 우리에게는 좀 생소하지만 중국과 일본에서는 자주 식용으로 사용되는 작물이다. 한자로는 월과越瓜, 채과菜瓜 또는 백과白瓜 따위의 이름으로 불리고, 일어로는 우리瓜라고 부른다. 울외절임이 가장 일반적이지만 수박의 흰 살이나 오이도 나라즈케의 재료가 된다.

나라즈케는 8세기 경부터 기록에 등장한다. 상류층의 고급 음식이었는데 에도시대에 바쿠후에 헌상되면서 대중적으로 널리 인기를 얻게 되었다고 한다. 처음 먹으면 묘한 술맛에 거부감을 느낄 수도 있지만 익숙해지고 나면 입맛이 없을 때 자주 생각나는 절임이다. 일본에서는 특히 장어구이의 반찬으로 나라즈케 이상의 조합이 없다는 것이 정설이다. 나라즈케를 한꺼번에 너무 많이 먹고 운전을 하면 음주운전이 되는 경우도 있다고 하니 모쪼록 참고하시기 바란다.

나라즈케

　　　　　　　　　내가 만나본 일본 여러 지방의 음식

오사카부 大阪府

천하의 주방

세계 최초로 쌀 선물시장이 형성되었던 상인의 도시. 인스턴트 라면을 개발한 발명의 도시. "천하의 주방"이라는 별명을 지닌 음식의 도시. 오사카가 우리 식구의 다음 행선지였다. 오사카 사람들은 도쿄 사람들과는 달리 떠들썩하고, 낯모르는 사람들끼리도 길거리에서 우스개를 주고받을 만큼 유머러스한 기질로 유명하다. 우리는 호텔에 짐을 푼 다음 식도락으로 유명한 도톤보리 거리로 저녁을 먹으러 갔다.

과연 눈이 어지러울 정도로 많은 식당들이 간판을 내걸고 성업 중이었다. 전국에 체인점을 둔 게 요리점 '가니도라쿠'도 이곳이 본점이다. 맛있다고 소문 난 긴류金龍라멘 간판에는 귀엽게 생긴 커다란 용이 눈을 부라리고 있다. 생각할 수 있는 거의 모든 종류의 음식을 도톤보리에서는 찾을 수 있을 것 같았다. 장인어른께서 국물이 있는 음식이 좋겠다고 하셔서 우리는 복어 요리를 하는 '즈보라야'라는 식당으로 들어갔다.

즈보라야의 복어전골

녹번동에서 국민학교를 다니던 어린 시절 우리 집에서는 잠깐이지만 일종의 가내 수공업을 벌였던 적이 있다. 아버지께서 초빙해 오신 기술자 할아버지가 방 하나를 차지하고 복어를 가공해서 복어 껍질로 각종 전등이며 장식품을 만들었다. 신기하고 재미있는 일을 보면 지나치지 못하는 선친께서 다분히 즉흥적으로 벌인 사업이었다. 나는 간혹 기술자 할아버지를 따라 시장에 복어를 구하러 가기도 했다. 그리하여 우리나라에서 자주복, 까치복, 밀복(검복이라고도 함), 가시복, 황복 등 다양한 복어가 잡힌다는 사실을 그때 알게 되었다.

그 시절 우리 집에서 만들었던 것과 비슷한 복어 장식품이 즈보라야에도 걸려있었다. 전채로 얇고 투명한 복사시미와 복어튀김 따위가 나왔고, 전골을 끓여 먹은 다음 복어우동을 식사로 먹었다.

복어회나 복어탕은 서울에서도 간혹 즐기던 음식이었지만 복어덴푸라는 일본에 와서 처음 먹어보았다. 복어만 보면 녹번동 집 앞을 흐르던 실개천과 동네 풍경이 절로 떠오른다. 기술자 할아버지 손에 의해 미끌미끌하던 생선이 공처럼 둥근 박제로 변신하던 모습을 넋 놓고 구경하던 기억이 지금도 생생하다.

이튿날에는 쓰텐카쿠通天閣로 갔다. 1956년에 만들어진 100m 높이의 철골 콘크리트 전망대다. 도쿄타워처럼 쓰텐카쿠전망대 자체도 관광명

복어우동

내가 만나본 일본 여러 지방의 음식

소이긴 하지만 전망대 앞의 유흥가 신세카이新世界야말로 구경거리다. "오사카 사람들은 먹다가 망한다."는 자조적인 농담이 있다더니, 과연 대단한 규모의 먹자골목이 펼쳐져있다. 길 한 켠의 가판대에서는 머리띠를 둘러맨 아저씨가 도쿄에서 보던 것보다 한결 더 풍성해 보이는 다코야키를 만들고 있었다.

우리는 '다루마'라는 구시가쓰집으로 갔다. 좌석이 열 개도 채 되지 않는 조그만 가게 앞에 총본점이라는 거창한 간판이 붙어있었다. 이래 뵈도 도톤보리를 비롯한 11군데에 지점을 두고 있는 업소의 본점이라고 한다.

우리 식구는 닭껍질, 돈가스, 연근, 소시지, 감자, 새우, 조개 등의 튀김을 주문했다. 덴푸라인 구시아게와는 다르게 빵가루로 튀겨낸 듯한 튀김이 맛있었다. 커다란 통에 들어있는 튀김 소스에는 "두 번 찍어 먹지 마시오."라는 안내문이 큼직하게 적혀있었다. 더 찍어 먹으려면 튀김과 함께 나오는 양배추로 소스를 덜어서 옮기면 된다고 한다.

오후에는 오사카성을 돌아보면서 도요토미 히데요시의 조선 침략에 관한 전시물을 살펴보았다. 한일관계의 잘못 끼워진 첫 단추. 임진왜란을 일본에서는 분로쿠·게이초의 역文禄·慶長の役이라고 부르고 있다. 자국을 통일한 에너지를 이웃 나라 침략으로 이어나가려는 그릇된 비전이 도요토미의 말년을 불행으로 몰고 갔다. 한심하다는 생각을 하고 있는데, 오

다루마의 구시가쓰

내가 만나본 일본 여러 지방의 음식

사카성의 안내원이 연로하신 장인어른을 보더니 얼른 우리에게 다가와 노약자 전용 엘리베이터로 안내해주었다. 이런 눈치 빠른 싹싹함을 겪을 때는 또 일본 사람들이 대견하다는 생각을 하지 않을 수 없다.

오사카를 떠나면서 '몽슈슈'라는 제과점에 들러 도지마롤堂島ロール이라는 케이크를 샀다. 홋카이도산 우유로 만든 생크림을 듬뿍 넣어 만든 도지마롤은 2003년 등장해 일본 제과 업계에 돌풍을 일으켰다.

이 케이크를 만든 몽슈슈의 대표는 재일동포 3세 김미화씨라고 한다. 2013년에 서울 강남에도 분점을 냈다고 하니 너무 달지도 느끼지도 않은 생크림을 담은 도지마롤의 특이한 맛을 서울에서도 맛볼 수 있게 되었다. 최근 검색했을 때 제과점 이름이 몽슈슈가 아니라 '몽쉐르'라고 나오기에 무슨 일인가 했더니, 쵸콜렛 회사와의 상표권 분쟁으로 업체 이름을 바꾼 것이라고 한다. 업체 이름이나 업종이 무엇이건 간에 재일동포 사업가 여러분의 건투를 기원한다.

몽슈슈의 도지마롤케이크

내가 만나본 일본 여러 지방의 음식

효고현 兵庫県

고베의 모단야키와 스테이크

오사카를 떠난 우리 식구는 고베로 갔다. 고베는 효고현의 현청 소재지이긴 해도 오사카에서 불과 30분 정도 거리에 불과하기 때문에 오사카와 같은 생활권의 도시고, 그래서 늘상 '한신阪神'이라는 칭호가 따라다닌다. (오사카의 뒷글자와 고베의 앞글자를 따면 한신이 된다.) 1995년 1월 17일 발생한 진도 7.2의 한신대지진으로 고베시 전체가 아수라장이 되었다. 당시 고베에 유학 중이던 친구에 따르면, 도시가 마비되고 나니 가장 불편한 것이 화장실에 가는 것이더라고 했다. 변을 보기가 정말 힘들더라는 그의 말이 다른 어떤 설명보다 재난의 총체성을 실감하게 해주었다. 그 무렵 사진과 동영상으로 본 고베는 도저히 복구가 불가능할 것처럼 보였건만, 우리가 방문한 고베에서 17년 전 재난의 흔적은 찾아볼 수 없었다.

우리는 항구가 내려다보이는 언덕 위 기타노초北野町에서 이진칸異人館 거리를 산책했다. 이곳에는 메이지 시대에서 다이쇼 시대 사이에 지어진 유럽풍 건물들이 즐비하다. 지난해에 가본 하코다테의 모토마치를 연상시키는 풍경이었다. 당연한 노릇이었다. 1868년 바쿠후가 요코하마, 니가타, 하코다테, 나가사키, 고베 등을 개항하면서 외국인 거주지와 교회 등이 동시다발적으로 지어졌기 때문이다. 그래서 고베는 단순한 오사카의 위성도시가 아니라 독특한 멋과 개성을 지닌 곳이다. 19세기 개항장의 운치만 있는 것이 아니다. 놀이공원을 갖춘 '모자이크'라는 쇼핑몰도 멋지고, 항구 근처에 있는 '고베포트타워'에는 360도 회전하며 도시의 파노라마를 관람할 수 있는 바도 있다. 고베 여성들은 전국구 멋쟁이들로 소문이 나있다.

그러나 고베에서 우리 식구들을 사로잡은 것은 서양식 건물도 항구의 야경도 아니었다. 우리는 고베를 '음식이 맛있었던 곳'으로 기억한다. 특히 크로와상, 치즈 케이크 등 빵 맛이 일품이었다. 일본의 제빵 기술은 세계적으로 유명한데, 일본에서도 최고의 제빵 기술을 보유한 도시가 고베라고 한다.

도착한 첫날 우리는 '이모노하나芋の花'라는 철판구이 식당에서 저녁을 먹었다. 이곳에서는 쇠고기 철판구이도 하지만, '모단야키'라는 간사이지방 특유의 오코노미야키お好み燒き도 맛볼 수 있다.

오코노미야키는 이름 그대로 자기가 좋아하는 것을 구워 먹는다는

이모노하나의 모단야키

　내가 만나본 일본 여러 지방의 음식

뜻이다. 야채와 육류 또는 해산물을 밀가루 반죽에 구운 다음 달짝지근한 소스를 뿌려서 먹는 일본식 부침개를 말한다. 고베와 오사카에서 인기있는 모단야키는 오코노미야키의 베이스로 볶음국수를 사용하는 것이 특징이다. 국수가 들어가니까 좀 더 식사 같은 느낌이 있어서 밥 대신 먹기에는 보통 오코노미야키보다 나았다.

우리에게 다양한 전과 부침개가 있듯이 일본에는 지역마다 특색 있는 오코노미야키가 있다. 오사카식이 양배추, 계란, 고기나 오징어를 섞어 평평하게 굽는 방식이라면, 밀전병 위에 각종 재료를 겹겹이 쌓아 구운 뒤 계란으로 뭉치게 만드는 것은 히로시마식이다. 변형된 형태가 인기를 끌기도 하는데, 간사이에 모단야키가 있다면 간토 지방에서는 '몬자야키'라는 것이 인기를 끌고 있다. 여러 가지 재료를 한꺼번에 섞은, 수분이 많은 상태의 걸쭉한 반죽을 철판에 볶는 것이 몬자야키다. 도쿄의 쓰키시마月島 골목에 가보면 손님이 북적대는 수많은 몬자야키 가게들을 볼 수 있다.

식사 후에는 간사이 지방 최대의 차이나타운이라는 난킹마치南京町를 산책했다. 여기서도 망고푸딩이니 타피오카밀크, 각종 만두, 튀김, 떡 등 군것질거리가 우리를 유혹했다. "항상 배가 고픈" 두 사내 녀석들은 식후였는데도 이것저것 사 먹느라 여념이 없었다. 항구의 야경을 바라보며 산책으로 소화를 시키고 고베에서의 하룻밤을 지냈다.

이튿날 늦잠을 자고 일어나 교토로 떠나기 전, 말로만 듣던 고베비프로 점심 식사를 했다. 시내 중심가 산노미야三宮에 있는 유명한 철판구이 식당 '비프테키 가와무라'에 예약을 했다. 효고현에서 생산되는 쇠고기라고 전부 고베 비프가 아니라든지, 진짜 고베비프는 일체 수출을 하지 않는다든지 하는 설명은 다 흘려들을 수 있지만, 실제로 고베에서 맛본 스테이크 맛은 잊기 힘든 것이었다. 평소에 고기를 별로 탐식하지 않으시던 장인 장모 두 분도 "그 집 스테이크 참 맛있더라."고 하셨다. 잘 사육된 소, 도축에서 유통에 이르기까지 집요한 품질관리, 요리사의 정성과 자부심 같은 것들이 모두 어우러져 만들어내는 것이 고베비프의 맛이 아니겠나 싶다.

비프테키 가와무라의 철판구이

교토부 京都府

일본의 정신적 수도

교토를 보기 전에는 일본을 본 것이 아니다. 794년 간무 덴노가 나라에서 이곳으로 수도를 옮겨 헤이안쿄平安京라 칭함으로써 헤이안 시대가 시작되었다. 1603년 도쿠가와 이에야스는 지금의 도쿄에 에도 바쿠후를 수립했지만 1869년 메이지 정부가 도쿄로 천도할 때까지 교토는 천 년이 넘도록 일본의 도읍이었다. 그래서 일본에서는 서울이라는 뜻의 京 한 글자만 쓰면 오늘날에도 그것은 수도인 도쿄가 아니라 교토를 가리킨다. 아직도 교토는 일본인들에게 마음속 수도인 것이다.

그래서 교토식 전통 음식에는 교료리京料理라는 브랜드가 붙어있다. 유소쿠요리有職料理라고 부르는 헤이안 시대 귀족들의 연회 음식, 교토식 가이세키요리와 사찰 음식인 쇼진요리, 교토식 가정 요리인 오반자이お番菜 등을 통틀어 교료리라고 하는데, 야채, 건어물, 두부 등이 많이 사용되고 싱거운 맛이 특징이다. 우리 식구가 묵었던 교토의 번화가 기온도리

　　　　　　　　　　내가 만나본 일본 여러 지방의 음식

앞에도 수많은 교료리 식당이 있었다. 궁금하지 않았던 것은 아니다. 하지만 가이세키 중에서도 싱거운 편이라고 설명했더니 그걸 먹자는 식구는 아무도 없었다. 그러지 않아도 여행이 닷새째로 접어들면서 다들 칼칼한 음식을 그리워하던 중이었다.

교토에서 가본 식당 중에 기억에 남는 곳은 오야코돈親子丼과 차소바茶蕎麦로 유명한 '히사고'라는 식당이다. 30분 이상 줄을 설 각오를 해야 한다고 안내를 받았지만 시간을 잘 맞춘 덕인지 우리는 기다리지 않고 자리를 안내받았다.

히사고의 메뉴는 주로 소바와 덮밥이다. 이 집의 소바는 교토 특산물인 맛차抹茶를 섞어 반죽을 한 초록색 차소바가 제공된다. 초피가루를 뿌려 먹는 오야코돈도 유명하다.

오야코돈은 닭고기와 계란을 이용한 덮밥이라서 '어버이-자식 덮밥'이라는 의미를 담고 있다. 유태인들은 코셔Kosher 라고 부르는 복잡한 음식 율법을 따르는데, 그중에는 육류를 계란 또는 유제품과 절대 함께 섭취하지 못한다는 규정도 있다. 출애굽기 23:19의 "너는 염소 새끼를 어미 젖으로 삶지 말지니라."라는 규정을 확대해석해서 어미와 새끼를 동시에 잡아먹는 것을 율법에 어긋나는 것으로 보기 때문이다. 한 문화에서 엄격한 금기로 여기는 것을 다른 문화에서는 음식 이름으로 버젓이 쓰고 있으

히사고의 차소바

오야코돈

니 이것도 재미난 일이다.

장인어른과 장모님을 모시고 숙소 근처의 야사카진자八坂神社를 거쳐 기요미즈테라清水寺로 올라갔다. 헤이안 시대 초기에 건립되었다가 1633년 재건된 법상종 사찰 기요미즈테라는 높은 곳에서 교토 시내를 굽어보는 경관과 못을 전혀 사용하지 않고 지었다는 내력으로 유명하다. 마침 해가 저물어가는 시간이어서 서늘한 바람을 맞으며 경치를 완상했다. 기요미즈테라에서 내려오는 길에는 맛차, 아이스크림, 모치 등 군것질거리가 관광객을 유혹하고 있었다.

밤에는 차를 몰고 니조성二条城을 구경하러 갔다. 도쿠가와 이에야스가 자신과 후계자를 위해 지은 교토의 궁이다. 성 전체가 거대한 돌벽과 해자로 둘러싸여 있었다. 밤벚꽃놀이 시즌이 시작되는 즈음이었다. 아직 조금 이르기는 했지만 성에 있는 모든 벚나무들이 조명을 받아 환하게 빛나고 있었다. 출구 근처에서는 교토 특산물 간이음식장이 벌어져있었다. 떡과 과자 등, 쌀과 차로 만든 간식거리들이 주종을 이루고 있었다.

도쿄에 살면서 실감하던 것보다 교토에서 본 일본은 훨씬 더 먼 이국처럼 보였다. 바닷길로 떨어진 거리의 힘은 그토록 컸던 것이다. 이제 한두 시간 만에 서로 오갈 수 있는 나라가 된 두 나라 사람들이 교통 통신의 발전을 따라잡으려면 서로를 알기 위한 노력을 더 기울여야겠다는 생각이 들었다. 더 많은 한국인이 교토를 둘러보고, 더 많은 일본인이 우리나라의 옛 도읍들을 방문해야 마땅할 것이다.

아이치현 愛知県

독특한 장어구이 히쓰마부시 櫃まぶし

간사이 여행을 마치고 도쿄로 돌아오던 우리 식구는 점심 식사를 하기 위해 아이치현의 현청 소재지인 나고야에 들렀다. 교토와 도쿄의 중간에 있어서 주쿄中京라고 불리기도 했던 나고야는 일본에서 네 번째로 인구가 많은 도시이고, 지금은 주변의 도요타시와 함께 거대한 자동차 공업 지역을 형성하고 있다.

나고야에서 점심을 한 끼 먹자면 고민에 빠진다. 이름난 음식이 몇 가지 있기 때문이다. 우선 나고야의 자랑거리인 붉은 된장(아카미소赤味噌)을 이용한 미소가쓰味噌カツ와 미소니코미우동味噌煮込みうどん이 유명하다. 미소가쓰란, 돈가스에 아카미소로 만든 달짝지근한 소스를 발라서 요리한 것이다. 돈가스에 웬 된장인가 싶지만 의외로 처음 먹어보는 사람들도 거부감을 느끼지 않는 음식이다. 미소니코미우동은 아카미소로 간을 한 국물에 닭고기, 야채 등의 재료를 넣어 끓인 우동이다. 보통 우동보다 쫄깃한 상태의 면을 먹는다고 한다.

나고야의 대표 음식이라면 기시멘棊子麵도 빼놓을 수 없다. 면을 칼국수보다도 더 넓데데하게 만들어서 요리하는 우동이다. 그래서 히라우치平打ち우동이라고 부르기도 한다. 면을 넓게 만들면 쫄깃쫄깃한 맛은 덜하지만 면이 수분을 더 많이 흡수하기 때문에 부드럽고 매끄러운 국수가 된다.

우리는 더 오랜 전통을 자랑하는 나고야의 토속 음식을 경험해보기로 했다. 나고야에서는 구운 민물장어를 잘게 썰어 밥에 비벼 먹다시피 하는 요리가 오래 명맥을 이어왔다. 이것을 히쓰마부시라고 부른다. 도쿄까지 갈 길이 멀었기 때문에, 호라이켄蓬莱軒이라는 식당에 미리 전화로 주문을 해두고 히쓰마부시벤토를 사서 자동차 안에서 식사를 했다.

깔끔한 포장지를 열어보니 설명서가 있다. 히쓰마부시를 처음 먹어보는 사람은 3분의 1은 그냥 그 상태로 먹고, 3분의 1은 와사비를 비벼서 먹고, 나머지 3분의 1은 국물에 말아서 먹어보라는 내용이었다. 국물? 다른 봉지를 열어 보니 벤토 수만큼 국물을 플라스틱 병에 포장해놓았다. 짭짤한 맛이 살짝 나는 맑은 육수 국물이었다. 사람 수보다 상자가 하나 더 있기에 풀어보니 구운 장어 간(기모야키肝燒き)이 그득히 들어있었다. 도시락으로 먹었는데도 히쓰마부시의 유명세가 당연하게 여겨질 만큼 맛있었다. 간사이 여행 마지막까지 착실하게 음식 기행을 한 셈이다.

호라이켄의 기모야키

히쓰마부시

내가 만나본 일본 여러 지방의 음식

후쿠시마현 福島県

대지진의 슬픔

후쿠시마현은 도쿄의 이북, 일본 도호쿠 지방 남부에 속한 현이다. 푸르른 숲과 호수가 있고 겨울이면 눈이 많이 와서 도쿄 시민들이 스키를 타기 위해 찾는 곳이었다. 메이지유신의 격변기에 고지식하게 끝까지 바쿠후 편에 서서 신정부와 싸웠던 아이즈会津번이 이곳에 있었다. 그래서 요즘도 무사도와 사무라이 문화에 관한 다큐멘터리가 이곳에서 만들어지곤 한다.

후쿠시마현에서는 사무라이의 고장답게 오래전부터 투계闘鶏를 사육했는데, 이것을 식용으로 개량해 가와마타샤모川俣シャモ라는 브랜드를 만들었다. 씹는 맛이 좋고 지방이 적은 고단백질 식재료다. 후쿠시마의 향토 요리 중에는 청어초피절임(니신노 산쇼즈케鰊の山椒漬け)이라는 것도 있다. 초피나무 잎으로 향을 가미해 말린 청어를 간장으로 절인 요리다. 겉모습만 보면 우리 과메기를 얇게 저며놓은 것처럼 보이기도 하는데, 초피 향기로

비린내와 떫은맛을 없애고 간장에 절이면서 말린 청어도 부드러워져 술 안주나 반찬으로 애용된다.

일본을 떠나기 직전인 2012년 여름에 주말을 이용해 당일치기로 후쿠시마현의 이와키를 방문했다. 이와키 방문을 숙제처럼 생각하고 있다가 기어이 결행한 것은 순전히 《훌라걸스》라는 영화 때문이었다. 이상일이라는 한국식 이름을 고집스럽게 사용하고 있는 재일동포 3세 영화감독의 2006년 작품으로, 2007년 일본 국내 영화제 각종 상을 싹쓸이하다시피 한 영화다. 이 영화의 배경이 된 이와키시는 메이지 초기부터 1950년대까지 혼슈 최대의 탄광으로 번창했다. 이와키의 조반탄광은 석탄에서 석유로 주에너지원이 바뀔 때까지 국가의 기반산업시설이었다.

탄광이 축소되어 많은 광부들이 직장을 잃고 있던 1965년, 조반탄광 회사측은 관광업으로 업종을 전환하기 위해 온천을 이용해 하와이안센터라는 스파 리조트시설을 짓기로 한다. 몇몇 탄광촌 소녀들은 탄광 밖 세상에 대한 동경으로, 춤에 대한 열정으로, 가사에 도움이 되어야겠다는 각오로 회사측의 '훌라걸스' 모집에 응모한다. "어디 남들 앞에 벌거벗고 춤을 추는거냐."고 불호령을 하는 부모들, "일자리를 없애고 한가한 놀이시설을 짓는 회사측에 부화뇌동하지 말라."는 동네 사람들의 압력이 이 소녀들을 괴롭힌다. 아버지에게 두들겨 맞고 중도에 포기하는 소녀도 생

내가 만나본 일본 여러 지방의 음식

긴다. 하지만 하와이안센터는 개장하고, 훌라걸스들의 활약으로 이와키는 관광명소로 변신에 성공한다. 실제로 1966년 당시에는 탄광에 스파를 만든다는 발상이 너무 기발해서 비관론도 많았지만 하와이안센터의 성공 실화는 이와키의 자랑이 되었다.

그래서 꼭 가보고 싶었던 것인데 2011년 3월 동일본대지진과 원자력발전소 사고가 일어나면서 후쿠시마 일대는 일본에서 가장 큰 피해를 입은 지역이 되어버렸다. 이와키시 일부는 원전사고 후 옥내 대피 구역으로 지정되고 많은 사람들이 도시를 떠났다. 후쿠시마현 전체가 사람들이 접근하기 꺼리는 지역이 되어버렸다. 그런데 이듬해 여름, 지진으로 문을 닫았던 하와이안센터가 다시 개장했다는 소식이 내게 들려왔던 것이다.

가족도 없이 물놀이 시설에 입장하기는 뻘쭘했지만 훌라춤을 열심히 추는 아가씨들을 보니 눈물겨웠다. 영화 속 훌라걸스처럼, 지금도 하와이안센터의 훌라 댄스 팀은 이 동네 처녀들이 자원하고 있다고 한다.

이와키의 청어초피절임은 방사능에 대한 염려로 당분간 인기 없는 향토 식품이 될 것이다. 하지만 탄광촌의 변신을 이루어낸 저 훌라걸스와 이 고장 사람들이 꿈을 잃지 않는다면, 언젠가 더 많은 사람들이 과메기를 닮은 청어조림의 향기를 즐기게 될 것으로 믿는다. 무딘 솜씨로 시를 한 수 썼다. 용서하시기를.

후쿠시마, 3월

지진처럼 하루가 저물면

해일처럼 새로운 하루가 온다

재난은 늘 일어나지만

정작 아무도 그것을 기다리지 않는다 재난은

예기치 못하기에 비로소 재난이다

발 아래 갈라진 땅은 우리가 가졌던 것을 부수고

아직 가져본 적이 없던 것을

환하게 드러낸다

몸부림 치는 지반을 아픈 발로 딛고 서서

인자함을 모르는 하늘을 향해

나는 얻지 못할 용서를 구하고 있다

강원도 사투리 비슷한 억양으로 말하던 사람들은

이제 후쿠시마에 살지 않는다

원전에서 불어오는 뜨거운 바람은

버려진 가축을 어루만지고

참 멀리도 날아와 슬픈 비로 내린다

그러나 그래도 살아남아야 한다 그래서

괜찮냐라고 물으면 괜찮다라고 답하지만 그러면서

우리는 이곳에 떠다니는 슬픔의 입자를

입고 마시고 그리고

먹으며 이 추운 봄을 나야 한다

오키나와현 沖縄県

사연 많은 남국의 섬

일본 최남단 행정구역인 오키나와현은 1879년까지 류큐琉球라는 독립국이었던 여러 섬들을 포함하고 있다. 이 섬들의 역사는 슬프다. 우리 사무실에는 상尚씨 성을 가진 후배가 있었는데, 오키나와로 출장을 갈 거라고 했더니 "예전에 우리 조상들이 류큐에서는 왕족 노릇을 했었답니다."고 말해주었다. 100여 년 이상 분열되어있던 섬들은 1492년에 통일되었고, 상씨 왕가의 통치 하에 해상무역으로 번성했다. 17세기부터 사쓰마번의 침입을 받다가 결국 일본에 병합될 때까지.

　소설가 복거일의 작품 중에는 우리나라가 일본의 식민지 상태로 지속된다는 가상적 역사를 다룬《비명碑銘을 찾아서》라는 걸작이 있다. 대체 역사소설은 우리에게 다른 과거를 상상함으로써 현재를 좀 더 밝은 눈으로 볼 수 있게 해준다. 우리나라가 일본에 병합된 뒤 만약에 끝내 독립하지 못했더라면 가지게 되었을지도 모를 모습의 어떤 부분을, 오키나와는 가지고 있다. 그런 의미만 새겨보더라도 오키나와를 여행하는 한국인은 아픈 마음이 될 터이다.

거기서 끝이 아니다. 태평양전쟁 막바지에는 미군이 상륙해 전투를 벌였는데, 이 전투에서 일본 제국군은 군인만이 아니라 오키나와 주민들에게까지 할복 자결을 명해 수많은 민간인들이 수류탄으로 자결하거나 가족끼리 목을 졸라 죽이는 비극이 일어났다. 이때 사망한 주민의 수가 무려 9만 명 이상으로 추산된다. 일본의 패전 후 미국은 오키나와를 1972년까지 점령했다가 일본에 반환했고, 현재 일본에 주둔하는 미군기지의 74%가 오키나와에 밀집돼있다. 독특한 역사적 배경 때문에, 오키나와 주민들은 미군 주둔 문제도 '본토와의 차별'이라는 의미로 받아들이는 경향이 크다. 오키나와인이 스스로를 우치난추, 본토 일본인을 야마톤추라고 부르는 것도 그런 피해의식을 드러낸다.

내가 오키나와를 방문한 것은 2011년 11월, 공무 출장으로였다. 쌀쌀한 도쿄 날씨를 뒤로 하고 비행기에 오를 때는 하와이 같은 남국의 섬나라 구경을 하리라는 기대가 있었는데 막상 내려서 본 오키나와에서 휴양지 분위기를 찾아보기는 어려웠다. 기온도 예상했던 것보다는 쌀쌀했다. 현청 소재재인 나하那覇 시내의 풍경은 낙후된 기색이 짙었고, 거리에서도 활기가 느껴지지 않았다. 이곳은 사연 많은 사람을 닮은 섬이었다.

내가 만나본 일본 여러 지방의 음식

일본 본토에서는 불교의 영향으로 오랜 세월동안 육식을 금기시 했지만, 오키나와에서는 그런 일도 없었을 뿐더러 중국 문화의 영향을 강하게 받았기 때문에 돼지고기 요리가 발달했다. 심지어 돼지의 피를 사용하는 '치이리치'라는 요리도 있다. 라멘에도 돼지뼈와 돼지고기를 듬뿍 사용하는 것이 오키나와의 특징이다. 야채와 두부에 계란을 넣어 볶는 '참푸르'라는 전통 요리도 유명하고, 쌀로 담가 땅에 묻어두는 아와모리泡盛라는 증류식 소주도 특산물이다. 오래 묵힐수록 좋은 아와모리가 만들어지는데, 2차대전 당시 폭격으로 땅에 묻은 술독이 많이 깨져버려서 오래 묵은 아와모리는 귀해졌다고 한다.

나는 책 앞부분에서 빵과 과자를 일본의 대표 음식으로 꼽았는데, 만약 그것이 옳다면 오키나와는 결정적인 역할을 했다. 에도시대에 오키나와에서 생산하는 설탕이 일본에 다량 수입되지 않았더라면 일본의 제빵, 제과 문화는 적어도 지금과는 전혀 다른 모습으로 진화했을 것이기 때문이다.

"과자라고 하면 보통 단맛 나는 것을 상상하여 얼른 설탕을 연상하는데, 에도시대 초기까지만 해도 설탕은 고가의 상품이었다.(생략) 류큐와의 교역품이 사쓰마를 통해 보급되면서 에도시대 중기 이후에는 서민들도 설탕 맛을 볼 수 있게 되었다. 설탕을 정제하기 위해서는 많은 정성을 필요로 하며, 백설탕의 경우에는 고급 과자를 만드는 데 사용되었다. 상류 계층에서의 다도의 보급과 함께 과자의 종류도 비약적으로 다양해져, 먼저 교토에서 화과자가 발달하였고, 이어서 에도에도 그 기법이 전수되었다."
(오쿠보 히로코 저,《에도의 패스트푸드》)

남쪽 바다를 통해 일본열도로 유입된 온갖 중국식, 유럽식 음식들을 자기 것으로 만든 일본은 류큐의 섬들을 아예 가져버린 것이다.

• 나하那覇시 오키나와 전통 요리점 료테이 나하料亭那覇

나하시에서 볼일을 마치고 우리가 업무상 만찬을 위해 찾아간 곳은 료테이 나하라는 전통 식당이었다. 거창하게 요정이라는 이름을 붙이고 있지만, 단체손님을 주로 받는 관광식당일 뿐이니 이상한 상상을 할 필요는 없다. 1인분에 5,000엔짜리부터 시작하는 몇 가지 코스요리를 판매하는 식당인데, 도쿄의 물가에 비하면 상상하기 어려울 정도로 푸짐한 음식이 나온다. 꼭 동남아 관광지의 식당처럼 식사가 진행되는 동안 몇 팀의 전통 무용단이 방으로 들어와 춤과 노래를 공연하기도 한다. 그러고 보니,

오키나와 전통 무용의 춤사위는 일본 본토의 춤에 비해서 남국의 몸짓을 좀 더 닮아있었다.

낯선 음식이 연달아 나왔는데, 그중에서 압권은 바다뱀수프였다. 노릿한 냄새가 나서 어쩐지 좀 입에 맞지 않다 싶었는데, 바다뱀이라는 이야기를 듣고 나서는 끝까지 먹지 못했다. 그밖에도 돼지고기에 깨 소스를 뿌려서 찐 '미누다루', 데친 돼지 귀를 오이와 함께 무친 요리 같은 것이 박진감 넘치는 지방색을 보여주고 있었다.

이걸 과연 일본의 요리라고 할 수 있을까? 도쿄에도 류큐 음식을 파는 식당이 더러 있지만, 과연 본토 사람들이 오키나와 주민의 설움과 억울함을 이해할 수 있을까? 일본인들은 섬세하지만 남의 역사적 고통에 민감하게 반응하는 데는 그다지 재능이 없어 보여서 하는 말이다.

료테이 나하의 돼지고기 요리

내가 만나본 일본 여러 지방의 음식

저온 숙성 빵을 보면서 일본을 생각한다

집으로 퇴근하는 길, 니시오기쿠보역 앞에는 리스도르 미쓰リスドォル・ミツ라는 상호를 가진 빵가게가 있었다. 이 가게가 여느 빵집과 다른 점은 저온 숙성 방식을 고집한다는 데 있다. 빵을 만들기 위해서는 밀가루로 반죽을 만든 다음 효모로 발효시켜 부풀어 오르게 해야 한다. 그런데 우리 동네 리스도르 미쓰의 사장님은 발효 촉진제인 효모를 첨가하지 않고 저온 상태에서 반죽이 저절로 숙성될 때까지 기다리는 것이다. 촉진제를 쓰면 몇 시간 만에 끝날 발효를 열흘 동안 기다린다니, 슬로우푸드의 좋은 표본이라고 할 수 있겠다. 2011년 봄에 동일본대지진이 발생하고 식재료의 방사능 오염에 대한 우려가 높아지자, 리스도르 미쓰의 히로세廣瀬 사장은 "원료에 자신감을 가질 수 없다."는 이유로 자진해서 폐업 신고를 냈다가 거의 1년 후에 재개업을 하기까지 했다. 드라마에서나 볼 수 있을 법한 고집스러움이다.

이 가게의 빵이 다른 빵집보다 맛이 있을까? 꼭 그런 것 같지는 않다. 내 입맛은 무뎌서 그렇다 치더라도, 만일 저온 숙성 빵이 더 맛있었다면 이토록 맛에 민감한 나라에서 다른 빵집들은 남아나지 못했을 것이다. 그런데도 군이 오래 걸리고 품이 많이 드는 방식을 고집하는 것을 보면서, 나는 이 빵집이 일본이라는 나라의 이미지와 잘 어울린다는 생각을 했다. 일본에 두 해를 살고 나서 내가 일본이라는 나라에 대해서 품게 된 인상은, 비유로 말하자면, 마치 발효 숙성시키지 않고 구워버린 빵 같다는 느낌이었다. 이 말이 무슨 뜻인지를 설명하는 것으로 나의 일본 음식 탐험기의 맺음말을 대신할까 한다.

일본에 살면서 한국인으로서 내가 가장 낯설게 느꼈던 부분은 일본인들의 고집스러운 아날로그적 생활태도였다. (일본 생활 경험이 있는 독자라면 벌써 빙긋이 웃으며 고개를 끄덕이고 계시리라.) 내가 본 일본인들은 하나같이 모범적인 근대인이었다. 현대 또는 탈근대 이전의 시대라는 의미에서의 근대. 자립과 근면과 성실을 강조하는 윤리관이 그러하고, 최첨단 기술의 본고장이면서도 육체노동과 느림의 미학이 신성시되는 역설적인 생활태도가 그렇다. 일본 전철과 기차 노선 중에는 국가나 공공기관이 운영하지 않는 사철私鐵이 적지 않다. 사철이라니! 왕년에 철도가 전성기를 누렸던 선진국 치고 사철이 없던 나라는 없었을지 몰라도, 그중 일본을 제외하면 아직까지 사철이 운영되고 있는 나라는 찾아볼 수 없다. 공룡들이 뛰노는 쥐라기 공원처럼, 일본에서는 근대의 유물이 오늘의 삶 속에 버젓이 작동하고 있다. 메이지 시대, 다이쇼 시대, 쇼와 시대의 풍물과 관습은 오늘날의 일본인들에게 단절된 옛 기억이 아니다.

그 이유가 무엇일까? 혹시 일본인들에게, 자신들의 근대화 과정이 너무나도 거대한 성공이었기 때문은 아닐까? 잘 알려진 것처럼, 일본의 근대화는 동서고금을 막론하고 유사한 사례를 찾기 어려울 정도로 성공적인 시대적 전환이었다. 어쩌면 일본은 과거의 성공에 얽매여 탈근대 또는 세계화라는 새로운 전환의 기회를 놓치고 있는 것인지도 모른다. 일본의 지식인들은 종종 오늘날의 일본을 탈근대, 탈산업 사회로 규정한다. 제조업이 성장동력을 이끌던 산업사회의 전성기를 일본이 졸업하고 있는 것은 사실일지도 모르되, 나는 일본이 탈근대 또는 포스트모더니티에 접어들지는 않았다고 생각한다. 그들의 살아가는 방식이 근대적 성공신화에 깊이 뿌리박고 있기 때문이다. 어찌 보면 오늘의 일본인은《진격의 거인》이라는 만화에서 거인의 침입을 피해 성벽을 높이 쌓고 살고 있는 마을 사람들을 연상시킨다. FTA에도 TPP에도 난공불락인. 일본이 진정으로 근대 이후 시대로 접어들기 위해서는 근대에 일본이 범했던 실수를 정면으로 마주본 다음, 스스로의 역사와 화해하고 그럼으로써 이웃들과도 화해하는 과정을 거쳐야 할 것이다. 진정한 진보는 언제나 자기부정에서부터 출발한다.

내 눈에 일본의 근대성이 도드라져 보이는 이유는 어쩌면 내가 한국인이기 때문일지도 모른다. 이웃 나라는 자신을 비춰 보기 가장 적당한 거울이다. 일본에게 한국이 그러한 것처럼, 한국에게 일본도 그러하다. 내 조국이 근대화의 열등생이었다는 사실은 비밀이 아니다. 우리 선조들은 두 세기 전에 소중한 기회를 놓쳤고, 그래서 우리 근대사는 모진 고초의 연속이었다. 오늘의 일본에서 시대착오적인 근대성을 발견한 다음, 문득 내게는 이런 궁금증이 들었다. 포항제철과 현대자동차와 삼성 핸드폰과 소녀시대와 싸이. 우리가 세계화의 파도를 멋지게 올라타고 탈근대의 선두주자로 나설 수 있었던 이유 중의 적어도 일부는 우리에게 "버리기 아까운 근대적 성공"이 없었던 데도 있는 것은 아닐까?

서양 사람들의 눈에는 일본인과 한국인이 비슷해 보일 수도 있다. 그러나 정작 한국인이 바라보면, 변화에 저항하는 일본인의 보수적인 태도는 갑갑하리만치 이국적이다. 누군가의 장점은 곧 단점이기도 하다. 그런 관점에서 보자면 일본인들의 답답한 수구적 생활태도는 그들이 지닌 엄청난 장점에 필연적으로 부수되는 그늘인지도 모른다. 내가 일본의 장점이라고 생각하는 것은 안정성과 예측가능성, 거기서 말미암는 사회적 신뢰의 분위기다.

만일 장점과 단점에 관한 이런 식의 관찰이 옳다면, 우리의 가장 위험한 단점도 우리의 가장 위대한 장점과 한 동전의 양면을 이루고 있을 공산이 크다. 대한민국이 탈근대 또는 포스트모던 시대를 맞아 지금까지 좋은 성적을 거둔 비결은 우리의 뛰어난 역동성, 적응력, 변화를 두려워하지 않는 과감성 등이었다. 우리가 이런 장점을 지님으로써 불가불 가지게 된 단점이 무엇인지를 혼자서 깨닫기란 수월치 않다. 그러나 일본이라는 거울에 비춰 보면, 우리에게 부족한 것은 안정성과 예측가능성, 거기서 말미암는 사회적 신뢰, 또는 그와 비슷한 무언가일지도 모르겠다는 생각이 든다. 역동성과 불안정성, 안정과 정체停滯는 실은 같은 현상을 일컫는 다른 이름이다.

일본은 근대라는 반죽을 잘 빚었지만 탈근대라는 발효과정을 채 시작하기 전에 구워버린 빵 같다는 것이 내 비유의 진의다. 이 글을 빵집 이야기로 시작한 것은 그래서였다. 독자들이 이 비유를 지나치게 심각하게 받아들이지는 말았으면 좋겠다. 다만 이런 비유 속에 진실의 일말을 담을 수 있다면, 어쩌면 우리나라는 서둘러 만든 반죽을 너무 빠른 속도로 발효시켜 자칫하면 술맛이 날지도 모르는 빵에 비유할 수 있을지도 모른다. 우리가 스스로의 성공에 희생되지 않으려면, 자신의 대견스러운 성공담 속에서도 경고음을 들을 수 있어야 한다. 진정한 진보가 자기부정에서 출발한다는 명제는 우리에게도 어김없이 해당하는 말이다.

　다시 말하지만, 어느 나라에나 이웃 나라의 존재는 소중하다. 그것이 스스로를 가장 밝게 비춰 볼 수 있는 거울이기 때문이다. 이웃 나라를 자세히 아는 만큼, 우리는 스스로에 관해서 많은 것을 알게 된다. 스스로를 모르는 자에게는 밝은 내일이 없다. 이천 년 전, 인류의 스승 소크라테스가 남긴 가장 중요한 가르침도 너 자신을 알라는 것이었잖은가. '너' 없이는 '나'를 알 길이 없다. 우리는 그런 존재다.

박용민 씨는 참 독특한 인물이다. 현직 외교관으로 한국 외교의 미래를 책임질 그릇이자 끊임없이 공부하고 연구하고 여행하는 학자, 탐험가, 모험가… 뭐라고 규정지을 수 없는 레오나르도 다빈치적인 종합 교양인이라는 표현이 걸맞을 듯하다. 해외 근무 때마다 본연의 업무를 성실히 수행하고 있겠지만 자신만의 시간에는 끊임없이 호기심을 충족시키기 위해 공부하고 연구하고 체험하는 그 자세가 너무도 보기 좋다. 지난번 미국 근무를 끝내고는 미국을 소개하는 생생한 기행서를 출간하였는데 단순하게 보고 들은 것을 적기보다는 종합적이고 총체적인 지식, 상식이 가득 담겨 그 폭넓은 교양에 감탄한 바 있다.

이번에는 일본 음식을 주제로 책을 냈다. 그러나 이 책은 일본 음식 자체뿐이 아니라 일본 음식에 녹아있는 일본의 문화와 일본인의 의식구조를 고스란히 담고 있어 음식을 통한 문화 기행의 훌륭한 안내서이다. 내용에 담겨있는 다양한 일본 음식과 다양한 지방 요리의 소개만으로도 훌륭한 요리 기행서로 전혀 손색이 없지만 각 페이지에 녹아있는 그의 풍부하고 다양한 지식과 날카로운 관찰력, 그리고 반짝이는 예지는 정말 박용민이라는 이름이 결코 독자를 실망시키지 않는다는 것을 확인해준다. 아마 일본인이 쓴 일본 요리 소개서라도 이보다 나을 수 없는 것이, 저자가 현지 근무에서 체득한 각 나라의 다양한 문화와 특징을 곁들여 객관적으로 일본 요리를 들여다보았기 때문일 것이다. 그렇기 때문에 이 책은 요리 소개서, 맛집 소개서라기보다 문화 평론에 더욱 근접한, 그래서 더욱 흥미로운 요리 안내서라 할 수 있다. 그래서 입으로 느낄 수 있는 맛도 맛이지만 정신적으로도 신선하고 다양한 일본 문화를 접하는 만족감을 즐길 수 있다.

　이 책 한 권이면 가이세키懷石라는 일본 정찬부터 갖가지 스시, 그리고 돈가스, 오므라이스에 이르기까지 우리가 자주 접하지만 모르고 있던 음식의 유래와 그 속에 깃든 문화까지 고루 즐길 수 있다. 이 책을 읽고 나면 일본 요리를 더욱 맛있고 재미있게 즐길 수 있겠다는 기대감에 뿌듯해지고 문화 산책을 다녀온 듯 마음이 불러온다.

2014년 12월

이원복《먼나라 이웃나라》저자, 덕성여대 석좌교수

책 속에 숨어있는 348개 맛 찾아보기

요리명·메뉴 찾기

（ㄱ）

가니메시 93, 95, 96

가라아게 115, 161

가마다마우동 274

가마보코 354, 356

가모남방274

가바야키 99, 101, 109

가쓰레쓰 126

가스지루 237

가쓰오부시 138, 140~143, 278, 334,

가스즈케 396

가이세키요리 38~43, 45~50, 282, 358, 360,

408

가이센돈 298, 336

가케소바 246, 251~253, 255~258, 261

가케우동 268, 271

가키아게 263

간부쓰 195

감자샐러드 235, 237

고기덮밥 298

고노모노 41

고노와다 203

고래베이컨 115, 116, 237

고래스테이크 116

고로모아게 160

고마미소아에 215

고마아에 215

고베비프 407

고시히카리 370~372, 385

고향 41

교료리 39, 408, 409

구로부타우동 274

구시아게 48, 164, 167~169, 400

구시야키 21, 115, 164

구시가스 115, 164, 400

구이쓰미 118

굴구이 352

굴덮밥 352

굴버거 352

굴카레빵 352

굴튀김 126, 237

규돈 298

규탄스튜 366

규탄야키 363, 364, 366, 367

기모야키 414

기미아게 161

기소바 246

기시멘 414

기쓰네우동 271, 274, 275, 277

기하다마구로 139
긴콘즈케 201
꼬치구이 115, 225

ㄴ

나라즈케 201, 393, 394, 396
나레즈시 52
나마가시 146
나마보시 196
나카초코 40
남방요리 41
냉우동 271
네타 65
노도구로 385
노자와나즈케 201
누카즈케 201
누타 34, 216, 217
니고리자케 377
니기리즈시 54~57, 63
니모노 40, 209
니보시 196
니시메 209
니신노 니쓰케 381
니신노 산쇼즈케 415
니쓰메 209
니쓰케 209
니하치 244

ㄷ

다누키우동 277
다이쿄요리 41, 45

단단멘 304
단무지 198, 199, 305
단팥빵 145
덴돈 86, 170, 171, 173
덴차즈케 86
덴카쓰 277
덴푸라 32, 45, 85, 86, 115, 160, 171, 173, 174, 251, 277, 400
덴피보시 195
도로로소바 249, 251
도리자시 229
도메완 41
도보시 196
도시락 90~92, 95, 96, 122, 372
도시코시소바 251, 258
도조 106, 107, 109
도조나베 107
도조스시 52
도지마롤 402
돈가스 21, 32, 33, 51, 71, 123, 126, 127, 129~131, 133, 135, 146, 266, 298, 400, 413
돈부리 388
돈지루 282
돈코쓰라멘 199, 284, 286, 294, 300
디저트 식초 154~156, 158

ㄹ

라뒤레 149, 150
라멘 21, 32, 169, 244, 283~288, 290~292, 294, 295, 297, 298, 300, 302, 304, 306, 309, 423
로바다야키 21, 178, 179, 182

ㅁ

마루보시 195

마키즈시 55

말고기육회 223, 224

말린복어구이 237

말사시미 221

맛차 409, 411

매실주 377

멘치가쓰 274

멸치튀김 249, 251

모노아게 160

모단야키 403~405

모리소바 246, 263

모리오카 레이멘 344, 346, 349

몬자야키 405

무코우즈케 40, 43

미꾸라지찜 224

미누다루 426

미림보시 196

미소가쓰 413

미소니 209

미소니코미우동 413

미소라멘 284, 287, 288

미소시루 282

미소아에 215

미즈모노 41

미즈사와우동 268

미즈요우캉 390, 391

ㅂ

바다뱀수프 426

바라치라시 60, 63

바사시 223

벤토 90, 92, 119, 414

복사시미 398

복어덴푸라 398

복어우동 398

복어전골 397

복어튀김 398

볶음국수 305, 405

사고하치즈케 201

사누키우동 268

사라시나소바 246

사사가마보코 354, 356

사케 373, 377

사케카스 381, 396

사쿠라모치 152~154

사쿠라에비 251

사키나베 109

사키즈케 40

산쇼 109

삿파리레이멘 271

새우튀김 251

생선구이 178, 190, 194, 226

샤리 65

샤부샤부 74, 77~80, 138

세이로 263

소바 55, 142, 225, 244~249, 251, 252, 256~260, 263

소바유 247

소혀구이 350, 362

쇼유라멘 199, 284, 292, 300

쇼진요리 41, 45, 408

술지게미 237, 381, 396

술지게미절임 393

스루메 195

스미소아에 215, 216

스보시 195

스시 32, 51~61, 64~66, 138, 156, 266, 388

스아게 160

스이모노 282

스자카나 40

스키야키 67, 71~74, 77, 78, 223, 366

시나소바 284

시라야키 99, 101, 103

시루모노 282, 283

시바즈케 201

시오라멘 284, 286, 292, 294

시오보시 196

시오카라 202, 203

시오카라아에 215

시오코지 63

시이자카나 41

식초 30, 55~57, 63, 163, 201, 209, 215, 326

싯포쿠요리 41

쓰유 80, 142, 143, 246, 247, 249, 251

쓰케멘 286, 292

쓰케모노 198, 200, 201

아게니 209

아게다마 277

아게모노 160, 161

아나고 97

아에모노 215, 216

아와모리 423

아유라멘 288, 290

아카미소 413

야나가와나베 106, 107, 220

야채튀김 263

야키니쿠 80, 179

야키모노 40, 178, 179

야키보시 196

야키소바 305

야키오니기리 288

에다마메 358

에도마에즈시 54

에키벤 92, 93, 95, 96

오뎅 90, 274, 275

오도리돈 336

오므라이스 21, 32, 33, 123, 127, 136, 169

오사케 373

오세치요리 33, 177~120

오시즈시 54, 56

오야코돈 409

오조니 122

오징어먹물아이스크림 336

오징어먹물푸딩 338

오차즈케 169, 248, 388

오코노미돈 336

오코노미야키 404, 405

와가시 146, 152

와카보시 196

완코소바 344

우나기 97, 99

우나돈 99, 100, 103

우나주 103
우니 203
우동 26, 137, 142, 244, 245, 247, 258,
266~269, 271, 274, 275, 277~279, 281,
334, 413, 414
우메슈 377
울외절임 396
유바 390~392
유바소바 391, 392
유자라멘 291, 292
이나니와우동 268, 269
이로리야키 182, 184
이부리각코 322
이부리즈케 322
이치야보시 191, 192, 194~197
이카 195
이쿠라돈 336

자루소바 246, 263
자자멘 344~346
장어간구이 101
장어구이 55, 97, 99, 100, 101, 103, 109, 138,
396, 413
장어덮밥 103
조미보시 196
주먹밥 53, 385, 387
주먹밥구이 288
즌다모치 358, 362
짜장면 179, 198, 244, 305, 344~306
짬뽕 244, 305

차가이세키 40
차소바 409
차슈 283, 287, 292, 294, 300
참치머리구이 226, 227
참푸르 423
청어조림 381, 417
청어초피절임 415, 417
초된장무침 34, 215, 216
초피가루 109, 409
추카소바 244, 284
치라시즈시 55, 63, 64
치리 282

카레라이스 21, 32, 33, 136, 137
카레우동 137, 271, 274

토마토면 295
튀김덮밥 171

하모 98
하야즈시 55, 56
하이보시 196
하코즈시 54
하쿠센아게 161
핫슨 40

해산물구이 188, 190

해산물덮밥 298, 336, 338

헤기소바 381

혼젠요리 41, 45

효탄아게 356

후나즈시 52

후리카케 212

후차요리 41, 45

후타모노 40

히가시 146

히라우치우동 414

히라키보시 195

히레자케 376

히모노 191, 194, 195

히쓰마부시 413, 414

히쓰마부시벤토 414

히아시바치 40

책 속에 숨어있는 348개 맛 찾아보기

식당 찾기

가이세키요리(懷石料理)

**추오구(中央区) 긴자(銀座) 가이세키식당
치소솟타쿠(馳走哸啄) ▶ 49~50p**
주소 : 도쿄도 추오구 긴자 6-7-7
(東京都中央区銀座 6-7-7 浦野ビル2F)
전화 : 03-3289-8010

스시(寿司)

**신주쿠구(新宿区) 요쓰야(四谷) 스시쇼(すし匠)
▶ 60~63p**
주소 : 도쿄도 신주쿠구 요쓰야 1-11
(東京都新宿区四谷 1-11)
전화 : 03-3351-6387

스키야키(鋤焼き)와 샤부샤부(しゃぶしゃぶ)

**추오구(中央区) 닝교초(人形町) 스키야키전문점
이마한(今半) ▶ 74~77p**
주소 : 도쿄도 추오구 니혼바시 닝교초 2-9-12
(東京都中央区日本橋人形町 2-9-12)
전화 : 03-3666-7006

**미나토구(港区) 아카사카(赤坂) 샤부샤부식당
효키(瓢喜) ▶ 80~82p**

주소 : 도쿄도 미나토구 아카사카 3-12-7
(東京都港区赤坂 3-12-7) 소셜빌딩 2층
전화 : 03-6277-6270

덴푸라(天麩羅)

**미나토구 아카사카의 덴푸라점 라쿠테이(楽亭)
▶ 86p**
주소 : 도쿄도 미나토구 아카사카 6-8-1
(東京都港区赤坂 6-8-1)
전화 : 03-3585-3743

**교바시(京橋)의 덴푸라점 후카마치(深町)
▶ 86p**
주소 : 도쿄도 추오구 교바시 2-5-2
(東京都中央区京橋 2-5-2)
전화 : 03-5250-8777

**가이엔마에(外苑前) 인근의 덴푸라점
덴세이(天青) ▶ 86p**
주소 : 도쿄도 미나토구 미나미아오야먀 4-1-3
(東京都港区南青山 4-1-3)
전화 : 03-5786-2228

장어와 미꾸라지

치요다구(千代田区) 나가타초(永田町) 장어구이

정식(鰻懷石) 야마노차야(山の茶屋) ▶ 101p

주소 : 도쿄도 치요다구 나가타초 2-10-6

(東京都千代田区永田町 2-10-6)

전화 : 03-3581-0585

스기나미구(杉並区) 오기쿠보(荻窪)
안자이(安齋) ▶ 101~103p

주소 : 도쿄도 스기나미구 오기쿠보 4-12-16

(東京都杉並区荻窪 4-12-16)

전화 : 03-3392-2059

다이토구(台東區) 우에노(上野)
이즈에이(伊豆榮) 본점 ▶ 103p

주소 : 도쿄도 다이토구 우에노 2-12-22

(東京都台東區上野 2-12-22)

전화 : 03-3831-0954

추오구(中央区) 긴자(銀座) 치쿠요테이(竹葉亭)
▶ 105p

본점 : 도쿄도 추오구 긴자
8-14-7,(東京都中央区銀座 8-14-7)

전화 03-3542-0789

긴자점 : 도쿄도 추오구 긴자 5-8-3,

전화 03-3571-0677

다이토구(台東区) 고마가타(駒形) 도조(どぜう)
▶ 107~109p

주소 : 도쿄도 다이토구 고마가타 1-7-12

(東京都台東区駒形 1-7-12)

전화 : 03-3842-4001

고래고기

시부야구(渋谷区) 도겐자카(道玄坂) 간소
구지라야(がんそくじらや) ▶ 115~116p

주소 : 도쿄도 시부야구 도겐자카 2-29-22

(東京都渋谷区道玄坂 2-29-22)

전화 : 03-3461-9145

경양식 - 돈가스와 오므라이스

추오구(中央区) 긴자(銀座) 경양식집
렌가테이(煉瓦亭) ▶ 124~127p

주소 : 도쿄도 추오구 긴자 3-5-16

(東京都中央区銀座 3-15-16)

전화 : 03-3561-7258

치요다구(千代田区) 간다(神田) 돈가스집
이센(井泉) ▶ 133p

주소 : 도쿄도 치요다구 간다 오가와마치 2-8

(東京都千代田区神田小川町 2-8)

전화 : 03-3293-2110

신주쿠구(新宿区) 아라키초(荒木町) 돈가스집
스즈신(鈴新) ▶ 133~135p

주소 : 도쿄도 신주쿠구 아라키초 10

(東京都新宿区荒木町 10)

전화 : 03-3341-0768

빵, 과자, 디저트

기무라야(木村屋) 단팥빵 ▶ 145p

주소 : 도쿄도 추오구 긴자 4-5-7

(東京都中央区銀座 4-5-7)

전화 : 03-3561-0091

추오구(中央区) 긴자(銀座) 케이크가게 라뒤레
▶ 149~150p

주소 : 도쿄도 추오구 긴자 4-6-16

미쓰코시(三越) 백화점 2층 (東京都中央区銀座
4-6-16)

전화 : 03-3563-2120

추오구(中央区) 긴자(銀座) 디저트식초가게

오스야(お酢屋) ▶ 156〜158p

주소 : 도쿄도 추오구 긴자 4-6-16

(東京都中央区銀座 4-6-16)

전화 : 03-3561-7401

일본식 튀김 – 아게모노(揚げ物)

**기치조지(吉祥寺) '전설의 닭튀김
유카리(伝説の鳥唐揚げ–縁)' ▶ 162〜164p**

※ 내가 애용하던 가게의 주소는
도쿄도 무사시노시 기치조지 미나미초
1-5-4(東京都武蔵野市吉祥寺南町 1-5-4)이고,
연중무휴로 11시부터 23시까지 영업을 한다.
그런데 '전설의 닭튀김 유카리'는 아사쿠사
총본점(台東区浅草 1-24-7)을 포함해 도쿄
시내에만도 여러 지점이 있으니 홈페이지(http://
karaageyukari.jp/)를 참조하시면 된다.

**분쿄구(文京区) 네즈(根津)
꼬치튀김가게(串揚げ処) 한테이(はん亭)
▶ 164〜170p**

주소 : 도쿄도 분쿄구 네즈 2-12-15

(東京都文京区根津 2-12-15)

전화 : 03-3828-1440

**다이토쿠(台東区) 덴돈식당(天丼や) 제방 옆
이세야(土手の伊勢屋) ▶ 171〜174p**

주소 : 도쿄도 다이토쿠 니혼즈쓰미 1-9-2

(東京都台東区日本堤 1-9-2)

전화 : 03-3872-4886

일본식 구이 – 야키모노(焼き物)가이세키요리

**미나토구(港区) 화로구이요리(囲炉裏料理)
하코부네(方舟) ▶ 184〜186p**

요쓰야점 : 도쿄도 신주쿠구 아라키초 7-1

(東京都新宿区荒木町 7-1)

전화 : 03-6273-2090

신바시점 : 도쿄도 미나토구 신바시 1-1-2

(東京都港区東新橋 1-1-2)

전화 : 03-3574-7890

**미나토구(港区) 도라노몬(虎ノ門) 화로구이
식당(いろり割烹) 이나호(稲穂) ▶ 188〜190p**

주소 : 도쿄도 미나토구 도라노몬 1-5-3

(東京都港区虎ノ門 1-5-3)

전화 : 03-5501-3111

일본식 건어물 – 히모노

**추오구(中央区) 긴자(銀座)의 생선가게 스즈키
수산(鈴木水産) ▶ 192〜194p**

주소 : 도쿄도 추오구 긴자 5-9-3

(東京都中央区銀座 5-9-3)

전화 : 03-3573-4150

일본식 조림 – 니모노

**미나토구(港区) 신바시(新橋) 쓰쿠다니(佃煮)
상점 다마키야(玉木屋) ▶ 212p**

주소 : 도쿄도 미나토구 신바시 1-8-5

(東京都港区新橋 1-8-5)

전화 : 03-3571-7225

이자카야

**치요다구(千代田区) 아와지초(淡路町)
이자카야(居酒屋) 미마스야(みます屋)
▶ 220〜224p**

주소 : 도쿄도 치요다구 간다쓰카사마치 2-15 -2
(東京都千代田区神田司町 2-15-2)

전화 : 03-3294-5433

※ 일요일과 공휴일을 제외하고 17시부터
23시까지 영업을 한다. 점원에 따르면, 항상 붐벼서
예약을 하지 않으면 '틀림없이' 자리가 없을 거라고
했다.

미나토구(港区) 아카사카(赤坂)
홋카이도(北海道)요리점 기타구라(北蔵)
▶ 225-228p

주소 : 도쿄도 미나토구 아카사카 3-16-7 KT빌딩
4층 (東京都港区赤坂 3-16-7)

전화 : 03-3224-9298

미나토구(港区) 니시신바시(西新橋)
도모에(登茂恵) ▶ 229~234p

주소 : 도쿄도 미나토구 니시신바시 1-1-21
(東京都港区西新橋 1-1-21)

전화 : 03-3501-5010

신주쿠구(新宿区) 슈보이치(酒房一)
▶ 235~240p

주소 : 도쿄도 신주쿠구 아라키초 3
(東京都新宿区荒木町 3)

전화 : 03-3355-6589

소바

신주쿠구(新宿区) 요쓰야(四谷)의 소바집
소바젠(蕎麦善) ▶ 249~251p

주소 : 도쿄도 신주쿠구 요쓰야 1-22-12
(東京都新宿区四谷 1-22-12)

전화 : 03-3355-8576

스기나미구(杉並区)의 소바집
소바미와(蕎麦みわ) ▶ 263~265p

주소 : 스기나미구 이구사초 3-15-3
(東京都杉並区井草町 3-15-3)

전화 : 03-3394-3837

우동

신주쿠구(新宿区) 요쓰야(四谷) 우동가게
사카이데(咲花善伝) ▶ 269~271p

주소: 도쿄도 신주쿠구 사몬초 12-8
(東京都新宿区左門町 12-8)

전화: 03-3351-3380

미나토구(港区) 롯폰기(六本木) 구로사와(黒沢)
▶ 273~275p

주소 : 도쿄도 미나토구 롯폰기 6-11-16
(東京都港区六本木 6-11-16)

전화 : 03-3403-9638

※ 소개한 김에 참고로 덧붙이자면, 치요다쿠
나가타초(東京都千代田区永田町 2-7-9, 전화 03-
3580-9638)의 구로사와는 가이세키요릿집이다.
미나토구 니시아자부(東京都港区西麻布 3-2-15,
전화 03-5775-9638)의 구로사와에서는
샤부샤부코스와 소바를 팔고, 추오구 쓰키지
(東京都中央区築地 2-9-8, 전화 03-3544-
9638)는 철판구이(코스 1만~2만 엔)요릿집이다.

미나토구(港区) 롯폰기(六本木)
기온테이(祇園亭) ▶ 279~281p

주소 : 도쿄도 미나토구 롯폰기 3-13-8
(東京都港区六本木 3-13-8)

전화 : 03-3497-0352다.

라멘

메구로(目黒)의 시나소바 가즈야(支那そば か

づ屋) ▶ 286p

주소 : 도쿄도 메구로구 시모메구로 3-2-4

(東京都目黒区下目黒 3-2-4)

전화 : 03-6420-0668

센다가야(千駄ヶ谷)의 돈코쓰라멘 호프켄(ホ－プ軒) ▶ 286p

주소 : 도쿄도 시부야구 센다가야 2-33-9

(東京都渋谷区千駄ヶ谷 2-33-9)

전화 : 03-3405-4249

요요기(代々木)의 쓰케멘(つけ面) 후운지(風雲児) ▶ 286p

주소 : 도쿄도 시부야구 요요기 2-14-3

(東京都渋谷区代々木 2-14-3 北斗第一ビル 1F)

전화 : 03-6413-8480

신주쿠(新宿)의 생선 라멘 멘야 가이신(麺屋 海神) ▶ 286p

도쿄도 신주쿠구 신주쿠 3-35-7

(東京都新宿区新宿 3-35-7)

전화 : 03-3356-5658

가부키초(歌舞伎町)의 매운 라멘 리시리(利しり) ▶ 287p

주소 : 도쿄도 신주쿠구 가부키초 2-27-7

(東京都新宿区歌舞伎町 2-27-7)

전화 : 03-3200-2951

오오타구(大田区) 하네다(羽田) 사토우(中華そば さとう) ▶ 287p

주소 : 도쿄도 오오타구 하네다 4-20-11

(東京都大田区羽田 4-20-11)

세타가야구(世田谷区) 아유라멘(鮎ラーメン) ▶ 288~291p

주소 : 도쿄도 세타가야구 다마가와 3-15-12

(東京都世田谷区玉川 3-15-12)

시부야구(渋谷区) 아후리(阿夫り)

▶ 291~294p

주소 : 도쿄도 시부야구 에비스 1-1-7

(東京都渋谷区恵比寿 1-1-7)

신주쿠구(新宿区) 태양의 토마토면(太陽のトマト麺) ▶ 295~297p

주소 : 도쿄도 신주쿠구 요쓰야 2-11

(東京都新宿区四谷 2-11)

추오구(中央区) 쓰키지(築地) 와카바(若葉) ▶ 298~302p

주소 : 도쿄도 추오구 쓰키지 4-9-1

(東京都中央区築地 4-9-1)

아라카와구(荒川区) 니시닛포리(西日暮里)의 중화국수집 바조쿠(馬賊) ▶ 302~305p

주소 : 도쿄도 아라카와구 니시닛포리 2-18-2

(東京都荒川区西日暮里 2-18-2)

요쓰야산초메(四谷三丁目) 주라쿠(寿楽) ▶ 306~311p

주소 : 도쿄도 신주쿠구 요쓰야 3-1

(東京都新宿区四谷 3-1)

홋카이도(北海道)

하코다테 아사이치(函館朝市) 덮밥골목 돈부리요코초(どんぶり横町) ▶ 332~338p

주소 : 홋카이도 하코다테시 와카마쓰초 9-19

(北海道函館市若松町 9-19)

전화 : 0138-22-7981

하코다테시(函館市) 오오테마치(大手町) 하코다테비어(函館ビール) ▶ 340p

주소 : 홋카이도 하코다테시 오오테마치 5-22

(北海道函館市大手町 5-22)

전화 : 0138-23-8000

이와테현(岩手県)

모리오카시(盛岡市) 냉면집
푠푠샤(ぴょんぴょん舎) ▶ 346~349p
본점 : 모리오카시 이나리초 12-5
(盛岡市稲荷町 12-5),
전화 019-646-0541
역전 지점 : 모리오카시 모리오카에키마에토오리
9-3 (盛岡市盛岡駅前通 9-3),
전화 019-606-1067
※ 모리오카 레이멘 맛을 보기 위해 꼭
모리오카까지 가야 하는 건 아니다. 푠푠샤는
도쿄에도 지점을 두고 있다. 긴자 한복판
고층건물에서 시가지를 내려다보는 전망이 좋은
고급 식당이다. 도쿄점의 주소는 도쿄도 추오구
긴자 3-2-15 11층(東京都中央区銀座 3-2-15,
전화 03-3535-3020)이다.

미야기현(宮城県)

마쓰시마(松島) 굴구이집 가키고야(カキ小屋)
▶ 352p
주소: 미야기현 미야기군 마쓰시마마치 히가시하마
12-1 (宮城県宮城郡松島町松島東浜 12-1)
예약이 필수다. 전화는 022-354-2618인데 당일
예약은 받지 않는다.
센다이시(仙台市) 서랍장요리(箪笥料理)
쇼케이카쿠(鍾景閣) ▶ 358~362p
주소 : 미야기현 센다이시 타이하쿠구
모니와 히토키타니시 143-3
(宮城県仙台市太白区茂庭字人来田西 143-3)
전화 : 022-245-6665
센다이시(仙台市) 소혀구이(牛たん炭焼)

리큐(利久) ▶ 364~367p
주소 : 미야기현 센다이시 아오바구 추오 2-2-16
(宮城県仙台市青葉区中央 2-2-16)
전화 : 022-716-9233

니가타현(新潟県)

에치고유자와(越後湯沢) 폰슈칸(ぽんしゅ舘)
키키자케 고시노무로(利き酒 越の室)
▶ 377~379p
주소 : 미나미우오누마군 유자와마치 2427-3
(新潟県南魚沼郡湯沢町湯沢 2427-3)
전화 : 025-784-3758
에치고유자와(越後湯沢) 헤기소바(へぎそば)
가게 신바시(しんばし) ▶ 381p
주소 : 미나미우오누마군 유자와마치 488-1
(新潟県南魚沼郡湯沢町大字湯沢 488-1)
전화 : 025-784-2309
에치고유자와(越後湯沢) 가이가케
온천(貝掛温泉舘) ▶ 383~385p
주소 : 미나미우오누마 유자와마치 3-686
(新潟県南魚沼郡湯沢町三俣686)
전화 : 025-788-9911

도치키현(栃木県)

닛코시(日光市) 유바소바(湯葉蕎麦)
우오요(魚要) ▶ 392p
주소 : 도치기현 닛코시 고코마치 593
(栃木県日光市御幸町 593)
전화 : 0288-54-0333

오사카부(大阪府)

도톤보리(道頓堀) 복어식당 즈보라야(づぼらや)
▶ 397~398p

주소 : 오사카시 추오구 도톤보리 1-6-10
(大阪市中央区道頓堀 1-6-10)

전화 : 06-6211-0181

신세카이(新世界) 구시가쓰(串かつ)
다루마(だるま) ▶ 400p

주소 : 오사카시 나니와구 에비스히가시 2-3-9
(大阪市浪速区恵美須東 2-3-9)

전화 : 06-6645-7056

도지마롤케이크 몽쉐르 도지마 본점(モンシェ一
ル堂島本店) ▶ 402p

주소 : 오사카시 기타구 도지마하마 2-1-2
(大阪市北区堂島浜 2-1-2)

전화 : 06-6136-8003

효고현(兵庫県)

고베시(神戸市) 철판구이식당
이모노하나(芋の花) ▶ 404~405p

주소 : 효고현 고베시 추오구 시모야마테도리
2-16-8 (兵庫県神戸市中央区下山手通 2-16-8
新興ビル1F)

전화 : 078-322-0067

고베 쇠고기 철판구이 비프테키
가와무라(ビフテキのカワムラ) 산노미야(三宮)점
▶ 407p

주소 : 효고현 고베시 추오구 기타나가사도리
1-10-6 6층 (兵庫県神戸市中央区北長狭通
1-10-6)

전화 : 078-335-0708

교토부(京都府)

교토(京都)의 덮밥집 히사고(ひさご) ▶ 409p

주소 : 교토부 교토시 히가시야마구 시모카와라초
484